나랑 너랑
우리랑

나랑 너랑 우리랑

초판 1쇄 발행 2019년 8월 30일

지은이 | 박광철, 박현웅, 임대진, 공창수, 황정회, 정유진

발행인 | 최윤서
편집장 | 허병민
디자인 | 김수경
펴낸 곳 | 교육과실천
도서문의 | 02-2264-7775
인쇄 | 031-945-6554 두성 P&L
일원화 구입처 | 031-407-6368 (주)태양서적
등록 | 2018년 4월 2일 제2018-000040호
주소 | 서울특별시 중구 창경궁로 18-1 동림비즈센터 505호

ISBN 979-11-90113-02-1 (13370)

건강하고 행복한 교실을 만드는 관계의 지혜

나랑 너랑 우리랑

박광철, 박현웅, 임대진, 공창수, 황정회, 정유진 지음

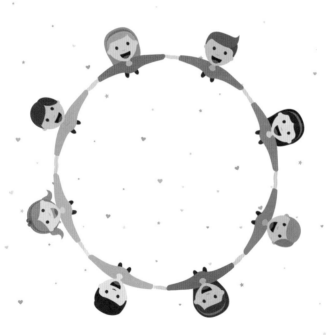

교육과실천

차 례

1장. 관계를 맺기 위한 준비

2장. 관계의 시작

3장. 나와 너를 이해하고 협력하기

4장. 소통과 문제 해결

5장. 관계의 매듭짓기

왜 좋은 관계가 필요한가?

학교에 왜 가니?

아이들에게 물어보자.

"학교에 왜 가니?"

"공부하러요."

이 대답을 하면서 즐거워하는 아이는 드물 것이다.

"친구 만나서 놀려고 가요."

이렇게 대답하는 아이들의 얼굴에는 미소가 가득하고 발걸음이 가벼울 것이다. 40분 동안 진행되는 지루한 공부를 견디게 해주는 것은 수업 시간 뒤에 있는 친구들과 놀 수 있는 10분 때문이 아닐까? 오전 4시간의 공부도 맛있는 점심 식사와 점심 먹은 뒤 30분 정도 주어지는 노는 시간이 있기 때문이 아닐까?

방학이면 학교에서 공부를 하지 않아도 되어서 좋지만, 친구들을 오랫동안 볼 수 없어 아쉽기도 하다. 방학 중에 친구에게 전화해, 만나서 공부

하자고 하는 아이는 드물어도 만나서 놀자는 아이는 많을 것이다.

사람은 마치 섬과 같아서 넓은 바다에 홀로 서서 다른 섬을 그리워하는 지도 모르겠다. 친구를 만나고 싶어 하고, 만나서 즐겁게 지내다가도 다투고 상처 입기도 하지만, 그래도 다시 만나고 싶어 한다. 사랑하고 싶고 사랑받고 싶으며, 인정받고 싶어 하는 이 마음은 얼마나 강렬한가?

3월 첫날 아이들의 마음

동네 놀이터와 달리 학교에 가면 친구만큼 중요한 사람을 한 명 더 만나게 된다. 누굴까? 바로 교실에서 하루 4~6시간씩 일 년 동안 함께 지내는 선생님이다. 자신이 학생이었던 시절의 3월 첫날을 떠올려 보자. 누가 담임선생님이 될지 모르는 채 교실에 앉아서 선생님을 기다리고 있다. 어떤 감정이 느껴지는가? 선생님에 대한 기대와 기쁨으로 가득한가? 아니면 두려움에 사로잡혀 있는가? 아니면 기대와 두려움 사이 어디쯤인가?

무서운 선생님이 아니라 친절한 선생님이기를 바라면서도 아이들의 문제 행동을 바로 잡아줄 수 있는 단호함이 있기를 바라기도 한다. 재미있는 놀이와 체육을 많이 하기를 바라는 한편 공부도 잘 가르쳐주기를 바란다. 교사들은 이렇게 어려운 일을 해내야 한다.

첫 만남과 일 년

드디어 선생님이 교실에 들어오셨다. 선생님의 표정과 몸의 움직임을 보고, 목소리를 들으면서 아이들은 자신의 일 년 운명을 예측하고 다양한 감정을 느낀다. 무서운 선생님이라면 두려움과 불안으로 몸과 마음이 움츠러들 것이다. 반대로 친절한 선생님이라면 안도감과 기대로 일 년을 시작할 것이다.

그렇다고 이런 상황과 감정이 일 년 내내 지속되는 것은 아니다. 친절한 선생님은 선생님보다 더 강한 아이들에게 휘둘리며 상처받으면서 아이들의 문제를 잘 해결하지 못해 더 큰 혼란에 빠질 수도 있다. 반면 무서운 선생님은 학급의 질서를 바로잡아서 아이들 사이의 문제가 줄어들어 아이들이 친구들과 편하게 지낼 수도 있다. 이처럼 사람 사이에서 일어나는 일은 복잡하고 미묘하기 때문에 무엇이 정답이라고 할 수 없다.

그런데 이런 일이 아이들에게만 해당되는 것은 아니다. 교사로서 3월 첫날에 대해 어떤 느낌이 드는가? 아이들을 보고 싶은 마음에 어깨가 들썩이는 교사도 있겠지만, 도살장에 끌려가는 소와 같은 심정인 교사도 있을 것이다. 학급 명단을 보는 순간 자신의 일 년을 예측하고 다양한 감정을 느끼면서 3월 첫날을 기쁘게 기다리거나 아니면 시간이 더디 가기만을 바라고 있을 수도 있다.

아이들이 사람을 만나고 관계를 맺고자 하는 강렬한 욕망과 함께 어려움도 크게 느끼는 것처럼, 교사들도 좋은 관계에 대한 열망과 두려움이 크다. 특히 20~30명의 아이에 대한 책임감이나 학부모와의 관계를 생각하면 몸과 마음이 움츠러들기도 한다.

한 아이의 삶을 들여다보면

아이의 하루를 살펴보자. 아이들은 아침 7~8시에 일어나 학교에 가서 오전 9시부터 오후 2~3시까지 선생님, 친구들과 지낸다. 이후에는 친구들과 놀거나 학원에 가거나 집에서 여러 일을 하며 보내다가 밤 9~12시 사이에 잠자리에 든다. 하루 가운데 잠자는 시간을 빼고 가장 많은 시간을 보내는 곳이 바로 학교다. 부모와 형제자매보다 선생님, 친구들과 보내는 시간이 더 길고 깊다.

　이번에는 전 생애를 살펴보자. 아이가 태어나고 조금 자라면 부모의 품을 떠나 어린이집이나 유치원에서 3~5년을 지낸다. 그런 다음 초등학교 6년, 중·고등학교 6년 그리고 대학을 가게 된다면 4년을 더 학교에서 지낸다. 이렇게 적어도 12년에서 길게는 20여 년을 학교에서 지내게 된다. 100년을 산다고 할 때, 부모의 품을 떠나 아주 어린 시절부터 청소년, 청년이 될 때까지 인생의 10~20%를 학교에서 보내는 것이다. 게다가 이 시절의 경험을 바탕으로 나머지 인생을 살아간다.

　한 인간의 삶에서 학교라는 공간에서 학생으로 지내면서 하게 되는 경험은 얼마나 중요한가? 이 시기에 아이들이 꼭 경험해야 할 것은 무엇일까? 교사는 초등 6년, 중·고등 6년, 대학 4년을 마치고 다시 학교로 들어와서 30여 년을 지내야 한다. 거의 50년을 학교에서 지내는 것이다. 상황이 이러한데 학교에서 행복하지 않고서 행복한 삶을 산다고 할 수 있을까?

죽을 때 후회하지 않으려면

　떠나고서야 소중함을 알게 되는 것처럼 죽음을 앞두었을 때 삶에서 중요한 것을 깨닫게 되기도 한다. 호스피스 간호사인 브로니 웨어(Bronnie Ware)는 남은 삶이 12주 이하인 시한부 환자들을 돌보면서, 죽음을 눈앞에 둔 사람들과 삶에 관해 이야기를 나누고 『죽기 전에 가장 많이 하는 후회 5가지』라는 책에 담았다. 죽음을 앞두고 가장 많이 하는 후회 5가지를 간단히 정리해보면 다음과 같다.

1. 왜 행복하려고 하지 않았을까?

2. 왜 친구들과 연락하지 않았을까?

3. 왜 내 감정에 솔직하지 못했을까?

4. 왜 그렇게까지 열심히 살았을까?

5. 왜 타인의 기대에 충실 하느라 내 인생을 살지 못했을까?

많은 사람이 더 행복하게 살지 못한 것을 아쉬워했다. 그 행복에는 내가 원하는 삶, 자신의 감정, 인생의 즐거움 그리고 친구들과의 만남이 있다. 아이들이 그토록 친구를 만나고 싶어 하고 즐겁게 놀고 싶어 했던 것은 외로움 때문이기도 하겠지만, 더 나은 삶에 대한 갈망 때문이기도 하다.

교직을 떠나는 날을 상상해보자. 가장 후회하게 될 것은 무엇일까? 조금이나마 후회를 덜 하려면 지금 무엇을 하며 어떻게 보내야 할까?

두뇌와 욕구

지금까지 교실 속 아이들, 한 인간의 삶과 마지막 순간에 관해 이야기했다. 이번에는 우리의 뇌 속으로 들어가 보려고 한다. 가볍게 쥔 두 손을 맞대고 보자. 자신의 두뇌와 비슷한 모양과 크기가 된다. 위에서 보았을 때 좌뇌와 우뇌가 맞닿아 있는 모양이라 할 수 있다. 이렇게 작은 뇌에서 무수히 많은 생각과 감정이 나오고, 수많은 경험이 기억되어 있다. 앞서 이야기한 모든 것도 뇌에서 나오고, 지금 이 책을 읽고 이해하는 것도 뇌가 하고 있다.

신경생리학자 폴 D. 맥린(Paul D. MacLean)은 인간의 뇌가 파충류뇌-포유류뇌-인간뇌의 삼중구조로 되어 있다고 주장했다. 뇌간 위에 있는 파충

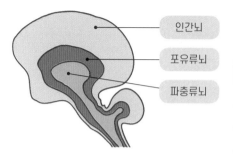

삼중뇌(The triune brain)

삼중뇌 이론	ERG 이론
파충류뇌(생존뇌)	생존 욕구
포유류뇌(감정뇌)	관계 욕구
인간뇌(사고뇌)	성장 욕구

류뇌는 생존과 번식을 담당하는 뇌이며, 그 위를 덮고 있는 포유류뇌는 애착과 두려움을 비롯한 다양한 감정을 갖고 관계를 맺으며 살게 해주는 뇌이다. 포유류뇌 위를 얇게 덮고 있는 신피질이 인간뇌이며 고차적인 사고를 할 수 있게 해준다. 이처럼 우리 뇌는 생존과 감정 그리고 사고에 특화된 3개의 뇌로 이루어져 있으며, 상황에 따라 각각 또는 통합적으로 작용하면서 살아가는 것이다.

이번에는 욕구 이론에 대해 간단하게 살펴보자. 앨더퍼(Clayton Paul Alderfer)의 ERG 이론은 인간의 욕구를 생존 욕구(Existence), 관계 욕구(Relatedness), 성장 욕구(Growth)로 나눈다. 삼중뇌 이론과 ERG 이론을 함께 살펴보자.

생존의 욕구가 충족된다면 안정과 용기를 갖게 될 것이고, 좌절되면 두려움과 분노의 감정을 갖게 될 것이다. 관계의 욕구가 충족된다면 사랑과 소속감을 느끼게 되고, 좌절된다면 외로움과 미움이 생길 것이다. 성장의 욕구가 충족된다면 유능감과 새로운 호기심을 갖게 되고, 좌절된다면 무기력해지고 냉소적으로 될 것이다.

이처럼 욕구가 충족되면 긍정적 감정을 느끼고, 욕구가 좌절되면 부정적 감정을 느끼기 마련이다. 긍정적 감정을 느끼면 긍정적인 말과 행동을 할 가능성이 커지고, 부정적 감정을 느끼면 부정적인 말과 행동을 할 가능성이 커진다. 이런 욕구의 충족과 좌절이 반복되면서 한 사람의 인격이 형성되는 데 매우 큰 영향을 미친다.

어린 시절부터 기본적인 욕구들이 계속 좌절된다면 건강한 성격으로 행복한 삶을 살기 어려울 것이다. 사람이 살아가면서 욕구가 충족될 때도 있지만 좌절될 때도 많다. 욕구가 충족되는 경험을 많이 한 사람은 욕구 좌절도 견디고 결국 이뤄낼 수 있는 힘이 있다. 그래서 가정과 학교에서 가능한 한 많은 욕구가 충족되도록 해야 한다. 그리고 좌절되었을 때 보다 긍정적인 방식으로 감정을 다스리고 긍정적인 행동을 할 수 있도록 가르쳐야 한다.

그리고 학생에게 필요한 힘과 교사의 역할

첫 번째는 아이들이 생존과 안전에 대한 두려움을 느끼지 않는 환경을 만들고, 몸을 활발하게 쓰게 하여 힘을 키워 자신의 힘으로 자신과 타인을 보호하는 경험을 하게 해주어야 한다. 보호하는 것과 함께 생존력을 키워주어야 한다.

두 번째는 애착에 대한 두려움을 느끼지 않도록 교사와 학생들, 학생과 학생 사이에 좋은 관계를 맺고 유지하도록 노력해야 한다. 자신의 감정을 알아차리고 표현할 수 있고, 다른 사람의 감정에 공감해줄 수 있으며 함께 즐거운 경험을 많이 해야 한다. 사랑하고 사랑받으면서 행복하게 살아갈

삼중뇌 이론	ERG 이론	교사의 역할	학생에게 필요한 힘
파충류뇌(생존뇌)	생존 욕구	보호자	생존력
포유류뇌(감정뇌)	관계 욕구	양육자	관계력
인간뇌(사고뇌)	성장 욕구	교육자	사고력

수 있는 관계력을 키워주어야 한다.

세 번째는 스스로 생각하고 협력하며 생각하는 힘을 키워주어야 한다. 어떤 상황을 이해하고 즐기고 해결할 수 있도록 고차적인 사고와 협력적인 사고를 할 수 있도록 도와주어야 한다. 이처럼 생존할 수 있는 힘, 함께 살아갈 수 있는 힘, 생각하고 원하는 것을 이루며 살아갈 수 있는 힘을 키우는 것은 교육에서 매우 중요하다.

가르치기 전에 해야 할 것들

2011~2012년 EBS <교실이 달라졌어요. 열세 살, 놀이로 '통' 하다>에서 교사 코칭을 할 때 많은 교사가 수업을 어떻게 해야 하는지 알려달라고 했다. 자신이 느끼는 어려움의 원인을 수업을 잘하지 못하기 때문이라 생각했고 수업 기술이 좋아지면 많은 문제를 해결할 수 있을 거라 믿었다. 실제로 교사의 하루는 수업의 연속이다. 그리고 수업 중에 만족감을 느끼기도 하고, 분노와 고통 그리고 좌절을 겪기도 한다. 그때 선생님들에게 이런 이야기를 들려주었다.

"농부에게 아주 좋은 씨앗과 뛰어난 경작 기술이 있습니다. 하지만 땅이 딱딱하게 얼어 있다면 씨앗이 뿌리를 내릴 수 있을까요? 그 땅이 적절한

습기와 영양분이 없이 메말랐다면 뿌리가 내렸더라도 자랄 수 있을까요? 교사가 좋은 교육 내용과 교수학습 기술을 갖는 것은 매우 중요합니다. 하지만 씨를 뿌리기에 앞서 땅을 잘 갈아서 부드럽게 해주고 영양분을 충분하게 주는 것처럼 우리는 가르치기 이전에 아이들의 마음 밭을 부드럽게 만들어야 합니다. 그래야 우리의 가르침을 기꺼이 받아들이고 스스로 키워나가고 성장할 수 있으니까요."

아이들과의 관계를 개선하기 위해 '아침 인사'를 하는 것은 교사 코칭의 시작이자 밑바탕이었다. 선생님이 아이들의 눈을 바라보며 이야기에 귀 기울이고 손을 잡기 시작하자 아이들이 선생님을 바라보며 이야기에 귀 기울이고 선생님의 손을 잡기 시작했다. 비로소 수업이 이루어질 수 있는 회로가 연결된 것이다. 그 뒤 교사와 학생들의 관계, 학생과 학생의 관계를 더욱 행복하고 즐거우며 깊고 풍요롭게 해주는 여러 활동을 하면서 수업도 좋아지기 시작했다. 물론 교사와 학생들의 삶도 더 나아져 갔다.

이 책의 특징

이 책의 저자들은 2000년 초반 인디스쿨이 만들어졌을 때부터 지금까지 수많은 교육 실천을 나누었다. 함께 연수를 진행하고 놀이에 관한 책 『학교야 놀자』, 『놀이터 학교 만들기』를 함께 쓰고, 2013년에는 EBS <열세 살 놀이와 통하다>에서 교사와 학생들의 삶을 변화시키는 과정에 전문가로 참여했다.

아래 이야기는 우리 반 아이들과 나누었던 이야기를 바탕으로 써본 것이다. 학생의 처지가 되어 이야기를 읽으면서 생생하게 상상해보기를 바란다.

3월 첫날 학교에 갔더니 교실에서 기분 좋은 음악이 들리고 문 앞에는 환영하는 문구가 있다. 재미있고 따뜻한 아침 인사로 만남을 시작하고 재미있는 놀이를 한다. 내가 어떤 사람인지 표현하고 이해하는 활동을 해보고 따뜻하게 말하는 법을 배우고 연습해본다. 이전에는 아이들의 말이 거칠었는데, 이 활동으로 좀 더 좋아지기를 기대한다.

이런 첫 만남을 마치고 집에 가서 부모님께 어떤 활동을 했고 어떤 느낌이었는지, 우리 선생님과 함께할 일 년에 대한 기대를 기분 좋게 이야기를 했다. 이야기를 듣는 부모님의 표정도 밝고 함께 기뻐해 주신다.

시작이 좋았던 것처럼 날마다 아침에 따뜻하고 재미있는 인사로 시작한다. 때론 고요한 명상의 시간을 갖기도 하고 책을 읽거나 교실 놀이를 하면서 하루를 시작한다. 쉬는 시간에는 친구들과 다양한 놀이를 하면서 재미있게 지낸다. 교실에서 보물찾기를 하고, 미로를 탈출하며, 우정을 쌓는 징검다리를 건넌다. 달마다 생일잔치를 하며 친구들을 축하하고 또 축하받으니 선생님과 친구들이 마치 식구 같다.

오늘은 친구가 전학을 왔다. 전학 온 친구가 우리 반에 잘 적응할 수 있도록 공동체 놀이를 하면서 즐겁게 논다. 한 아이가 말한다. "전학 와줘서 고마워!" 전학을 와도 빠르게 적응하고 오랜 친구였던 것처럼 지낸다.

함께 지내다 보면 좋은 일만 있는 것은 아니다. 고민도 많고 다투기도 한다. 하지만 우리는 지금까지 좋은 관계였기 때문에 너무 막 대하지 않고 설령 잘못했더라도 사과하고 용서하며 다시 친해진다.

여름방학 전에 교실에서 1박 2일 야영을 했던 것도 정말 특별했다. 음식을 직접 만들어 먹고 신나게 놀다가 교실에서 잠을 잤다. 방학 중에는 신나는 번개 모임을 했고 개학한 날 했던 활동들도 좋았다. 원래 공부를 좋아하지 않았는데 학교생활이 즐겁고 선생님의 이야기가 귀에 잘 들어오니 수업도 더 재미있어지고 실력도 많이 나아졌다.

오늘 아침에도 엄마에게 웃으며 인사를 하고 집을 나서면서 혼잣말을 한다.

"나를 위한 학교를 가야겠어."

너무 이상적인 이야기라 생각될 수도 있겠지만, 우리는 해마다 경험하는 이야기이다. 이런 게 어떻게 가능할까? 이 책에서 소개하는 활동을 하나씩 실천해보기를 바란다. 우리 반 아이들과 우리가 느꼈던 행복이 당신에게도 전해지기를 바란다.

1장

관계를
맺기 위한
준비

1

관계를 포근하게 만드는
교실 환경

두려움과 낯섦을 포근함으로

매년 만나는 첫사랑

교사로서 가장 떨리고 긴장이 되었던 날은 아마도 첫 발령 때의 첫날이 아닌가 싶다. 그때의 마음과 느낌은 지금도 가끔 떠오르곤 한다. 아이들과 만나면 어떻게 인사말을 하고 어떻게 시작할지, 심지어 어떤 옷을 입고 갈까 등 많은 고민을 했다.

초임 교사가 아이들을 만날 때 갖는 가장 큰 마음은 '설렘과 열정 그리고 두려움'이 아닐까 생각한다. 이것은 연애를 시작할 때의 감정과 일맥상통한다고 생각한다. 사랑하는 사람을 만날 때의 설렘과 사랑에 대한 열정 그리고 그 사랑에 대한 두려움.

미국 코넬대학 연구팀의 연구 결과, 남녀가 결혼하면 애정을 느끼는 기간이 18~30개월 정도라고 한다. 이 시기가 지나면 상대방을 보아도 더 이상 가슴이 뛰거나 손에 땀이 나는 일이 없다고 한다. 아이들에 대한 교사의 첫사랑과 같은 그 마음도 이와 비슷하지 않을까 생각한다.

처음 교단에 섰을 때부터 정년을 맞이할 때까지 아이들에 대한 애정이 처음처럼 한결같이 뜨거울 수만은 없다. 하지만 교직의 특성상 우리는 매년 새로운 아이들을 만난다. 어떤 해는 정말 힘든 아이들을, 어떤 해는 정말 헤어지기 싫은 아이들을 만나기도 하지만, 3월이 되면 새로운 만남이 시작되고 관계가 리셋된다. 매년 새로운 첫사랑을 만나는 것이다.

그래서 나는 아이들과 관계의 기간을 일 년으로 생각하고 첫사랑의 유효기간을 매년 3월마다 리셋하려 노력한다. 그러면 항상 3월 첫날의 첫 만남은 설렘이 가득할 수 있기 때문이다. 물론 때로는 두려움도 있다. 하지만 그 두려움을 극복하기 위하여 아이들을 너무 심하게 관리하고 통제하려는 함정에 빠지지 않으려 부단히 노력한다.

안정된 환경이 중요하다

교사들은 여러 가지로 아이들과 첫 만남을 준비한다. 첫인사부터 첫날 해줄 이야기, 중요한 학급 규칙 등을 고민하고, 또는 한 주 동안 수업 진도보다는 학급 세우기를 먼저 생각하면서 3월을 준비한다. 이런 것도 중요하지만, 내가 가장 신경 쓰는 것은 '교실 환경'이다. 아이들과 함께 생활하는 교실은 물리적으로나 심리적으로 안정된 환경이어야 한다. 아이들이 자기 집처럼 편안하게 생활할 수 있는 환경을 구성해주는 것이다.

그래서 나는 아무리 더러운 교실을 만나도 3일 넘게 청소하고 먼지 하나 없이 만들려 노력한다. 바닥도 매직 블록과 수세미를 이용해서 각종 낙서와 풀과 테이프 자국을 지우고, 사물함도 스티커 자국이 남지 않도록 하고, 책상도 깨끗하게 닦으면서 삐걱거리는 것들은 일일이 손을 본다. 처음 교실에 들어온 아이들은 깨끗한 교실에 놀란다. 이렇게 교실이 깨끗하면 아이들은 그 깨끗한 환경을 유지하기 위해 스스로 청소하고 정리하게 되어, 결국 3월에 깨끗한 교실이 일 년 동안 유지되는 원동력이 된다.

교실 청소와 정리가 끝나면 아이들의 이름표를 만든다. 몇 년 전부터 아이들 이름표는 최고 좋은 것으로 준비한다. 아이들이 이름표를 스스로 달고 다니고 싶게 만드는 것이다. 이름표가 아이들을 감시하는 수단이 아니라 자신을 당당하게 드러내고 자존감을 높이는 도구로 바꾸는 것이다. 자존감이 높을수록 상대방과 긍정적인 관계를 유지하기 쉽다. 그래서 3월 첫날 아침에 교실에 들어오는 아이들을 반갑게 맞이하면서 이름표를 걸어주고 악수를 하고 작은 손편지를 주며 함께 행복한 일 년을 약속한다.

교실 앞에는 간단한 환영 그림을 준비하고, 책상에는 예쁜 포스트잇에 이름을 미리 써 놓아서 쉽게 자기 자리를 찾을 수 있게 한다. 그리고 교실에 즐겁고 잔잔한 음악이나 동요를 틀어두면 처음 교실에 들어오는 아이들에게 좀 더 편안하면서도 새로운 교실에 대한 설렘을 주기도 한다. 예전에 동학년을 했던 선생님 중에는 아로마 향을 피워서 교실에 향기를 퍼뜨리기도 했고, 교실 문 위에 레이스를 달기도 하고 게시판이나 천장에는 가랜드를 단 분도 있었다.

첫 만남에서부터 마음 열기

그런데 왜 이처럼 첫날을 중요하게 여겨야 할까? 단지 설렘을 느끼게 하고 긴장을 해소해주기 위해서일까? 교사마다 이유는 조금씩 다르겠지만, 내가 이렇게 3월의 첫날을 중요하게 여기는 것은 바로 첫 만남에서부터 마음을 열게 하기 위해서다. 아이들과 아이들, 교사와 아이들 사이에 마음을 빨리 열어야 소통이 되고 신뢰하게 되며 일 년 동안 단단하게 나아갈 힘이 생기기 때문이다.

한 연구 조사에서는 초등학교 1학년 아이들의 입학 첫날의 긴장감과 두려움으로 인한 스트레스는 전쟁에 나가는 군인이나 대입 수능을 앞둔 고3 수험생의 스트레스와 맞먹는다고 한다. 이런 스트레스는 비단 1학년에게만 있는 것은 아니다. 스트레스의 정도는 달라도 거의 모든 학년의 아이들이 일 년 중 가장 긴장하는 때가 첫날과 3월이 아닐까 생각한다. 그나마 친한 친구와 한 반이 되면 마음을 놓지만, 그렇지 않으면 혼자라는 느낌이 강할 수 있다.

이런 아이들의 마음을 먼저 열기 위해서는 교사가 다가가서 신뢰적인 관계를 만들어가야 한다. 예전에 학년을 마무리하면서 학급 아이들에게 내가 만든 설문지를 나누어주고 일 년 동안 담임인 나에 대해 느끼고 생각한 것을 조사한 적이 있었다. 설문을 통해 새로운 것을 알게 되었는데, 새 학기 첫날 거의 모든 아이가 나를 보고 10분 동안 정말 초긴장을 했다는 것이다. 얼굴은 웃고 있지만, 키 큰 남자 선생님이 양복을 입고 서 있는 모습이 무서웠다는 아이들도 있었다. 물론 10분 만에 그 모든 것을 잊게 되었지만, 다음 후배를 위해서 첫날도 평소처럼 양복 대신 편안한 옷을 입으면 좋겠다고 했다.

그 후로는 첫날 양복을 포기하고 아이들이 좋아할 알록달록한 옷을 입었다. 그리고 작은 편지에 '알고 보면 부드러운 성격의 포근한 선생님'이라고 적었더니 아이들이 앉아서 편지를 보면서 힐끗 나를 바라보고 웃음을 보여주었다.

그렇다. 아이들은 친한 친구와 같은 반이 되었을 때 마음이 편하기도 하지만, 올 한 해 나와 함께 생활하고 나를 가르쳐주실 선생님이 어떤 분인가가 제일 중요하다. 그리고 선생님에 대한 인상은 개학하고 나서 일주일 정도가 되면 굳어진다. 물론 시간이 흐르면서 담임선생님의 진정한 참모습을 알고는 행복한 마음으로 학급 생활을 할 수도 있지만, 학기 초의 어색함과 선생님에 대한 낯섦과 두려움은 교사와 아이의 관계를 막는 커다란 담이 될 수도 있다.

그렇다면 새 학기 첫날의 낯섦과 두려움을 따뜻함과 포근함으로 바꾸어서 교사와 학생이 좀 더 쉽게 관계를 맺을 수 있는 교실은 어떻게 만들까?

따뜻하고 포근한 교실 꾸미기

깨끗하고 정리된 교실 만들기

항상 봄방학이 되면 제일 신경을 쓰는 것이 '언제 교실을 옮기는가?' 이다. 새 학년의 새로운 교실로 옮겨야 교실을 깨끗이 청소할 수 있기 때문이다. 전 담임선생님께서 어느 정도 청소를 하고 가시지만, 깨끗하게 지우기 어려운 테이프 자국 등이 남아 있기 마련이다. 때로는 교실 구석에 먼지가 쌓여 있거나 벽과 책상, 교실 바닥에 낙서가 남아 있기도 하다.

내가 가장 많이 신경을 쓰는 부분은 교실 바닥과 책상 그리고 사물함이다. 사용하던 교실과 물품이지만, 최대한 깨끗하게 청소하고 정리해놓으면 아이들은 이런 교실은 처음 본다며 깜짝 놀란다. 특히 학부모 총회 때 학부모들도 교실을 보고 눈이 휘둥그레지신다. 중요한 것은 이렇게 힘들게 청소한 과정을 아이들과 학부모님께 일부러 드러내고 말하는 것이다. "선생님이 너희를 위해 너희 방이나 집처럼 깨끗하게 만들었으니 편안하고 행복하게 일 년을 살자"고 말하며, "이렇게 깨끗한 교실이 더러워진다면 우리 반이 한 것이기 때문에 함께 책임지고 깨끗하게 만든 후 다음 학생들에게 물려주자"고 이야기한다. 그러면 일 년 동안 비교적 교실이 깨끗하게 유지된다.

여기에 더하여 정리 상자나 교구함을 이용하여 깔끔하게 정리하고 공동으로 사용하는 학용품 등도 잘 정리해놓는다. 이렇게 해놓으면 아이들도 막 사용하지 않고 조심스럽게 사용하며 제자리에 잘 정리하는 습관을 들인다. 자기가 사용한 물품을 잘 정리해두는 것은 다음 사람을 위한 배려라는 것을 꼭 이야기하며 우리 학급에서 좋은 분위기(물리적인 환경)를 계속 유지하면 좋겠다고 말한다. 단, 분실하거나 고장 났을 경우에는 선생님께 솔직하게 말하도록 지도한다. 아이들은 혼날까 봐 말하지 않고 슬쩍 넘어

갈 수 있다. 그래서 학급 물품을 사용하다 보면 고장도 나고 분실이 될 수도 있기 때문에 절대 부담 갖지 말고 말하라고 마음의 안정을 주어야 아이들도 솔직하게 말한다. 아이들이 학급 물품의 고장이나 분실을 말해야 새것으로 바꿀 수 있고 계속 깨끗하게 유지될 수 있다. 그리고 솔직하게 말했을 때 교사는 오히려 칭찬하고 말해주어서 고맙다고 말하고 이해해주어야 아이들이 부담 없이 교실의 물품이나 교구를 사용할 수 있다. 너무 깨끗함과 정리를 강조하다 보면 아이들을 위해 준비한 것들이 아주 잘 정리된 장식품으로만 남을 수 있기 때문이다.

이렇게 하는 또 다른 이유는 아이들 스스로 자신의 작은 잘못이라도 인정하고 용서하는 마음을 갖도록 하는 데 있다. 작은 잘못을 인정하지 않으면, 친구 관계에서도 슬쩍 넘어가거나 아닌 척하기 쉽고 그래서 관계가 틀어질 수도 있기 때문이다. 물론 이 이야기도 아이들에게 직접 말한다. 대신 정말 고의로 한 것이 아니라면, 교사도 아이들을 이해해주고 대수롭지 않게 넘어가야 아이도 자신의 용기에 심리적 보상을 받게 된다. 물론 고의로 반복하거나 진심을 담지 않고 용서를 구하며 선생님의 배려를 악용하는 것이 보인다면 더 큰 책임을 질 수 있다고 이야기한다.

또한 깨끗하게 교실을 만들고 사용하는 이유는 교실이 어지러워지고 지저분해지면 눈에 쉽게 띄고 이를 교사가 금방 알아챌 수 있기 때문이다. 깨끗하게 사용하던 교실이 평소와 다르게 지저분해지는 것은 아이들의 마음이 들떠 있거나 심리적으로 안정이 되지 않았기 때문인 경우가 많다. 그런 아이들의 마음 상태는 친구들 사이에 작은 문제가 발생할 수 있는 틈이 되기도 한다. 그래서 교실이 평상시와 달리 어지러워진 것을 보면 아이들에게 다시금 마음을 다질 수 있도록 지도를 한다. 아이들의 마음 문제가 아니라 너무나 바쁜 교사의 일상으로 인해 교실이 어지러워질 수도 있기 때문에 교사 스스로도 되돌아보아야 한다.

자존감 넘치는 교실 만들기

학기 초에 아이들이 자존감을 빨리 찾을수록 학급 관계가 돈독해진다. 너무 자존감이 낮으면, 아이들 사이에 관계를 맺는 것에 어려움과 갈등이 쉽게 따른다. 그래서 아이들의 자존감을 향상시키는 활동을 학기 초에 많이 하는 것이 좋다.

특히 새 학기 첫날에는 아이들이 교실에 들어왔을 때 보게 될 환영 문구에 아이들의 이름을 넣어주는 것이 좋다. 자신의 이름이 드러나고 스스로도 이름이나 자기 자신을 내세울수록 자존감은 높아진다. 그래서 이름표도 일반적인 이름표와 달리 특별하게 플라스틱 이름표에 컬러프린터로 인쇄해서 목에 걸어주면 아이들이 아주 좋아한다. 교실 밖으로 나갈 때는 걸지 않아도 된다고 해도 다른 반 친구들에게 자랑하기 위해 일부러 걸고 나간다. 사실 아이들은 이름표 다는 것을 그리 좋아하지 않는다. 잘못한 행동을 했을 때 들키기 쉽고 잘못한 행동이 없더라도 자신이 드러나는 것을 좋아하지 않기 때문이다. 하지만 좋은 이름표를 달고 당당하게 생활하다 보니 자신의 이름을 드러내는 것을 부끄러워하지는 않는다. 즉 자존감이 조금씩 나아지는 것이다.

첫날 아이들 책상에 예쁜 모양의 포스트잇에 이름을 써서 붙여주면 몇몇 아이는 한 학기 내내 잘 보관하기도 한다. 이왕이면 교사가 직접 손으로 써주는 것이 좋은데, 정자나 궁서체보다는 아이들이 좋아할만한 예쁘거나 편안한 글씨체가 좋다. 나는 악필이라서 컴퓨터 폰트 중에 마음에 드는 것을 찾아서 인쇄한 후 따라 그리는 식으로 이름을 쓰곤 했다. 아이들은 예쁜 손글씨로 자기 이름을 예쁜 모양 포스트잇에 적어주었다는 것만으로도 선생님에 대해 긍정적이고 신뢰가 넘치는 관계를 형성하기 시작한다.

• 관계를 포근하게 만드는 교실 환경 •

▶ 안정적인 환경을 조성한다.
  · 교실을 구석구석 깨끗이 청소하고, 사물함의 끈끈한 테이프 흔적도 깔끔하게 지운다.
  · 아이들 책상 위의 낙서도 매직 블록이나 수세미로 깨끗이 지운다.
  · 교사 짐은 보이지 않도록 하거나 정리함이나 교구장에 보관한다.
  · 학급 물품은 잘 보이도록 가지런하게 정리한다.
▶ 안정적인 심리적 환경을 조성한다.
  · 아이들이 좋아할 만한 이름표를 미리 만든다.(평소 보기 힘들거나 예쁜 이름표)
  · 첫날 줄 담임 손편지를 준비한다.(너무 길지 않는 것이 좋다)
  · 아이들의 이름이 들어간 환영 게시판을 만든다.
▶ 학급 물품 사용 방법을 안내한다.

2

관계를 담아내는
교실 만들기

교실은 배움의 공간이자 삶의 공간이다

교사는 몇 년에 한 번씩 학교를 옮기고 매년 교실이 바뀌어 새로운 공간에서 새로운 아이들을 만나게 된다. 특별한 몇몇 학교를 제외하고는 전국 대부분 초등학교의 교실 모습은 비슷비슷하다. 앞쪽에 교사용 책상과 칠판이 있고, 출입문이 앞뒤로 하나씩 있으며, 창가나 교실 뒤편으로 아이들 사물함이 있다.

요즘은 학급 배정이 개학 전에 이루어지는 경향이 있다. 그래서 교사들은 2월 말이면 분주해진다. 책상 배치를 바꾸고 사물함마다 이름표를 미리 붙여놓는 등 교실 살이에 대한 고민을 담아 교실 공간을 새롭게 배치한다. 이렇게 교실을 미리 준비해두면 안정감이 있고 수업 활동을 효율적으로 운영할 수 있다.

그런데 교실은 배움의 공간이기도 하지만 삶의 공간이기도 하다. 그래서 아이들의 삶을 담아내는 공간이 어떤 분위기인가에 따라 아이들이 관계를 맺는 데 보다 긍정적인 역할을 할 수 있게 된다. 교실을 어떻게 꾸며야 하는지 고민하기 전에 아이들은 자신들이 살아갈 교실 공간을 어떻게 생각하고 있을지 한번 고민해보면 어떨까?

새로운 책상을 구입하거나 가구를 바꾸는 것처럼 큰 예산이 필요한 일은 할 수 없을 것이다. 하지만 아이들이 교실에서 하고 싶은 것, 원하는 것이 무엇인지 알아보고 함께 상상하는 것만으로도 충분히 의미 있고 즐거운 일이 될 수 있다. 그중에 실현 가능한 것이라면 아이들과 함께 교실 공간에 새로운 변화를 줄 수도 있다. 많이 부족하겠지만, 학급운영비와 교실환경구성비와 같은 예산을 사용할 때 아이들과 함께 이야기 나누며 고민해보는 것도 좋겠다.

배움의 공간 만들기 이렇게 시작하자

상상하기

처음 할 일은 아이들에게 묻는 것이다. 아이들이 원하는 교실의 모습은 무엇인지 어떤 교실이면 좋을지 이야기를 나누어보자. 이때 처음부터 원하는 물건을 중심으로 대화를 이끌어가기보다는 교실에서 하고 싶은 일이나 상황으로 출발해야 한다.

"우리 교실에 어떤 물건이 있으면 좋을까요?"라고 아이들에게 묻는다면, 이렇게 대답할 것이다.

"게임기요", "침대요", "세탁기요", "트램펄린이 있으면 좋겠어요."

이런 물건이야 예산만 충분하다면 그냥 구입하면 해결된다. 하지만 아이들과 교실 공간을 상상하는 이유는 이렇게 아이들이 원하는 물건을 대신 구입해주기 위해서가 아니다. 아이들이 교실 공간에서 하고 싶은 일과 진정한 욕구를 함께 생각해보기 위해서다. 그러므로 아이들이 갖고 싶고 사고 싶은 물건에 대한 이야기만으로 끝내지 말아야 한다.

"게임기가 왜 있으면 좋겠어?"

"쉬는 시간에 재미있게 놀려고요. 미세먼지 때문에 밖에 못 나가니까 게임기를 하면 좋겠어요."

"쉬는 시간에 교실에서 함께 할 놀잇감이 필요한 거구나."

이렇게 아이들이 정말 원하는 것을 이야기 나누기 위해서는 교실에 구입해 주었으면 하는 물건보다는 무엇을 하고 싶은지에 대해 집중해보아야 한다.

다음과 같이 질문을 바꿔보자.

나는 우리 교실이 ~ 했으면 좋겠다.
나는 우리 교실이 ~ 해서 불만이다.

아이들의 대답은 다음과 같았다.

- 나는 우리 교실에 앉아서 이야기 나눌 곳이 있으면 좋겠다.
- 나는 우리 교실에 가방을 넣을 수 있는 큰 사물함이 있으면 좋겠다.
- 나는 우리 교실 벽에 예쁜 그림이 그려져 있으면 좋겠다.
- 나는 우리 교실에서 동물을 키우면 좋겠다.

- 나는 우리 교실에서 만화책을 많이 읽을 수 있으면 좋겠다.
- 나는 우리 교실이 쉬는 시간에 너무 시끄러워서 불만이다.
- 나는 우리 교실에서 와이파이를 사용할 수 없어서 불만이다.
- 나는 우리 교실에서 누울 수 없어서 불만이다

처음에는 현실적인 제약에 대한 걱정 없이 자유롭게 이야기를 나누는 것이 좋다. 자유로운 상상 속에서 때로 아이들은 전혀 실현 불가능한 꿈을 꾸기도 하지만, 그런 엉뚱한 바람 속에 교실에 대한 아이들의 고민과 생각이 숨어 있기도 하기 때문이다. 그러면서 조금씩 현실 가능한 이야기로 범위를 줄여가는 것이다.

아이들의 바람과 불만에 대한 이야기를 나누다 보면 교실을 바라보는 아이들의 생각을 함께 이야기 나눌 수 있다. 단순하게 나 혼자 사용할 물건이나 공간에 대한 생각에 머물지 않도록 공간을 변화시키고자 하는 이유에 집중하게 해야 한다. 교실은 나 혼자 머무는 곳이 아니고 학급의 다른 친구들과 함께 관계를 맺으며 삶을 나누는 공간이다. 그렇기 때문에 교실 공간에 관한 이야기의 중심은 나 혼자만의 공간이 아니라 우리가 함께 살아가는 삶의 공간이라는 점을 중심으로 생각해보도록 안내하자. 하지만 안 되는 것, 불가능한 것에 대한 제약을 자꾸만 주기보다는 자유롭게 상상하고 이야기하도록 열어두는 것도 잊지 말아야 한다.

"앉아서 이야기 나누고 싶다면 어떻게 해야 할까?"

"소파를 사요."

"저 2학년 때 놀이방 매트가 있었는데, 거기 앉아서 책도 읽고 이야기도 나눠서 좋았어요."

"맞아요. 매트가 있으면 눕고 싶은 사람은 누울 수도 있잖아요."

"매트에 누워 있다가 다른 사람이 밟고 지나갈 수도 있잖아. 그러니까 침대가 있어야지."

이렇게 아이들의 다양한 상상을 모두 들어보는 것에서 시작해야 한다.

둘러보기

'상상하기'가 아이들의 자유로운 생각을 마음껏 펼치는 데 집중했다면, '둘러보기'는 교실의 현실을 구체적으로 바라보는 일이다. 교실의 위치나 교실 속 가구는 어떻게 배치되어 있는지, 아이들 스스로 원하는 공간을 만들기 위해서는 어떻게 변화를 주어야 할지, 아이들이 교실을 직접 살펴보며 새로운 방법을 찾아야 한다.

편안한 교실이면 좋겠다는 아이들이 많이 원하는 소파, 침대, 바닥 매트와 같은 소품들을 교실의 어디쯤 놓아야 할지 생각해보게 한다. 온라인 쇼핑몰에서 침대나 소파의 크기를 살펴보고 실제 교실에 가구를 놓으려면 어떻게 공간을 배치해야 할지 고민해보는 것이다. 아이들은 교실의 크기도 확인해야 하고, 교실 빈 공간에 원하는 가구를 놓을 수 있을지 줄자로 길이도 재보고 높이도 확인해보게 된다. 실제 가구를 교실에 구입해줄 수 있다면 가장 좋겠지만, 가상으로 배치해보는 것도 괜찮다. 라인 테이프로 가구가 놓일 위치를 교실 바닥에 그려볼 수도 있고, 종이상자로 축소판 교실 모형을 만들어볼 수도 있다. 앞에서 마음껏 상상했던 것들을 실제 교실에서 어떻게 구현할 수 있을지 구체적으로 고민해본다.

디자인하기

가상의 상황을 고려해보는 것도 좋지만, 가장 좋은 것은 아이들과 함께 직접 교실을 변화시켜보는 것이다. 이때는 학급운영비를 얼마까지 사용할 수 있는지 예산을 구체적으로 제시해주면 좋다. 5만 원 또는 10만 원의 예산이 있다면, 그 예산으로 교실을 어떻게 변화시킬 수 있을지 함께 생각해본다. 교실에 예쁜 그림이나 벽화가 있으면 좋겠다는 의견에 많은 아이가 찬성했다면 큰 전지 등으로 교실 벽면을 함께 꾸며볼 수도 있고, 바닥에 앉아서 이야기 나누는 편안한 공간을 원하는 아이가 많다면 교실 공간에 놓을 수 있는 바닥 매트의 크기나 가격을 함께 찾아볼 수 있을 것이다.

중요한 것은 단순하게 교실에 있었으면 하는 물건이나 가구에 집중하는 것이 아니라 아이들이 그 것을 원하는 이유를 함께 찾아가는 것이다. 동물을 키우고 싶다는 아이가 많았다면, 주어진 교실 환경이나 예산 내에서 가능한 방법을 찾아볼 수 있다. 강아지나 고양이처럼 활동적인 동물을 교실에서 키울 수 있을지를 함께 고민해보자. 강아지나 고양이 대신 무언가 교실에서 기른다는 것에 의미를 둔다면, 사슴벌레나 다육식물처럼 생명이 있는 것을 함께 돌보는 것으로 의견을 모을 수도 있을 것이다.

　이렇게 교실 모습에 대한 이야기를 나누는 과정에서 아이들은 다른 아이들의 관심과 욕구를 이해하게 된다. 예산을 받아 새롭고 비싼 무언가를 들여놓거나 겉만 화려하게 리모델링을 하는 것만이 공간을 바꾸는 방법은 아니다. 아이들이 배움의 공간이자 삶의 공간인 교실에 관해 이야기 나누며 아이들의 이야기로 채워나가는 것이다.

· 관계를 담아내는 교실 만들기 ·

▶ 개인별로 교실에 대한 기대와 불만을 이야기한다. 처음에는 실현 가능성을 고려하지 않고 자유롭게 상상하도록 한다. 이때 구입하고 싶은 물건이 아니라 하고 싶은 활동을 중심으로 기록한다.

　예) 교실에서 잠을 자고 싶다, 드론을 날려보고 싶다, 강아지를 키우고 싶다, 와이파이를 사용할 수 없어서 심심하다 등

▶ 개인별로 기록한 내용을 모아 모둠 또는 학급 전체가 비슷한 내용끼리 분류한다.

▶ 분류한 내용을 바탕으로 그런 기대와 불만을 갖게 된 이유를 생각해본다.

예) 와이파이가 필요한 이유는? 왜 교실에서 잠을 자고 싶었을까?

▶ 기대와 불만을 해결하기 위해 필요한 물건이 무엇인지 생각한다.

▶ 필요한 물건이 교실의 어느 곳에 설치 또는 보관할 수 있을지 확인해본다. 침대나 소파를 구입하고 싶다는 모둠의 경우 그 가구를 교실 어느 곳에 배치할 수 있을지 교실 공간에서 실제 길이를 재어 보거나 면적을 확인해본다.

▶ 미술 시간 등 실제 수업 활동을 통해 새로운 교실의 모습을 그리거나 만들어본다.

▶ 새로운 교실 공간을 다른 친구들에게 소개하고 새로운 교실에서 어떤 활동을 함께할 수 있을지 제안한다.

▶ 학교 여건에 따라 학생들의 제안 중 실현 가능한 것이 무엇인지 함께 고민해보고 아이들과 실제 교실에 구현해본다.

우리 모두를 격려하는 '애교 가위바위보'

처음 만나 마음을 쉽게 여는 데 놀이만한 것이 없고 가위바위보 하나만으로도 재밌어질 수 있다. 가위바위보를 하면 누군가는 이기게 되고, 누군가는 지게 되어서 지는 사람은 마음이 속상할 때도 있는데, 승부보다는 친구들과 함께하는 가위바위보 놀이 그 자체로 즐거워지는 활동이다.

가위   바위   보

놀이 준비
- 책상에 의자를 넣고 모두 자리에서 일어난다.
- 짝꿍과 마주 보고 애교 가위바위보 동작을 배우고 연습한다.

놀이하기_ 애교 가위바위보 왕 뽑기

- 교사가 교실 앞에 나와 아이들과 애교 가위바위보로 전체 가위바위보를 한다.
- 교사가 낸 것과 같거나 이긴 사람은 자리에 서서 계속 게임을 하고, 진 사람은 자리에 앉는다.
- 같은 방법으로 계속 가위바위보를 해서 마지막에 남은 한 사람이 1대 가위바위보 왕이 된다.
- 다음 날은 1대 가위바위보 왕이 교실 앞에 나와 전체 가위바위보를 진행한다.

놀이 TIP

- 처음에는 민망해하기도 하지만, 점점 중독성이 생긴다. 교사부터 가위바위보를 하며 아이들에게 사랑을 가득 보내는 모습을 보여주면 아이들도 점점 그렇게 하게 된다. 애교 가위바위보를 배우고 나서는 가위바위보를 해야 할 때면 종종 귀엽게 가위바위보를 한다.
- 처음 할 때는 기본 동작으로 하지만, 좀 더 귀엽고 자연스럽게 또 창의적으로 바꿔도 좋다. 자기가 만든 멋진 동작 마지막에 손 모양만 가위, 바위, 보를 자세히 나타내면 된다.
- 애교 가위바위보 동작은 친구들에게 응원을 보내거나 격려하고 싶을 때 할 수도 있다. 친구가 발표를 할 때 가위나 바위, 보 몸짓을 그 친구에게 보낸다. 사랑 가득한 귀여운 표정으로 친구들이 응원해주면 격려받는 느낌이 든다. 이렇게 격려받은 친구들은 다른 친구들도 잘 응원해준다. 정말 중요한 것은 이렇게 서로 용기 내어 응원하고 격려받는 분위기를 만들어가는 것이다.

모두를 응원하는 줄서기 가위바위보

편을 나눠 가위바위보를 해서 어느 편이 이길지 가슴 졸이기도 하고, 상대편이지만 응원해주면서 승부를 내려놓고 즐길 수 있다.

놀이 준비

- 처음에는 남자 편, 여자 편, 이렇게 두 편으로 갈라서 편마다 한 줄로 선다. 남녀가 아니라 그냥 두 편으로 나눠도 된다.
- 두 편은 2m 정도 떨어져서 마주 본다.
- 남자 편은 교실 뒤쪽에 선 사람부터 나오는 차례를 정하고, 여자 편은 교실 앞쪽에 선

사람부터 차례를 정한다.

- 남자 편 1번이 가운데로 나와 교실 뒤쪽으로 가서 서고, 여자 편 1번은 가운데 공간으로 나와 교실 앞쪽에 선다.

놀이하기

- 각 편의 1번 선수가 나와서 마주 보고 선다.
- 서로 허리를 숙여 공수인사 한다. 남자 친구 '홍길동'이 인사하면, 양쪽에 선 친구들이 이름을 두 번 힘차게 부르며 응원한다. "홍길동! 홍길동!"
- 여자 친구 '심청이'가 인사한다. 인사를 마치면 친구들이 두 팔을 들어 올렸다 내리며 "심청이! 심청이!" 이렇게 두 번 이름을 외친다.
- 이름을 부르며 응원하고는 모두 다함께 "가위, 바위, 보!"라고 하면 선수로 나온 두 사람은 애교 가위바위보를 한다.
- 가위바위보를 이긴 사람은 제자리에 있고, 진 사람은 "안녕히 계세요!" 하고는 자기 편 맨 뒤에 가 서서 다른 친구들을 응원한다.
- 진 편에서 다음 차례의 친구가 나와 인사를 하면 새로운 친구를 모두가 이름을 부르며 응원하고, 계속 가위바위보에 도전한다.
- 이런 방법으로 상대편 모두를 가위바위보로 꺾으면 된다.

놀이 TIP

- 우리 편 친구가 져서 우리 편 맨 뒤로 올 때 모두 하이파이브를 해주며 격려한다.
- 이긴 편에 가위바위보를 못 해본 사람이 남아 있을 때는 못 해본 사람이 계속 도전해서 이긴 편에서 최후의 1인을 뽑는다. 최후의 1인은 교실을 한 바퀴 도는데, 도는 동안 반 친구들이 그 친구의 이름을 부르며 응원해준다.
- 별것 아니라 생각되기도 하고 부끄러울 수도 있지만, 용기 내어 응원하는 몸짓이 서로에게 용기를 준다. 그리고 그런 분위기에서 아이들은 안전함을 느끼고 또 용기를 낸다. 반 친구들과 용기 내어 격려하는 분위기를 만들어간다. 그리고 그 안에서 모두 힘을 내고 서로에게 소중한 사람이 되어간다.

너를 응원해!

연극놀이 '스타와 팬'을 조금 바꾼 것이다. 보통은 가위바위보를 해서 이긴 사람이 대우를 받거나 좋아 보이는 것을 하는데, 거꾸로 이긴 사람이 진 사람을 응원하고 격려해주는 놀이다.

놀이 준비
· 책상에 의자를 넣고 모두 자리에서 일어난다.
· 맨 처음 두 사람씩 짝을 지어 선다.

놀이하기

• 두 사람이 만나 짝이 되면, "사랑합니다!" 하고 인사한다.

• 인사하고 나면 "제 이름은 홍길동입니다", "제 이름은 심청이입니다" 하고 이름 소개를 한 뒤 애교 가위바위보를 한다.

• 진 사람은 스타 역할을 하고, 이긴 사람은 팬 역할을 한다. '팬'은 스타의 뒤를 따라다니면서 양팔을 크게 뻗었다 오므렸다 하며 스타의 이름을 큰 소리로 외치며 응원한다.

• 그렇게 돌아다니다 다른 팀을 만나면, 또 인사를 나누고 '스타'끼리 가위바위보를 한다. 진 사람은 계속 스타 역할을 하고 나머지 세 사람(이긴 팀 두 사람 + 같은 팀 한 사람)은 스타가 된 친구의 이름을 신나게 외치며 따라 다닌다.

• 이런 식으로 하다 보면 마지막에 커다란 두 무리가 남는다. 두 무리를 서로 마주 보게 하고는 잠시 자기 스타를 응원하는 소리를 들어본다. 그러면 응원하는 분위기가 무르익는다.

• 드디어 마지막 '가위바위보'를 하고 진 친구가 그 날의 스타가 된다.

• 마지막에 스타가 된 친구를 함께 응원하며 교실을 한 바퀴 돌고 마무리한다.

놀이 TIP

• 처음 하며 쑥스러워하는 친구가 있으면 교사가 따라다니며 그 친구를 함께 큰 소리로 응원해준다.

• 마지막에 스타로 남은 친구에게는 반 친구들이 이렇게 응원해줬을 때 어떤 생각이 들었는지, 어떤 느낌이 들었는지 물어본다.

• 보통은 잘하는 사람을 더 잘하라고 응원하지만, 잘 못하는 친구를 응원했을 때 그 친구가 용기를 얻는다는 것을 알고 느낄 수 있다. 응원 받는 사람도 힘이 나고 응원하는 사람도 신이 난다.

• 우리 반 1대 스타, 2대 스타, 3대 스타는 누가 될지 자주 해본다.

2장

관계의
시작

1

경쟁을 넘어 나눔과 정감 넘치는
따말 카드 모으기

경쟁을 넘어서는 관계 만들기

항상 새 학기 첫째 날이나 둘째 날에 하는 활동이 있다. 바로 '따말(따뜻한 말) 카드 모으기'다. 새 학기에 아이들의 마음을 열고 서로 알아가며 좋은 관계를 만들기 위해서는 경쟁적인 활동은 배제하는 것이 좋다.

아이들은 첫날 새로운 친구들과 만났을 때 마음이 편치 않다. '이 친구와 이야기를 해도 좋을까? 아니면 저 친구와 이야기하는 게 좋을까? 조금 말을 세게 하는데 같이 세게 할까? 아니면 그냥 받아줄까? 저 친구는 매우 적극적인 것 같고, 이 친구는 소극적인 것 같고…' 등 마음속으로 수만 가지의 궁금증과 생각이 스쳐 간다. 그리고 소위 아이들 사이에 보이지 않는 심리적 서열 다툼도 이루어진다.

이런 상황에서 아이들의 적극성을 끌어내거나 재미를 증가시키기 위해 처음부터 경쟁적인 활동을 하면, 긍정적인 관계를 형성하기도 전에 경쟁적인 관계를 형성함으로써 모든 활동이나 학급 생활에서 무조건 이기거나 앞서려고 하게 되고 그런 갈등이 쌓여서 문제가 생기곤 한다. 경쟁적인 활동이 무조건 나쁘다는 것은 아니다. 다만, '경쟁'이라고 하면 발전적 경쟁보다 상대적 경쟁(비교 우위를 따지는)을 추구하는 경향이 있기 때문에 학기 초 처음 만난 친구들의 활동에서만큼은 경쟁적인 요소를 배제하는 것이 좋겠다는 것이다.

그래서 일부러 경쟁적인 활동 같지만, 사실은 나눔을 강조하는 활동을 통해 아이들이 자연스럽게 경쟁보다는 서로 배려하고 나누는 관계로 이끌어가는 것이 좋다. 그런 활동 중 하나가 바로 '따말 카드 모으기'다.

각 따말 카드에는 다음의 9가지 중 하나의 문구가 있다.

- 네가 있어서 정말 행복해.
- 너의 귀여운 미소가 좋아.
- 너의 미소가 참말 예뻐.
- 두근두근 설레어요.
- 살랑살랑 설레어요.
- 정말 정말 축하해.
- 진짜 진짜 축하해.
- 콩닥콩닥 너를 사랑해
- 하늘땅만큼 사랑해.

'따말 카드' 활동을 학기 초 이른 시간에 하려는 까닭은 또 있다. 바로 아이들의 언어 때문이다. 교사마다 생활지도의 우선순위가 다르겠지만,

안전 다음으로 가장 많이 신경 쓰고 지도하는 것이 바로 아이들의 언어다. 학기 초 아이들의 언어는 공격적이고 방어적일 수밖에 없다. 낯선 환경에서 살아남아 적응하려는 본능이기도 하다. 그러다 보니 자연스럽게 언어로 공격하고 방어하면서 서로의 마음과 감정을 상하게 하는데, 이것은 긍정적 언어문화를 만드는 데 방해가 된다.

그래서 '따말 카드' 활동을 통해 서로 인사하고 긍정적인 액션 활동(하이파이브 등)을 하고, 동시에 고운 말을 주고받는 경험과 감사의 표현을 재미있게 익히게 하는 것이다. 이를 계기로 교사는 엄숙한 훈육보다 활동 후 소감 나누기를 통해서 바른 언어 사용의 필요성을 지도할 수 있다.

따말 카드 활동

따말 카드로 친구 찾기

'따말 카드 모으기' 사전 활동으로 예쁜 카드와 말을 서로 나누는 기회를 제공함과 동시에 직접 친구를 만나기 전에 얼굴을 익히면서 눈인사로 교감하는 활동이다.

먼저 책상을 교실 벽 쪽으로 다 밀고 의자를 가져와서 교실 가운데에 둥그렇게 모여 앉는다. 아이들에게 서로 다른 카드 2개씩을 나누어준다. 몇몇 아이는 카드가 예쁘다고 하는 경우가 있다. 이때 반드시 아이에게 고맙다고 하면서 받은 카드가 무엇인지 다른 친구들도 볼 수 있게 들어 달라고 부탁한다. 이렇게 하면 아직 카드를 받지 못한 친구들은 더 큰 기대를 가지고 차례를 기다리며 활동에 몰입하기 시작한다.

　카드를 2장씩 학급 전체 아이들에게 나누어주고 나서 2장의 카드 중에서 가장 자기 마음에 드는 카드 1장을 선택하라고 한다. 차례로 돌아가면서 자신이 선택한 카드를 읽고 보여주게 한다. 이때 듣고 있던 친구들은 자기 카드 중에서 발표하는 친구와 같은 카드가 있으면 손을 들어 표현하고 서로 눈인사를 한다. 학급 인원이 10명 이상이라면 최소 2명 이상이 같은 카드를 가지고 있게 된다. 계속 발표하면서 중복이 되기도 하지만, 중복되면 오히려 기억하기에 더 좋다고 아이들에게 말해주어서 아이들 마음에 아쉬움이 남지 않도록 한다. 이렇게 모두 발표가 끝나면 음악을 들려주며 자신의 카드와 같은 카드를 가진 사람을 모두 만나라고 한다. 서로 만나면 먼저 인사를 하고 카드를 확인한 후, 그 카드에 담긴 글을 읽고(예를 들면 '너의 귀여운 미소가 좋아') 하이파이브를 한 뒤 헤어진다. 이렇게 해서 같은 카드를 가진 친구와 모두 만나면 자리에 앉는다.

이때 도움(수호)천사 미션을 주면 좋다. 자리에 먼저 와서 앉은 아이들은 비교적 활동에 적극적이고 경쟁심이 있는 아이들이다. 그래서 그 아이들에게 지금부터 도움(수호)천사가 되어 아직 활동을 마무리하지 못한 친구들을 찾고, 그 친구가 만나야 할 친구(같은 카드를 가진)를 함께 찾아주도록 부탁한다.

이렇게 해서 학급 모두가 자리에 앉으면 활동을 나눈 느낌을 말하고 반드시 도움(수호)천사들에게 몇 명의 친구를 도와주었는지 물어본다. 이것을 통해 아이들은 도움을 주는 것에 대한 긍정적 강화를 받게 되어 다른 활동에서도 자발적으로 도움(수호)천사 활동을 하는 경우가 많다. 이는 아이들이 경쟁보다는 서로 돕고 배려하는 관계로 발전하는 기초가 된다.

따말 카드 모으기

따말 카드의 주 활동은 똑같은 카드 5장을 모으는 것이다. 아이들에게 어떻게 하면 똑같은 카드를 모을 수 있는지 물어보면, 대부분 가위바위보를 해서 카드를 뺏어온다고 대답한다. 이렇게 교사가 먼저 질문을 하고 아이들의 이야기를 들은 다음에 어떻게 활동하는지 설명해주는 것이 좋다.

먼저 아이들에게 서로 다른 카드 2장을 나누어준다. 아이들은 돌아다니면서 서로 만나는데, 자신의 카드를 보이지 않아야 한다. 만나면 서로 손을 흔들면서 '안녕' 하고 인사한다. 활동하기 전에 인사하는 것을 연습하면 효과가 더 좋다. 인사를 한 뒤에는 '가위바위보'로 승부를 가리고 "져준 사람은 이긴 사람에게 자기 카드 1장을 나누어줍니다"라고 안내한다. '져준 사람'이라는 말을 통해서 진 사람의 마음을 재치 있게 위로할 수 있고 카드를 줘야 하는 아쉬움을 줄일 수 있다. '나누어줍니다'라는 말은 정말 중요하다. 이긴 사람이 빼앗는 것이 아니라 져준 사람이 나누어주는 것이다. 즉 빼앗는 것이 아니라 나눔을 실천하는 것이다. 이런 방식으로 일 년 동안 언어를 사용하면 분명 작은 변화를 느낄 수 있다. 그리고 이것은 경쟁적인 관계를 나눔과 배려의 관계로 바꾸는 중요한 장치가 된다.

져준 사람은 이긴 사람에게 카드를 고르지 않게 한다. 이긴 사람도 져준 사람에게 특정 카드를 요구할 수 없게 한다. 져준 사람이 이긴 사람에게 카드 한 장을 나누어줄 때 그 카드에 적힌 글(예: 콩닥콩닥 너를 사랑해)을 읽으면서 두 손으로 준다. 받는 사람 역시 두 손으로 받으면서 "감사합니다"라고 잘 들리게 인사한다. 만약 상대방의 감사 표현이 만족스럽지 않으면 다시 한번 요청할 수 있고, 그래도 만족스럽지 않으면 선생님께 말씀드려서 선생님 앞에서 감사 표현을 하게 한다. 너무 과하거나 과장된 감사 표현은 오히려 활동에 방해가 될 수 있기 때문에 사전에 충분히 이야기해준다.

카드를 주고받은 다음에는 하이파이브하며 '파이팅'을 외친다. 이 역시 사전에 연습을 해야 더 효과적이다. 중간중간 파이팅 소리가 큰 짝을 찾아서 추가 카드 1장씩을 준다고 하면 더욱 열심히 활동한다.

갈등과 문제는 지금부터 시작된다. 카드를 경쟁적으로 빼앗는 것이 아니라 나눔을 실천하는 것이라고 하지만, 2장의 카드는 금방 아이들 손을 떠나 다른 아이들 손으로 넘어간다. 그러면 아이들은 나눔은커녕 빼앗겼다는 생각도 들고 계속 활동하는 아이들이 부럽기도 한다. 한편으로는 어깃장까지 부릴 수 있다.

여기서 필요한 것이 '부활'(다시 활동에 참여하는 것)이다. 아이들은 공동의 목표를 가지고 끝까지 함께 갈 수 있다는 희망이 있을 때 마지막까지 열심히 참여한다. 그래서 '따말 카드' 활동에서도 나누면 더 좋다는 느낌을 줄 수 있는 부활 제도를 쓴다. 아이들이 활동하다가 모든 카드를 나누어주면 교사에게 와서 인사하고 손가락 3개를 보인다. 그러면 교사는 3장의 새로운 카드를 주고 학생은 "감사합니다"라고 반드시 정중하게 배꼽 인사를 하며 받는다. 이것은 아이들에게 감사 표현에는 형식도 중요하다는 것을 알려주기 위해서이다. 과거에는 형식보다 마음이라고 했는데 지금 아이들은 마음은 커녕 형식도 몸에 배지 않은 경우가 많기 때문이다. 그래서 활동이 모두 끝나면 "좀 전에 선생님께 감사하다고 인사하며 두 손으로 카드를 받았듯이 가정통신문이나 선생님이 검사하고 돌려주는 공책이나 학습 준비물 등을 받을 때는 반드시 두 손으로 받으면 좋겠다"고 이야기하면서 교사와 학생의 관계에서 지켜야 할 것을 알려주는 것이 좋다.

다시 본 활동으로 돌아오면, 3장의 카드를 받은 아이들은 아주 기쁜 마음으로 활동에 참여한다. 2장을 나누어주었는데 3장을 받았으니 그럴 만도 하다. 3장을 받은 친구들이 다시 열심히 활동하다 보면 그마저 모두 나누어주고 빈손이 되는 경우가 생긴다. 이 경우에도 선생님께 다가와서 손가락을 5개를 보이고, "감사합니다" 인사와 함께 5장의 카드를 받아간다. 두 번째에 5장의 카드를 주는 이유는 이미 그 시간이면 다른 아이들 손에는 카드가 한가득 있게 되는데, 3장만 받으면 같은 말 카드 5장을 다 모을 기회가 부족하다 보니 아이들이 열심히 참여하지 않을 수 있기 때문이다. 그래서 5장을 주되, 공정함을 위해 모두 다른 종류로 준다. 그래야 열심히 카드를 모으는 다른 아이들에게 큰 영향을 미치지 않기 때문이다.

이렇게 해서 같은 따말 카드(똑같은 종류의 카드) 5장을 모은 친구가 나오면, 활동을 마치고 자리에 앉는다. 5장의 카드를 모은 친구를 칭찬하거나 보상하기 전에 아쉬움이 많은 다른 아이의 마음을 달래주어야 경쟁적인 마음보다는 함께 참여해서 즐거웠다는 마음이 남는다. 보통 아이들은 "더 해요", "4장만 모으면 안 돼요?" 하며 아쉬움을 표현한다. 그래서 활동하면서 최대 4장, 3장, 2장까지 모았던 아이들을 손들어 보게 하며 위로해주고 안타까움을 공감해준다. 그러면 아이들 마음이 조금 더 풀린다. 시간이 허락된다면, 아이들의 뜻대로 다시 새로 활동을 해도 좋다. 정말 가끔 나오는 경우인데, 만약 같은 종류의 카드를 2장도 모으지 못하고 각기 다른 그림으로 1장씩만 모은 친구가 있다면 보상해준다. 다른 친구와 달리 자신만 제대로 하지 못했다고 부끄러워하거나 실망할 수도 있기 때문이다. 그래서 아이에게 이런 경우는 정말 희소성이 있기 때문에 그 희소성을 칭찬하면서 간단한 선물(연필 등)을 주면 좋아하고 위로를 받는다.

이제 열심히 활동하면서 5장을 모은 친구에게 보상(예로 연필 3자루)을 하면서 어떻게 카드를 모았는지 물어본다. 대부분 아이들은 가위바위보를 이겨서 5장의 카드를 모았다고 대답한다. 교사는 열심히 활동하여 카드를 모은 것을 칭찬하면서 "그럼 가위바위보를 이겨서 져준 친구의 카드를 고르거나 뺏었니?"라고 물으면, 친구가 나누어주어서 모을 수 있었다고 대답한다. 즉 5장의 카드는 친구들이 주었기 때문에 모은 것이고 친구들 덕분이라는 것을 학급 모두가 인식하게 된다. 그러면서 "5장의 카드를 모을 수 있도록 카드를 준 친구도 착한 일을 한 거니까 선생님이 그 친구들에게 연필을 한 자루씩 나누어주고 싶은데 누군지 말해주겠니?"라고 하면, 5장의 카드를 모은 아이는 당황한다. 5명을 다 외우는 아이들은 거의 없기 때문이다.

이때 교사는 "그럼 누구인지 모르니 열심히 너를 도운 5명과 우리 반 친구들에게 연필 한 자루씩을 네가 나누어주겠니?"라고 하며 학급 인원수만큼 준비한 연필을 나누어주게 한다. 이때도 아이들이 연필을 주고받으면서 고맙다는 표현을 하도록 지도한다.

이렇게 하면 자신들로 인해 1등 한 친구가 5장의 카드를 모으게 되었고 그로 인해 자신도 보상을 받게 되어 기뻐한다. 이런 점에서 경쟁심이 사라지게 된다.

주의점과 TIP

이 활동의 핵심은 빼앗는 것이 아니라 나누어주는 것에 있다. 그리고 2 장을 나누면 3장을, 3장을 나누면 5장을 받는 '부활'을 통해 5장의 카드를 모을 수 있다는 희망을 갖게 하여 끝까지 열심히 참여하게 하는 데 있다. 그리고 그 속에서 경쟁적인 관계보다는 나누면서 자신도 활동에 끝까지 참여했다는 공동체적인 관계를 만들어가는 것이다. 가위바위보로 카드를 모으는 활동은 대부분 경쟁적으로 빼앗는 활동이어서 활동 후 아이들의 마음이 속상해지거나 서로의 관계에 영향을 주기도 한다. 하지만 따말카드 활동은 나누어도 손해 보지 않는다는 것을 밑바탕에 두기 때문에 편안하게 할 수 있다. 그런 가운데 아이들은 서서히 경쟁심을 버리고 마음을 열게 되며 긍정적 또래 문화를 형성하는 데 기초를 다지게 된다.

또한 활동하면서 따뜻한 말을 나누었을 때의 느낌을 이야기하면서 교실에서 비속어나 폭력적인 말보다 이런 말을 사용하면 좋겠다고 하며, 언어폭력 예방교육을 한다.

정말 올해 교사와 관계를 만들기 어려워 보이는(흔히 이전 학년에서 낙인이

찍힌) 아이에게는 일부러 같은 종류의 카드를 2~3장 주자. 그 아이는 깜짝 놀라거나 좋아하는 반응을 보일 텐데, 그러면 교사는 모른 척하라는 눈짓을 보내면서 그 아이와 좋은 관계를 시작할 수 있다.

· 따말 카드 모으기 ·

▶ 서로 다른 카드를 각자 2장씩 갖는다.

▶ 돌아다니다 친구를 만나면 먼저 인사를 하고 가위바위보를 한다.

▶ 져 준 사람(진 사람)은 이긴 사람에게 자신의 카드 한 장을 준다.

  · 상대가 원하는 카드를 주는 것이 아니라 자신이 주고 싶은 카드를 준다.

  · 카드를 줄 때 카드에 쓴 글을 읽으며 두 손으로 준다.

▶ 이긴 사람은 '감사합니다'라고 반드시 인사하며 받는다.

▶ 같은 방법으로 활동을 하다 카드를 모두 나누어주면 선생님을 찾아간다.

  · 선생님께 인사하며 손가락 3개를 보인다.

  · 아이는 두 손으로 받으며 '감사합니다' 하고 인사한다.

▶ 다시 활동을 하다 3장을 다 나누어주게 되면, 선생님을 찾아가서 손가락 5개를 보이고 5개의 카드를 받는다.

▶ 같은 말 카드 5장을 모두 모으면 '따말 카드'라고 외치며 선생님께 가서 확인을 받는다.

▶ 교사가 피드백하며 마무리한다.

2

하루의 관계를 시작하는
아침 인사 미션

교사와 아이들 관계도 중요하다

학급에서 아이들이 긍정적인 관계를 맺으면서 서로 좋은 영향력을 주고 받으며 살아간다면 교사로서 더할 나위 없이 행복할 것이다. 초임 시절에는 교사인 나를 중심으로 학급을 꾸려나갔다면, 조금씩 경험이 쌓일수록 아이들이 스스로 학급에서 어우러지고 생활할 수 있는 능력을 키워주려 노력했다.

그런데 어느 해에는 그로 인한 문제가 생겼다. 아이들을 항상 관찰하고 주의 깊게 지도하고 있었는데, 한 학부모가 전화로 '아이들의 일에 적극적으로 나서지 않는다'며 불만을 토로했다. 사실 나는 아이들 사이의 작은 갈등은 스스로 해결할 수 있도록 지켜보다가 아이들이 해결하기 어렵다고 보일 때 아이들에게 의사를 묻고 나서 적극적으로 나서는 입장이었다. 하지만 그런 사실을 학부모님은 알 수가 없었다. 그래서 이후로는 학부모

총회 때 이런 방법으로 생활지도를 한다고 알리고 혹시나 아이들이 힘들어할 때는 언제든 연락을 주시면 적극적으로 해결하겠지만 아이들 스스로 해결하는 힘을 키워주고 싶다고 말했다.

그런데 이보다 더 큰 문제는 아이들 스스로 너무 잘하고 서로 뭉치다 보니 교사가 알아야 할 것까지 아이들이 스스로 풀기 위해 이야기하지 않거나 교사를 제외하고 자기끼리 학급 분위기를 이끌어가는 것이었다. 이를 넘어서 아이들이 교사를 아예 배제하거나 무시하면서 자기끼리 부정적인 방향으로 똘똘 뭉치는 사례를 경험한 교사도 있다.

그래서 아이들과의 긍정적이고 신뢰적인 관계를 적극적으로 가질 필요를 느꼈다. 하지만 자칫 교사 중심의 학급이 꾸려지거나 아이들이 교사의 눈치를 보게 되지는 않을까 걱정이 되기도 했다. 그래서 아이들에게 부담을 주지 않으면서도 아이들의 세세한 생활까지 쉽게 알 수 있으려면 어떤 게 있을까 고민했고, 그러다 생각한 것이 바로 '아침 인사 미션'이다.

"올해 만난 아이들이 너무 힘들어요. 한두 명 때문이 아니라 전체적으로 분위기가 이상한 것 같아요." 가끔 동료 선생님과 대화하는 중에 이런 이야기를 듣는다. 이럴 때 나는 아침 시간에 아이들과 만나 보라고 조심스럽게 권한다.

교사와 아이들의 관계에서 가장 중요한 것은 신뢰이다. 신뢰를 쌓으려면 많은 시간이 필요하지만, 교사에게 주어진 시간은 일 년 뿐이다. 그렇기 때문에 아이들을 인내심 있게 기다리는 것도 중요하지만, 동시에 적극적인 관계를 맺기 위한 구애도 필요하다.

아침 시간은 관계를 맺기에 가장 좋은 시간이다. 짧은 시간이지만, 가장 큰 효과를 얻을 수 있기 때문이다. 하루 중 교사와 학생이 처음 만나는 시간으로 교사는 아이의 얼굴을 보고 대화하면서 아이들을 파악할 수 있다. 그렇다면 어떻게 아이들과 아침을 보내야 할까? 놀이나 활동을 하려고 해도 아이들이 등교하는 시간이 다 다르고, 반 아이들이 모두 교실에 들어왔을 때는 수업시간까지 채 10분이 남지 않는 경우가 다반사이다.

그래서 추천하는 것이 '아침 인사 미션'이다. 아침 인사 미션을 통해서 짧은 시간에 아이들을 일대일로, 특히 눈을 맞추며 다양한 미션으로 인사하고 대화하면 교사와 학생 모두가 행복한 아침을 열 수 있다. 미션의 주제와 액션을 통해 교사는 아이들의 평소 생활과 가족 및 친구 관계를 엿볼 수 있고, 아이들은 선생님이 정말 친절하시고 자신에게 관심과 사랑이 많다고 느낀다. 이것이 서로 신뢰하는 관계로 발전하게 한다.

지금도 기억나는 일이 있다. 아침 인사 미션을 학기 초에 한 달 정도만 하고 아이들과 충분히 관계를 맺고 신뢰를 쌓은 다음 다른 활동으로 바꾸려 한 적이 있었다. 그런데 학급에서 가장 새침한 여학생이 아침 인사 미션을 더 이상 하지 않는다는 것을 알고는 실망하여 왜 미션이 없는지 물었다. 나는 그 학생이 자발적인 적극성보다는 의무감으로 활동한다고 생각했는데, 오히려 아침 인사 미션 시간이 그 학생에게는 선생님과의 가장 중요한 소통의 시간이었던 것이다.

아침 인사 미션

칠판에 미션 미리 적어 놓기

칠판에 대화 미션과 액션 미션을 미리 적어둔다. 전날 퇴근하기 전에 적어 놓으면 더 수월하다. 대화 미션 내용은 아이들의 기본적인 생활을 알수 있는 것부터 현재 우리 교실에서 이루어지고 있는 활동을 중심으로 정하는 것이 좋다.

대화하면서 또는 대화하기 전에 하는 액션 미션은 일반적인 인사 대신에 다양한 인사 방법을 무작위로 돌아가면서 하게 한다. 액션 미션은 교사와 아이들이 대화할 때 어색할 수 있는 분위기를 깨주고 편안하게 대화할 수 있게 해주는 장치가 된다. 아이들은 은근히 이 액션 미션을 좋아한다. 대다수의 아이는 오늘은 어떤 액션 미션일까 궁금해하면서 교실로 들어온다. 그렇게 됨으로써 대화하는 것에 대한 부담은 잊고 기분 좋은 액션 활동에 집중하게 되고, 교사는 그 과정에서 대화하면서 자연스럽게 아이들의 이야기를 이끌어낼 수 있다.

아이들보다 일찍 오기

'아침 인사 미션' 활동을 할 때 가장 중요한 것은 아이들보다 먼저 와서 아이들을 맞이하고 아이들에게만 집중하는 것이다. 아이들이 모두 등교하고 교사가 출근한 날과 교사가 먼저 출근한 후에 아이들이 온 날의 교실 모습은 분명히 다르다. 아이들은 교실에 들어왔을 때 선생님이 반가운 얼굴로 인사하며 맞아주는 것에 작은 행복을 느낀다. 가끔 화장실이나 교무실에 다녀오는 바람에 잠시 자리를 비워 바로 인사하며 맞이하지 못하면 아이들이 실망하기도 한다. 하지만 교실로 들어오는 선생님에게 오히려 아이들이 큰 소리로 인사하며 맞이하기도 한다.

육아나 여러 개인의 삶이 있기에 항상 아이들보다 일찍 오는 것은 현실적으로 어려울 수 있다. 그래서 동학년 선생님들께 이렇게 같이 하자고 제안하곤 했다. 선생님이 출근하기 전에는 아이들이 절대로 등교하지 않도록 하는 것이다. 등교 시간이 8시 20분부터 8시 40분이고 선생님의 출근 시간이 8시 40분까지라면, 우리 반 등교 시간을 8시 30분부터 8시 40분으로 바꾸고, 일찍 오는 아이들은 돌봄 교실이나 학교에서 준비된 안전한 공간으로 가도록 학기 초에 지도하는 것이다. 이를 위해서는 학부모 총회 때 학부모님께도 아이들의 안전을 위해서 학교에 일찍 올 경우 돌봄 교실을 이용하도록 안내하고, 실제 일찍 학교에 왔을 때 일어났던 안전사고 사례를 이야기하면 대부분의 학부모님은 이해하시고 시간에 맞추어 등교를 시키신다.

컴퓨터 켜지 않기

아침 인사 미션이 정말 잘 되려면 정말로 아이들에게만 집중해야 한다. 아이들보다 늦게 교실에 오더라도 그 후부터 아이들에게만 집중하는 것이 중요하다. 아이들은 놀라울 정도로 선생님이 자신에게 집중하고 있는지 그렇지 않은지를 잘 눈치챈다. 아이들에게 집중하지 않으면서 의례적으로 말을 하면, 오히려 아이들은 온전히 교사를 신뢰하지 않게 된다.

그래서 제안하는 것이 '아침 인사 미션이 끝날 때까지 컴퓨터를 켜지 않기'이다. 많은 교사가 교실에 들어와서 제일 먼저 하는 일이 컴퓨터의 전원을 켜는 것이 아닐까 생각한다. 컴퓨터를 켜는 순간 학교 업무나 당일 해야 할 일들이 메신저로 뜬다. 그 순간 아침 시간은 날아가 버리고 만다. 정말 급한 일이라면, 컴퓨터가 켜지지 않은 것을 확인한 담당자나 부장님 또는 교감 선생님께서 교실로 오실 것이다. 물론 이런 경우는 일 년에 몇 번 없다. 올해 학급 아이들이 정말 힘들다고 생각한다면, 당장의 오늘 업무보다 우선 아이들에게 집중하는 것이 어떨까 생각한다.

아침 인사 미션 하기

아이들이 앞문으로(반드시 앞문으로 들어와야 한다) 들어오면 교사가 먼저 "○○ 왔니?"라며 반갑게 맞아준다. 그러면 아이도 같이 인사하면서 칠판을 본다. 칠판에 적힌 액션 미션으로 선생님과 다시 인사하고 대화 미션 주제를 가지고 10~30초 정도 이야기를 나눈다.

뒤이어 들어오는 아이가 있을 경우 1~2m 떨어져 기다리게 한다. 아침 미션이 '주먹 인사하며 아침에 먹고 온 반찬(음식) 말하기'라면, 아이가 아침을 먹는지 먹지 않으면 왜 먹지 않는지를 자연스럽게 알 수 있고 속이 좋지 않은지, 부모님이 맞벌이인지도 알 수 있다. 또한 아침을 꼭 먹고 다니라며 친절하게 말해주고, 아이들이 먹은 반찬이나 국에 대해 "정말 맛있었겠다", "선생님도 그 반찬 좋아하는데" 하면서 긍정의 맞장구를 쳐주는 것이 좋다.

아침 미션으로 '몇 시에 잠들었는지' 이야기하면 아이의 가정생활과 휴대폰 사용이나 아이가 집에서 주로 무엇을 하는지, 학원 시간은 언제인지도 알 수 있다. 방과 후 친구와 논 이야기를 하면서 학교 안팎에서의 교우 관계를 파악할 수도 있고, 한 친구가 다른 친구와 놀이터에서 놀았다고 이야기해주면 그 다른 친구가 교실에 들어와서 미션을 하려고 할 때 "○○ 와 같이 놀이터에서 놀았다며?"라고 먼저 이야기를 꺼낸다. 아이는 살짝 놀라기도 하지만, 선생님이 자신에게 관심을 가지고 있다고 느끼며 좋아한다. 그리고 이런 것이 학부모에게도 전달되어 교사가 아이들에게 친절하고 관심이 있다는 것을 알게 된다.

아침 인사 미션의 예

액션 미션의 예

이야기하는 동안 악수하기

엄지 악수하기

양손 크로스 악수하기

하이파이브

하이 텐

새끼손가락 걸기

검지 마주 대기

손바닥 대고 빙글빙글 돌리기

배꼽인사 하기

주먹 인사

눈 마주보기

윙크하기

대화 미션의 예

방학 때 가장 기억나는 일 말하기, 아침에 먹고 온 반찬 말하기, 주말에 있던 일 이야기하기, 어제 몇 시에 잠들었는지 이야기하기, 부모님과 대화한 것 말하기, 방과 후 친구와 논 이야기하기, 주말에 무엇 할지 이야기하기, 새로 맡은 1인 1역 말하기, 받고 싶은 선물 말하기, 어제 가족 칭찬한 이야기하기, 자기 자랑 1가지 이야기하기, 선생님 칭찬하기, 수요일 일찍 끝나고 무엇을 할지 이야기하기, 오늘 나의 감정 카드 뽑고 이유 말하기, 최근 친구와 가장 신나게 놀았던 일 이야기하기, 추석에 무엇을 할지 이야기하기, 추석 때 먹은 음식 이야기하기, 오늘 날씨를 10자 이상으로 표현하기, 오늘 체험학습 가서 면담 때 질문할 것 말하기, 친구 3명 이상과 악수하고 그 친구 이름 말하기, 오늘 기분을 표정과 몸짓으로 말하기, 내가 좋아하는 색을 말하고 이유 말하기, 오늘 먹고 싶은 간식 말하기, 좋아하는 연예인 이야기하기 등이 있다.

3

나만의 특별한 몸짓

몸짓 그루브로 너를 기억해

이름을 대신해서 나를 특별하게 기억할 수 있게 하는 것들 가운데 자기만의 특별한 몸짓을 정해보면 좋다. 심각하거나 기분이 안 좋을 때 음악에 맞춰 몸을 흔들면 기분이 금방 나아질 때가 있다. 몸과 마음이 굳어있거나 얼어 있을 때 가볍게 몸을 움직여주기만 해도 사르르 풀릴 때가 있다. 서로에게 다가갈 때 상대방의 마음이 닫혀 있으면 다가가기 쉽지 않은데, 서로의 몸짓을 하며 몸을 움직여 반응하고, 인사하고 격려하면 금방 재밌어지고 마음이 열리며 기분 좋게 소통이 될 때가 많다.

아이들은 친구들이 나에게 관심을 가지고 물어봐 주며 나에 관한 무언가를 기억해주고 나에게 표현해줄 때 용기를 얻기도 한다. 길에서 만났을 때 손을 흔들어주거나, 용기 내어 손을 들고 자리에서 일어나 발표할 때 엄지를 들어 보이거나 두 손으로 하트를 만들어 보내면 나도 기분이 좋고,

그 친구도 힘을 얻을 때가 있다. 이처럼 서로를 기억하고 응원의 마음을 전할 때 말 대신 할 수 있는 자기만의 몸짓을 정해본다.

자기만의 '몸짓'을 만들어서 친구를 만났을 때 그 친구의 몸짓을 하며 인사를 하거나 친구에게 용기를 주고 싶을 때 그 친구의 몸짓을 기억하고 해주는 것이다. 친구들이 내 몸짓을 기억해서 나에게 인사해주면 기분이 참 좋아지고 지지받는 느낌이 든다.

몸 풀며 마음 열기

체육 시간에 교실에서 나만의 몸짓 만들기 활동을 해본다. 책상을 가장 자리로 밀어 두고 아이들이 교실 가운데에 둥그렇게 선다. 신나는 음악에 맞춰 첫 번째 친구가 스트레칭 동작이나 몸을 푸는 데 도움이 되는 동작을 한다. 다른 아이들은 그 동작을 따라 하며 몸을 푼다. 16박자 동안 몸을 풀고 옆 친구에게 두 손을 내밀며 신호를 보내면 옆에 있는 친구가 또 다른 동작을 하나 한다. 이런 식으로 차례로 돌면서 몸을 풀고 마음을 연다.

과장해서 춤추기

몸으로 표현하는 것을 힘들어하는 아이들에게 쉽고 재밌고 크게 표현할 수 있도록 도와주는 활동이다. 신나는 음악을 한 곡 틀어둔다. 맨 처음 한 사람이 음악에 맞춰 가볍게 걷는 동작을 8박자 동안 하면 다른 사람들도 따라 한다. 그런 다음 옆 사람에게 차례를 넘긴다. 다음 사람은 앞 사람이 했던 동작보다 조금 더 크고 과장되게 동작을 하고, 다른 사람들은 그 동작을 보고 따라 한다. 이런 차례로 다음 사람은 음악에 맞춰 동작을 좀 더 크게 하거나 점프를 하거나 뱅글뱅글 돌거나 하면서 동작을 더 풍성하게 한다. 이렇게 하면서 창의적인 동작이 만들어지기도 하고 우습고 재밌는 동작이 많이 만들어진다.

보통 5, 6번째까지 가면 더 이상 새로운 동작을 덧붙이기가 어려워질 때가 있다. 그러면 그다음 사람은 새로운 작은 동작을 한다. 이렇게 한 바퀴 돌며 동작을 따라 하다 보면 재밌어지고 친구들이 내 동작을 모두 따라 해주고 나도 다른 친구들의 동작을 따라 하니 더 표현해보고 싶은 용기가 조금씩 생긴다.

내 취미나 특기 이야기 나누기

아이들에게 좋아하거나 즐겨하는 일이 무엇인지 물어본다. 잠시 생각해보게 하고, 한 사람씩 번갈아 가며 이야기를 나눈다. 즐겨하거나 좋아하게 된 까닭도 함께 말해주면 좋다.

"선생님은 춤추는 것을 좋아합니다. 기운을 내고 싶을 때는 집에서 신나는 음악을 틀어놓고 몸이 가는 대로 춤을 추지요. 선생님 딸도 함께 출 때가 많답니다."

"저는 피아노 치는 걸 좋아해요. 요즘은 아이돌 가수의 노래를 연습하고 있어요!"

"저는 야구를 좋아해요. 그래서 주말이면 동네 친구들과 집 근처 공원에서 야구를 자주 합니다."

"저는 게임 하는 걸 좋아합니다. 요새 ○○○ 게임을 즐겨합니다."

"저는 요요를 잘합니다."

"저는 농구 하는 걸 좋아해요. 방과 후 활동으로 3년 동안 했습니다."

"저는 TV 보는 걸 좋아해요."

"저는 요새 복싱을 배우고 있습니다."

"저는 요리하는 걸 좋아합니다."

이렇게 각자 좋아하는 것이 무엇인지 모두 들어본다. 그런 다음 친구가 좋아하고 즐겨하는 것을 잘 기억하고 있는지 확인한다.

처음 사람이 원 안으로 한 걸음 들어가면, 그 친구가 좋아하는 것을 친구들이 말한다. 예를 들어, 춤추기를 좋아하는 친구였다면 "춤추기!"라고 말한다. 그런 다음 뒤로 한걸음 물러 제자리로 들어온다. 그리고 그 옆으로 한 명씩 차례로 앞으로 나갈 때마다 "피아노 치기!", "야구!", "농구 하기!" 식으로 모든 친구가 좋아하는 것을 기억해서 돌아가며 말해준다. 기억을 못 할 때는 원 안으로 나온 사람이 자신이 좋아하는 것을 다시 알려주면 된다.

이렇게 서로가 좋아하며 즐겨하는 일을 알게 되면, 서로에게 더 친밀감을 느끼고 관심을 가지며 더 쉽게 다가갈 수 있다.

내가 좋아하는 일, 몸짓으로 만들어보기

이번에는 내가 좋아하는 일을 몸짓으로 만들어보게 한다. 그냥 간단하게 한 가지 동작만 만들면 된다. 내가 평소 좋아하는 일은 몸짓으로 만들기 어렵지 않고 그 친구가 무엇을 즐겨하는지 알기 때문에 몸짓과 함께하면 기억에 오래 남는다.

혼자서도 몸짓을 잘 만드는 아이가 있지만, 두 사람씩 짝이 되어 서로 도와주면 훨씬 즐겁고 쉽게 만든다. 시간도 몇 분이면 충분하다.

"짝이랑 의논하며 만들어보면 좋아요. 동작을 만들기 힘든 친구들은 도와달라고 해보세요. 선생님도 도울게요."

아이들이 몸짓으로 표현할 준비가 되면, 이번에는 자기가 만든 몸짓을 하며 자기가 좋아하는 것을 말한다. 예를 들어, 교사가 "선생님은 춤추는 걸 좋아해요!"라고 하며 제자리에서 트위스트를 가볍게 한다. 그러면 아이들도 모두 따라 한다.

그다음 사람은 두 손으로 피아노 치는 동작을 하며 "저는 피아노 치는 것을 좋아해요!" 한다. 그다음 사람은 두 손으로 야구 방망이를 휘두르는 동작을 하며 "저는 야구를 좋아합니다!" 한다. 이런 식으로 돌아가며 몸짓을 하면서 자신이 좋아하는 일을 말한다. 다른 사람들은 친구들의 몸짓을 따라 하며 기억한다.

이렇게 한 바퀴를 돌고 나면 그 사람의 몸짓을 기억하고 있는지 확인해본다. 교사가 맨 처음 원 안으로 한 걸음 들어간다. 그러면 아이들은 선생님의 몸짓이 무엇인지 몸짓을 하며 알아맞힌다. 기억을 잘하는 친구가 꼭 있기 마련인데, 기억이 잘 나지 않으면 기억을 잘하는 친구를 따라 몸짓을 하면 된다. 몇 초 뒤에 그 몸짓이 맞는지 내가 내 몸짓을 한다.

그런 다음 제자리로 들어오고, 옆에 있는 아이가 한 걸음 앞으로 나간다. 그러면 나머지 아이들이 기억해서 알아맞힌다. 눈으로 친구들의 몸짓을 보고 몸으로 따라 해보아서인지 훨씬 잘 떠오르고 기억을 잘한다.

음악에 맞춰 내 몸짓을 그루브 있게 표현하기

신나는 음악을 틀어주고 음악에 맞춰 자기 몸짓을 해본다. 각자 만든 자기만의 몸짓을 신나는 음악에 맞춰 춤추듯 하면 된다. 음악에 맞춰 자기 동작을 연습해본 다음 첫 번째 친구가 원 안으로 한 걸음 들어가서 몸짓을 한다. 그러면 다른 친구들이 모두 따라 한다. 이런 식으로 자기가 좋아하는 일을 가지고 만든 몸짓으로 친구들과 신나게 춤추며 마무리한다.

나만의 몸짓 그루브 활용하기

날마다 몸짓으로 춤추며 워밍업 하기

이렇게 만든 동작을 일주일 정도 아침 시간에 신나는 음악을 한 곡 틀어 놓고 차례대로 따라 하며 익히고 기억한다. 음악을 틀어놓고 친구들의 몸 짓을 따라 하며 한 바퀴만 돌아도 충분히 몸이 풀리고 기분도 즐거워진다. 그렇게 하루를 시작할 수 있다. 그리고 친구들이 내 몸짓을 따라 하는 것을 보면서 아이들은 소속감을 느끼고 기분도 좋아진다.

나중에는 무작위로 한 친구의 이름을 부르면 그 친구는 원 안으로 한 걸음 들어와 자기 동작을 하고 다른 친구들은 그 친구의 몸짓을 따라 한다. 그 친구가 자기 자리로 들어가며 다른 친구의 이름을 부르면 그 친구는 한 걸음 앞으로 나와 자기 동작을 한다. 이런 식으로 음악 한 곡이 끝날 동안 신나게 춤춘다.

어떨 때는 월요일에는 1~5번 친구의 동작을 연결해서 음악에 맞춰 계속 되풀이해서 춘다. 그러면 재밌는 춤이 되기도 한다. 줄을 서서 추면 라인댄스가 된다. 이렇게 요일마다 다른 친구들의 몸짓을 안무가 되게 연결해서 간단한 춤을 만들어 추기도 한다.

오후 수업을 시작할 때나 졸음이 올 때 신나는 음악을 한 곡 틀어두고 모두 일어나서 몸짓을 하며 그루브 있게 춤추기도 한다. 친구들의 이름을 번갈아 부르면 그 친구의 몸짓을 하며 춘다. 아이들은 처음에는 쑥스러워하지만, 다 함께 하니 분위기에 맞춰 자연스럽게 춤을 춘다. 누군가의 이름을 떠올리면 재미난 몸짓도 함께 떠오른다.

몸짓으로 인사하기

아침 인사 시간이 되면 날마다 반의 모든 친구와 악수나 하이파이브를 하며 일대일로 인사를 나누는데, 어떤 날은 상대방의 몸짓을 하며 인사를 한다. 친구가 내 동작을 하면 나도 내 동작을 함께 하고, 그런 다음 친구의 동작을 기억해서 해준다. 그러면 친구도 잠시 따라 하고 나서 다음 친구를 만나러 간다. 기억이 안 날 때는 먼저 생각난 친구가 해주면 되고, 잊었을 때는 내 동작을 알려주며 인사한다.

복도에서 친구를 만나거나 길거리에서 만나도, 멀리서 알아볼 때도 서로의 몸짓을 하며 재미나게 인사한다. 남들이 보면 이상하게 생각할지 모르지만, 아이들은 우리만의 비밀을 가진 것처럼 재밌어한다. 처음 할 때는 부끄러울 수 있지만, 자주 하다 보면 익숙해진다.

몸짓으로 격려하기

몸짓을 기억하고 따라 해주면 기분이 참 좋아진다. 친구들을 응원하고 용기를 줄 때도 몸짓 그루브를 한다. 수업시간에 발표하는 친구를 응원해주고 싶을 때나 용기를 주고 싶을 때 그 친구의 몸짓을 기억해 함께 해준다. 누군가 먼저 시작하면 다른 친구들도 그 친구의 동작을 하며 응원해준다. 아이들은 이렇게 격려하고 격려받는 분위기에서 안정감을 느낀다. 그리고 편안한 분위기에서 서로에게 자연스럽게 다가간다.

· 나만의 특별한 몸짓 ·

1. 몸 풀며 마음 열기
- 동그랗게 서서 한 사람씩 돌아가며 음악에 맞춰 스트레칭 동작을 하고, 다른 친구들은 따라 한다.
- 16박자 동안 하고 나서 옆 친구에게 두 손을 내밀며 신호를 보내면, 그 친구가 한 스트레칭 동작을 따라 한다.
- 이런 식으로 한 바퀴 돈다.

2. 과장해서 춤추기
- 첫 번째 사람이 음악에 맞춰 가벼운 동작을 하면 다른 사람들도 그 동작을 따라 한다.
- 다음 사람은 앞 사람의 동작을 좀 더 풍성하게, 과장해서 하고, 다른 사람들도 따라서 한다.
- 같은 방법으로 계속하다가 더 이상 과장해서 하기 힘들면, 새로운 동작으로 또 시작한다.

3. 내 취미나 특기 이야기 나누기
- 좋아하는 취미나 특기가 무엇인지 물어보고, 이야기 나눈다.
- 돌아가며 친구들이 좋아하는 것을 기억해서 말해준다. 기억을 못할 때는 알려준다.

4. 내가 좋아하는 일, 몸짓으로 만들어보기

　・내가 좋아하는 일을 간단하게 한 가지 동작으로 만들어본다.

　・어렵다면 두 사람씩 짝이 되어 동작 만드는 것을 도와준다.

　・한 사람씩 돌아가며 자기가 좋아하는 일을 말하면서 몸짓을 한다. 다른
　　사람들도 따라 한다.

5. 음악에 맞춰 내 몸짓을 그루브 있게 표현하기

　・신나는 음악에 맞춰 한 사람씩 자기 몸짓을 하면 친구들이 따라하며 기
　　억한다.

6. 나만의 몸짓 그루브 활용하기

　・날마다 몸짓으로 춤추며 워밍업 하기

　・몸짓으로 인사하기

　・몸짓으로 격려하기

4

책 속 문장으로 시작하는
특별한 아침

하루 첫 만남의 마중물, 책으로 여는 아침

요즘 책 읽기로 하루를 시작하는 교실이 많다. 책을 읽는다는 것은 오래 전부터 많은 선생님이 해오고 있는 아침 활동이다. 복도를 지나가다 조용히 책을 읽고 있는 아이들의 모습을 보면, 차분하게 하루를 시작하는 것 같아 덩달아 기분이 좋아지고 괜히 흐뭇해진다.

그런데 이런 아이들 곁에서 담임선생님은 무엇을 하고 있을까? 예전에는 아침 활동 시간에 담임교사는 책을 읽지 않고 떠드는 아이들에게 주의를 주거나 감시하는 역할을 했다. 하지만 이제는 많은 선생님이 아이들과 함께 책을 읽는다.

하루를 시작하는 아침 시간은 과제를 점검해야 하기도 하고 당일까지 제출해야 하는 각종 공문과 설문지를 모아야 하기도 하다. 그래서 교사들은 늘 아침마다 마음이 여유롭지 못하다. 그래도 아이들과 책을 함께 읽는 것으로 하루를 시작하는 선생님이 점점 많아지고 있다.

존 테일러 게토는 『교실의 고백』에서 다음과 같이 말했다.

> 사서는 무엇을 읽어라 어떤 순서로 읽어라 말하지 않고, 사람들의 독서
> 에 점수를 매기지 않으며 도서관은 일정한 간격으로 종을 울려서 책읽기
> 를 중단하라고 다그치지 않고 우리들 가운데 누가 더 그 책을 읽을 자격이
> 있는지 결정하려 하지 않는다.

수업시간의 책 읽기는 교사로서 교육과정과의 연계를 고민하고 그 시기
의 아이들에게 필요한 책을 추천하고 같은 책을 읽으며 함께 이야기 나누
어야겠지만, 아침 시간만은 교사가 아니라 사서의 역할로 아이들과 만나
면 좋겠다.

아이들의 삶을 가까이에서 지켜보면 아이들이 요즘 어떤 것에 관심을
갖고 있는지, 무엇을 좋아하는지 알게 된다. 그런 아이들의 삶을 담은 책
을 소개하고 추천해주는 일을 하고 싶다. 3월에는 만남에 관한 책들을 준
비해두고 친구와의 관계를 어려워하는 아이들을 위해 우정과 관련한 책
을 모아 교실 한 켠에 정리해두고 싶다.

아침 문장으로 하루 시작하기

아침 문장으로 아이들을 만나는 활동은 하루 전날 시작된다. 아이들이
모두 돌아가고 나면, 학급문고에 있는 책이나 학교 도서관에서 빌려온 책
에서 아이들과 나누고 싶은 문장을 찾는다. 아이들과 함께 나누고 싶은 메
시지를 담은 문장이거나 책에 관심을 갖게 할 내용으로 선정한다. 그리고

네가 무엇을 보고 들었는지 중요하지 않아!
오직 우두머리의 명령에 따라
그것이 사자가 사는 법이야
〈푸른 사자 와니니, 이현, 창비〉
☆ 우두머리

그 문장을 칠판에 적어둔다.

다음 날 아침 교실에 들어온 아이들은 선생님이 남긴 문장을 보고 공책에 책 속 문장을 옮겨 적는다. 그리고 중심단어의 뜻을 예상하며 새로운 문장을 하나 만든다. 그렇게 문장까지 작성한 다음에는 읽고 싶은 책을 읽으며 자신만의 아침 독서를 시작한다.

아침 문장으로 마음 나누기

"왜 우두머리의 명령에 따르는 것이 사자가 사는 법이라고 했을까요?"

"사자는 말을 안 들으면 무리에서 살 수 없기 때문에요."

"동물의 세계에서는 우두머리가 왕이라서요." …

"오늘 아침 문장 속 중심단어가 '우두머리'였는데 어떤 문장을 만들었는지 이야기해볼까요?"

"작년에 나는 우두머리였다."

"지난번에 본 영화에는 우두머리가 나온다." …

"우리 학교에도 우두머리가 있을까요? 우두머리는 어떤 역할을 하게 될까요?"

"없어요", "선생님이요", "철수요." …

아침 문장은 하루의 시작을 위한 이야기를 나눌 다양한 소재를 제공해준다. 아이들에게 새로운 책의 문장을 소개하면, 자연스럽게 아이들 모두가 같은 책에 관심을 갖게 된다. 그리고 이렇게 선생님이 칠판에 적어둔 문장은 서로의 생각을 나눌 수 있는 마중물이 된다. 사소한 것 하나라도 공유하고 마음을 나누는 것은 관계를 맺는 첫 출발이다.

같은 문장이라도 그 문장에 대해 떠오르는 경험이나 생각이 아이마다 다르다. 그런 다른 생각을 공유하면서 아이들은 서로 이해하게 되고 마음을 나눈다. 학급에서 일어나는 다양한 사건이나 활동을 고려해 함께 나눌 대화의 소재를 문장 속에서 찾아낼 수 있다. 그리고 하루에 하나씩 새로운 문장 하나를 학급 학생들이 공유하는 것은 '우리'라는 소속감을 갖게 해준다.

단순히 새로운 문장을 만나게 하는 것이 아니라 그 문장을 통해 아이들이 서로 이야기 나누며 생각을 공유할 수 있도록 해주어야 한다. 그런 활동을 통해 서로에 대한 이해와 관계가 깊어진다.

하루에 한 문장이 부담스럽다면, 일주일에 하나, 매주 월요일마다 새로운 문장이나 좋은 글을 나누는 것으로 시작해도 좋다.

· 책 속 문장으로 시작하는 특별한 아침 ·

▶ 학급문고 또는 학교 도서관에서 아이들에게 추천하고 싶은 책을 한 권 준비한다.

▶ 하루 전날 방과후 교실 칠판에 책 속의 문장을 한 줄 기록한다.

▶ 다음 날 교실에 온 학생들은 칠판에 있는 문장을 옮겨 적는다.

▶ 제시된 낱말의 뜻을 사전에서 찾아보거나 문장 속 내용을 바탕으로 의미를 예상하여 짧은 문장을 하나 만든다.

▶ 1교시가 시작되기 전 아침 문장을 함께 읽고 아침 문장을 마중물로 이야기를 나눈다.

▶ 문장을 찾는 것이 어렵다면 『아름다운 가치사전』(채인선 지음, 김은정 그림, 한울림어린이)을 추천한다. 여러 개념을 초등학생이 쉽게 이해할 수 있도록 다양한 사례를 중심으로 설명하고 있어 아이들과 함께 이야기 나눌 수 있다. 이외에도 『아홉살 마음사전』(박성우 지음, 김효은 그림, 창비)도 아이들 눈높이에서 생각과 느낌을 담아내고 있다.

5

나를 돌아보고 마음을 나누는
고요한 시간

자신을 들여다보고 알아차리고 조절하는 연습

다른 사람과 좋은 관계를 맺는 것은 먼저 나 자신을 잘 만나는 것에서 시작한다. 나를 만나려면 혼자만의 공간과 시간이 필요하다. 그 시간 동안 눈을 감고 천천히 호흡하며 내 몸 상태를 살피고 내 마음을 들여다본다. 그리고 내 몸이 쉬고 싶어 하는지 아니면 움직이고 싶어 하는지, 내 마음이 어떤 상태인지 무엇을 하고 싶어 하는지 귀를 기울여야 한다. 그렇게 나만의 시간을 갖고 들여다보고 무엇을 하고 싶은지, 무엇을 해야 하는지 알아차리면, 할 수 있는 것과 해보고 싶은 것이 떠오르는데 하나씩 천천히 해나가면 된다.

어른이든 아이든 우리는 주어진 것들을 하며 하루를 그저 바쁘게 살아 간다. 그러다 보면 정작 나 자신을 살피는 것에 소홀해진다. 나를 들여다 보고 살피고 알아차리는 데도 연습이 필요하다. 그래서 아이들과 함께 날마다 잠시나마 멈춰서 자신을 돌아보는 연습을 한다.

어른들의 삶도 그렇지만, 아이들도 하루하루 살아내기가 만만치 않다. 아침 놀이와 아침 인사를 나누며 아이들은 지금 하는 활동에 집중하고, 지금 만나는 친구들을 정성껏 만나며 좋은 관계 속에서 하루를 즐겁게 시작할 수 있다. 하지만 몸과 마음이 조금 들뜰 수 있다. 그래서 1~2분 동안이지만 자기 자리에서 몸을 바로 세우고 앉아 조용한 음악을 틀어두고 잠깐 눈을 감은 채로 천천히 깊은숨을 쉬며 고요한 시간을 갖는다.

날마다 하루를 시작하며, 자기 몸과 마음 상태를 들여다보며 알아차리고 확인한다. 그리고 가끔 그것을 서로 나눈다. 짝이나 모둠 친구들과 나누기도 하고 시간 여유가 있는 날은 반 모든 친구와 짧게 나누기도 한다. 서로의 몸과 마음 상태를 알면 이해하게 되고, 이해하게 되면 말하지 않아도 배려하고 싶어지며, 이렇게 배려하면서 좋은 관계를 만들어간다. 무엇보다 가장 중요한 것은 날마다 자기 몸과 감정을 들여다보고 알아차리고 조절하는 연습을 한다는 것이다.

고요한 시간을 갖는 방법

자리에 앉아 눈 감고 천천히 깊은 숨쉬기

아이들이 자리에 앉아 눈을 감으면 잔잔한 음악을 틀어둔다. 그리고 천천히 호흡한다. 호흡을 할 때는 코와 입으로 함께 들이쉬고 내쉰다.

"눈을 감아보세요. 그리고 천천히 코와 입으로 숨을 쉽니다. 천천히 마시고, 마시고, 내쉬고, 내쉬고 합니다. 숨을 내쉴 때는 나만 들을 수 있는 소리로 '하!' 소리를 내며 해봅니다."

호흡을 몇 차례 하고 나면 두 손을 쇄골 윗부분에 올려두고 숨 쉬는 것을 느껴보게 한다. 그런 다음 천천히 손을 아래로 내려간다. 두 손을 양쪽 갈비뼈 위에 두고 또 몇 차례 숨을 쉰다. 이번에는 두 손을 배꼽 아래에 두고 숨이 배 아래 깊숙한 곳까지 들어왔다 나가는 것을 느껴보게 한다.

처음에는 이렇게 깊게 천천히 숨을 쉬는 연습만 해본다. 이렇게 깊이 숨을 쉬고 나면 어떤 느낌이 드는지 아이들에게 물어본다. 1분 정도 깊은숨을 쉬기만 했는데도 분위기가 고요해지며 아이들이 차분해진다.

이렇게 깊이 호흡하며 지금 이 순간 내가 살아있음을 느끼며, 지금 이 순간에 집중해서 나를 만나게 한다.

내 몸 들여다보기

깊이 숨을 쉬면서 내 몸의 여러 부분을 눈을 감고 잠시 들여다보게 한다. 머리, 두 눈, 코와 입, 귀, 목, 어깨, 가슴, 배, 팔과 다리. 때로는 몸의 각 부분을 느끼며 감사한 마음을 가져보기도 한다. 머리를 느끼며 내가 좋은 생각을 하며 지혜롭게 판단하게 해준 것에 감사하면서 머리의 상태를 살핀다. 눈을 감고 두 손을 따뜻하게 비벼 눈꺼풀 위에 두며 세상을 아름답게 보게 해주는 것에 감사한다. 그리고 눈의 상태도 살핀다. 내가 생각한 것을 표현하고 에너지를 공급할 수 있도록 잘 먹어주는 입을 만지며 감사한 마음으로 살핀다. 목과 어깨를 만지며 뭉쳐 있는지 편안한 상태인지 살핀다. 도움이 필요한 곳에 손을 내밀며 무언가 만들어내는 두 손과 가고 싶은 곳으로 나를 이끌어주는 두 다리도 살피고, 나를 지탱해주는 척추와 내가 살아있도록 지금도 쉬지 않고 자기 역할을 해주는 뱃속의 여러 장기를 느끼며 만져보게 한다.

　내 몸은 내가 들어가 살고 있는 세상에 하나뿐인 특별한 집이다. 그냥 만지며 느끼는 것보다 지금 이 순간 내가 살아있게 해주는 것에 감사하는 마음으로 느껴보고 살피게 한다. 이런 경험은 아이들이 자기 몸을 살피며 소중하게 여기게 한다. 그리고 자신뿐 아니라 다른 친구들의 몸도 소중하다는 것을 느끼며 함부로 하지 않게 된다.

내 감정 들여다보기

　몸을 살피고 나서, 하루를 시작하는 지금 어떤 기분이 드는지, 어떤 마음인지 살펴보게 한다. 여러 가지 기분이 든다면, 마음에 드는 기분을 선택해보게 한다. 그런 기분이 드는 까닭은 무엇인지도 살펴보게 하고, 오늘 하루 어떻게 보내고 싶은지도 물어본다. 이렇게 자기 몸과 마음을 들여다본 사람은 눈을 뜬다. 처음에는 시간이 조금 걸리지만, 나중에는 1분 정도면 충분하다.

나를 살펴본 것 나누기

　자기 몸과 마음을 살펴보는 것만으로도 도움이 되지만, 그것을 표현해보면 더 좋다. 자기가 확인하고 알아차린 것을 한 손을 들어 손가락으로 1부터 5까지 나타내보게 한다. 좋으면 5에 가깝게, 아니면 1에 가깝게 나타내면 된다. 반 모든 친구를 서로 보며 확인한다.

짝 나눔 하기, 모둠 나눔 하기

　두 사람이 짝이 되어 먼저 물어볼 차례를 정해 서로의 상태를 1분 정도 이야기 나눈다.

"오늘 몸과 마음의 상태는 어떤가요?"

"어제 장염 때문에 아직 배가 좀 아프긴 합니다. 그래도 약을 먹고 나아지고 있고 기분은 좋습니다."

"어제 잘 자서 몸은 가볍고, 오늘 체육 시간이 있어서 기대됩니다."

이런 식으로 짝과 나눈다. 때로는 모둠 친구들과 모여 이야기를 나누기도 한다.

전체 나눔 하기

한 주를 시작하는 월요일이나 한 주를 마무리하는 금요일, 아침에 조금 여유가 있는 날은 전체 나눔을 한다. 한 사람씩 돌아가며 자기 상태를 까닭과 함께 한두 문장으로 말해본다. 친구들은 바라보고 잘 듣는다. 이야기하고 싶지 않다면 '통과'를 해도 된다. 때로는 자신의 컨디션을 숫자나 색깔, 동물로 표현해보는 등 다양한 방법으로 표현해본다. 때로는 어제 있었던 일을 나누거나 하고 싶은 이야기를 먼저 하고 시작하기도 한다.

시간이 많지 않다면, 손가락으로 표현한 숫자가 낮은 친구들에게 먼저 까닭을 물어보기도 하고, 어떤 때는 "지금 자기 컨디션이나 친구들에게 하고 싶은 이야기가 있는 사람?" 하고 물어보고 몇 사람의 이야기를 들어보고 하루를 시작한다. 많은 친구의 이야기를 들으면서 서로의 삶이 연결되는 느낌이 든다. 이렇게 들은 내용을 바탕으로 서로를 살피기도 하고, 그날 배울 내용과 연결하기도 한다.

고요한 시간에 나눌 수 있는 이야기

고요한 시간에 자기 몸과 마음을 살피기도 하지만, 내가 평소에 무엇을 좋아하고 싫어하는지 떠올려보고 이야기 나누기도 한다. 교실에는 다양한 취향과 욕구를 가진 아이들이 함께 지내는 곳이다. 어떤 생각을 하고 있고 무엇을 좋아하고 싫어하는지, 어떤 상황에서는 무엇을 바라는지 알아야 서로 지켜주고 존중할 수 있다.

어떤 날은 좋아하는 색깔을 물어본다. 어떤 때는 무엇을 할 때 기분이 좋은지, 친구들에게 어떤 말을 듣기 좋아하는지, 어떤 말은 듣기 싫은지, 친구들의 어떤 행동이 좋은지, 어떤 행동이 불편한지, 좋아하는 음식은 무엇인지, 먹기 힘들어하는 음식은 무엇인지, 어떤 꿈이 있는지 사연이나 까닭과 함께 들어본다.

보통 일주일에 한 가지 주제를 가지고 이야기를 나누기도 한다. 그리 길지 않지만, 서로 이해하게 되는 시간이다. 친구를 이해하게 되면 조심하고 배려한다. 좋은 관계를 만드는 방법은 상대방이 좋아하는 방식으로 다가가고 싫어하는 것들은 멈추는 것이다. 이런 바탕에서 아이들은 자기 자신에 대해 자세히 들여다보는 연습을 하고, 살핀 것을 표현한다. 이렇게 함께 서로의 정보를 공유하면서 관계가 만들어지고 깊어진다.

고요한 시간이 우리에게 주는 것

이렇게 하루를 시작하며 자기를 들여다보고 나누는 시간을 가지면 친구들이 지금 어떤 상태인지 이해하게 되고, 이해하게 되면 배려하고 싶은 마음이 든다. 그리고 교사도 아이들에 대해 오해하거나 다른 판단을 하지 않게 되니 상처 주거나 실수하는 일도 줄어든다.

날마다 하루를 시작하며 내 마음을 표현하면, 마음을 나누고 들어줄 친구들과 선생님이 있는 교실에서 아이들은 편안해하고 안정감을 갖는다.

아이들은 서로의 상태에 대해 듣는 이 시간에 서로에게 관심을 갖고 경청하며 공감하는 연습을 날마다 할 수 있다. 단 몇 분이지만 자기 차례가 오기를 기다리며, 상대방의 마음을 헤아리며 듣는다.

무엇보다 아이들이 지금 자신의 몸 상태, 마음 상태가 어떤지 들여다보는 연습을 하게 한다. 연습하지 않으면 나를 알아차릴 수 없고 조절할 수 없다. 이렇게 알아차리고 조절하는 것은 어른들도 쉽지 않다. 아이들은 지금 순간순간 자신의 모습을 들여다보고 알아차리는 연습을 한다.

공부 시간에 활동하다가 소란스러울 때도 눈을 감고 천천히 호흡하는 시간을 갖는다. 이렇게 잠시 고요한 시간을 갖는 것만으로도 우리에게 평화를 가져다주며, 이것은 어른이 되었을 때도 자기 조절을 하는 데 도움이 된다.

다투었거나 화가 났거나 다른 생각들로 머리가 복잡할 때도 그 상황에서 잠시 벗어나 침묵하며 1분 동안 천천히 깊은숨을 쉬며 몸과 마음을 살피기로 한다. 처음에는 쉽지 않지만, 화가 났을 때 천천히 깊은숨을 쉬면서 감정을 돌아보며 살핀다. 누구나 화라는 감정이 자연스레 올라올 때가 있는데, 나는 어떤 때 화가 나는지 살피며 스스로를 토닥여준다. 그런 다음 화가 가라앉았을 때 어떤 점 때문에 화가 났는지, 상대방에게 바라는 것이 무엇인지 용기 내어 말하고 부탁하기로 한다.

6

두근두근 보물찾기

서로 감싸주는 밴드 같은 친구

새로 만날 아이들을 어떻게 만날지, 아이들이 서로 어떻게 지냈으면 하는지 생각하게 된다. 새학기가 시작되기 전에 교실을 정리하고 교실 문에는 반 아이들을 환영하는 글과 함께 어떤 친구들이 같은 반이 되었는지 종이에 써서 붙여둔다. 그리고 교실 정리를 마무리하면서 교실 곳곳에 상처에 붙이는 밴드를 아이들 수보다 조금 더 많이 숨겨둔다. 아주 안 보이게 감추지는 않고 책꽂이 사이, 의자 틈, 유리창 틀, 책상 밑 등 교실 여기저기 틈을 찾아 밴드가 조금 보이게 감춰둔다. 그래도 신경 써서 보지 않으면 잘 보이지 않는다.

새 학기 첫날, 아이들과 한판 놀고 나서 교실에 보물이 숨겨져 있으니 찾아보라고 한다. 한 사람당 꼭 하나만 찾으라 하고 찾았으면 "찾았다!" 하고 외치게 한다. 보물을 찾지 못한 친구가 있으면 찾는 것을 도와주면서

"여기 있다!"라고 말은 해줄 수 있다. 그래도 찾지 못하는 아이가 있으면, 힌트를 주거나 몇 개 더 준비해둔 것을 주어도 좋다.

아이들이 밴드를 찾아오면, 이렇게 묻는다.

"밴드가 보물이라고 생각한 까닭은 뭐야? 밴드는 무슨 일을 하지?"

아이들은 자기 생각을 자유롭게 이야기한다.

"상처를 보호해줘요."

"세균 감염을 막아줘요."

"다쳤을 때 붙이면 얼른 나아요!"

"밴드를 붙이고 있으면 안심이 돼요."

이렇게 다양한 대답을 한다.

"모두 맞는 말이야. 선생님은 왜 이것을 보물이라 생각해서 감추고 처음 만난 너희에게 찾게 했을까?"

그러면 또 자기 생각들을 이야기한다. 모두 듣고 나서 아이들이 이야기한 것을 모두 모아본다.

"그래, 맞아. 너희가 이야기한 것처럼 일 년 동안 우리 반에서 함께 지내는 친구들에게 상처 주는 사람이 아니라, 아픈 곳을 찾아 더 아프게 하는 사람이 아니라, 상처가 있고 아픔이 있는 친구에게 밴드 같은 사람이 되어주면 좋겠어. 아플 때 밴드가 되어 상처를 감싸주는 친구, 상처가 잘 아물게 지켜주고 도와주는 사람이 되면 좋겠어. 친구가 다쳤을 때는 괜찮은지 물어보고 얼른 밴드를 붙여주는 사람이 되면 좋겠어. 그렇게 노력해줄 수 있겠니?"

이렇게 이야기하며 동의를 구한다.

"지금 찾은 것은 필통에 넣어놓고 필요할 때 쓰렴. 혹시 마음에 상처가

난 친구가 보이면, 밴드를 건네며 위로를 해주어도 좋아. 그리고 교실에서 놀거나 활동을 하다가 상처가 났을 때 밴드가 필요하면 선생님에게 오렴."

아이들에게 밴드 통을 보여주며 "선생님이 일 년 동안, 이 밴드 통이 비워지지 않게 늘 채워둘게. 하지만 너희도 되도록 이 밴드를 쓸 일이 덜 생기도록 안전하게 지내려고 노력하면 좋겠어" 하고는 이야기를 마무리한다. 그러고는 커다란 밴드 하나를 꺼내 칠판 가장자리 잘 보이는 곳에 집게 자석으로 붙여둔다. 함께 지내면서 상처 주는 말이나 행동을 했을 때 첫날 함께 이야기 나누며 약속했던 것을 다시 떠올리며 서로 사과하고, 회복하려고 노력한다.

이 활동은 '육각수' 공부 모임에서 선생님들과 '아이들을 어떻게 만날까?' 함께 이야기 나눠보며 시작했는데 아이들은 이 활동을 해보며 서로에게 더 따뜻한 사람이 되어주려고 노력하는 것 같다. 아이들에게 중요한 것을 전해주고 이야기할 때 먼저 경험하게 하고, 상징이나 비유를 쓰면 훨씬 아이들 마음에 잘 와닿게 되고, 더 잘하려고 노력하는 모습을 볼 수 있었다.

이렇게도 해보세요

밴드를 채워 넣는 일은 아이들과 함께해도 된다. 나중에 아이들이 "왜 선생님만 밴드를 채워 넣어요?" 하고 물을 때가 많다. 그래서 "그럼 어떻게 하면 좋을까?" 하고 물으면, 아이들이 여러 가지 좋은 의견을 낸다. 집에 밴드가 여유 있게 있는 친구들이 가져와서 채워 넣기도 하고, 스스로 밴드를 준비해서 필통에 넣어 다니기도 한다. 그래도 이렇게 밴드 통을 준비해두면 보건실에 가는 일도 줄어들고, 조금만 다쳐도 밴드를 가지러 오는 아이들에게 "아이고, 괜찮니? 아프겠다. 붙이고 얼른 나아라!" 하며 위로하고 다독일 수 있어서 좋다.

가끔 아이들이 교실에 없을 때(방과 후나 교과전담 수업을 하러 갔을 때) 교실 곳곳에 보물을 숨겨둔다. 아이들이 지쳐있을 때는 초코파이를 감춰두기도 하고 어떤 때는 비타민이나 달콤한 사탕을 숨겨 두기도 한다. 아이들이 지루해하거나 피곤해 보일 때, 아이들을 응원하고 격려하고 싶을 때 잠시나마 아이들에게 숨겨진 보물을 찾을 기회를 주는 것만으로도 다시 즐거운 마음으로 공부할 수 있다. 아이들이 기대하지 않았을 때 주는 보물은 작지만 아이들을 더 즐겁고 행복하게 한다. 그리고 작은 것이지만 그 보물에 담긴 의미를 아이들이 찾아간다.

팀이나 모둠을 정하거나 어떤 미션 같은 것도 쪽지에 적어 감춰두기도 한다. 단, 한 사람당 한 장만 찾을 수 있고 찾으면 자기 자리로 돌아와서 공개한다. 아이들은 누구와 짝이나 모둠이 되어도 함께하며 협력하는 연습을 하기로 한다. 자기를 좋아해 주고 자기가 좋아하는 사람이랑은 누구나 잘 지낼 수 있다. 하지만 그렇지 않더라도 내가 원하는 것을 조금 양보하고 상대방이 원하는 것을 들어가며 지낼 때 협력이 일어난다. 처음에는 싫은 내색을 하는 아이들이 있기도 하지만, 남이 정해주는 것이 아니라 자기가 뽑은 것에 대해서는 정성껏 책임을 다하려고 노력한다.

돌아가며 이름 빨리 말하기

어떤 존재든 이름이 붙고 그 이름을 불러줄 때 서로에게 특별한 존재가 된다. 이 놀이는 처음 만난 친구들과 짧은 시간에 서로의 이름을 알아가고 기억하는 활동이다.

놀이 준비
· 모두 교실 가운데에 모여 둥글게 선다.
· 초시계를 준비한다.

놀이하기

- 한 사람씩 돌아가며, 모두에게 들릴 만한 목소리 크기로 자기 이름을 천천히 말한다.
- 한 바퀴 돌았으면, 이번에는 좀 더 빨리 말해본다.
- 이름을 말하며 한 바퀴 도는 데 걸린 시간을 잰다.
- 다시 한번 도전하며 시간을 줄여본다.
- 활동을 마치고 나서 기억나는 친구들의 이름을 말해보고, 이름이 불린 친구는 손을 든다.
- 그렇게 친구들 이름을 외워간다.

놀이 TIP

- 이름을 말하며 2, 3바퀴 도는 동안 시간이 얼마나 걸리는지 재본다. 아이들은 시간을 줄여가면서 성취감을 느끼고 더 집중하게 된다.
- 다음 날에는 어제보다 시간을 얼마나 줄이는지 다시 해본다.
- 다음 날에는 왼쪽 사람 이름과 내 이름을 함께 말한다. 잘 듣기만 하면 그리 어렵지 않다. 이번에도 한 바퀴 도는 데 얼마나 걸리나 시간을 잰다.
- 다음 날 할 때는 내 왼쪽 앞 사람 이름, 내 왼쪽 사람 이름 그리고 내 이름, 이렇게 세 명의 이름을 빠르게 말해보며 한 바퀴 걸리는 데 드는 시간을 잰다. 마무리할 때는 우리 반 모든 친구의 이름을 기억하고 있는 도전자를 찾아 이름을 말할 기회를 준다.
- 이름 대신 좋아하는 음식, 운동, 과목, 취미 등으로 할 수 있다.
- 때로는 취미나 운동, 좋아하는 것을 말하면서 몸짓도 함께 표현한다. 친구들은 그 몸짓을 따라 하며 듣고 기억한다. 이렇게 한 바퀴 돌면서 친구들이 좋아하는 것이 무엇이었는지 그 친구의 몸짓을 해보며 함께 떠올려본다. 이렇게 내가 좋아하는 것들을 친구들이 기억해주면 나도 친구들에 대해 하나씩 알고 싶어진다. 그러면서 아이들은 서로 알아가며 연결되는 기쁨을 느낀다.

이름을 부르면 공을 잡아요

놀이를 통해 친구의 이름을 기억하고 또 협력해서 성취감을 맛보게 하는 활동이다.

놀이 준비
- 교실 가운데 원으로 동그랗게 선다.
- 폼 볼을 하나 준비한다.

놀이하기

- 맨 처음 사람이 공을 들고 "○○아!" 하고 한 친구의 이름을 부른다.
- 이름이 불린 친구는 "응!" 하고 대답하고, 대답을 듣고 나면 그 친구가 받기 좋게 공을 아래에서 위로 던져준다.
- 내가 공을 던져 준 친구를 잘 기억한다.
- 공을 받은 친구는 또 다른 친구의 이름을 부르고, 대답을 듣고 나면 그 친구에게 공을 던져준다.
- 아직 이름이 불리지 않은 친구들은 손을 살짝 든다. 그러면 손을 들고 있는 친구들 가운데 한 사람의 이름을 불러준다.
- 이런 식으로 모든 친구의 이름이 불리고 맨 처음 공을 던졌던 친구에게 공이 돌아오면 성공이다.
- 이렇게 한 바퀴 돌고 나면, 내가 처음 이름 부르며 공을 던져 주었던 친구를 기억하며 이번에는 빠르게 도전해보고 시간을 재본다.

놀이 TIP

- 꼭 받는 친구가 '응!' 하고 대답을 했을 때 받을 준비가 된 것을 확인하고 공을 던진다.
- 남자는 여자 친구의 이름을, 여자는 남자 친구의 이름을 부르게 규칙을 정해두면, 남녀의 이름을 골고루 부를 수 있다.
- 이름을 부를 때는 반 모든 친구가 들을 수 있게 크게 말한다.
- 모든 친구의 이름을 부르며 공이 한 바퀴 돌아오는 데 걸리는 시간이 줄어들 수 있게, 날마다 도전하고 시간을 재본다.
- 다음 날 할 때는 내가 안 불러본 친구의 이름을 부르며 도전해본다. 도전할 때마다 좀 더 빠른 속도로 공을 던지고 받고 시간을 얼마나 줄이는지 재어 더 빨리 성공했을 때 성취감을 느끼도록 할 수 있다.
- 공을 던지고 받다 보면 실수해서 떨어뜨릴 때도 있는데, 그럴 때 비난하고 탓하는 대신 "화이팅!", "괜찮아!", "다시 해 봐!" 하며 기다려주기로 한다.
- 이름 부르며 공을 던지고 받는 것이 더 잘 되면, 공을 2~3개로 늘려서 할 수도 있다.

이름을 부르면 휴지를 잡아요

친구들의 이름을 아직 다 외우지 못했다면, 지금 알고 있는 친구들의 이름을 부르고 아직 모르는 친구들의 이름을 들으며 기억할 수 있는 활동이다.

놀이 준비
- 교실 가운데에 동그랗게 모여 선다.
- 곽 휴지를 한 장 뽑아서 한 겹만 벗겨내 준비한다.

놀이하기

- 맨 처음 친구는 원 한가운데로 나와 "홍길동!" 하고 외치며 휴지를 머리 바로 위로 높이 던진다.
- '길동이'는 가운데로 나와 휴지를 두 손으로 붙잡아야 한다. 이때 맨 처음 친구는 길동이 자리로 들어간다.
- 길동이는 다른 친구의 이름을 부르며, 휴지를 높이 던진다.
- 이름 불린 친구가 휴지를 받지 못해 바닥에 떨어지면, 반으로 가른 휴지 한 조각으로 다시 시작한다.
- 되도록 아직 이름이 안 불린 친구의 이름을 부르며 한다.
- 휴지가 엄지손톱만큼 작아질 때까지 해도 되고, 시간을 정해(5분) 해도 된다.

놀이 TIP

- 남자는 여자 친구들 이름을 부르고, 여자는 남자 친구들 이름을 부르게 해도 좋다.
- 친구가 휴지 받는 것을 성공하면 손뼉을 쳐주며 응원해준다.
- 더 빠르게 진행하려면, 나와서 휴지를 잡자마자 친구 이름을 부르게 한다.
- 놀이 중간에, "아직 이름이 안 나온 친구가 있나요? 손 들어볼래요?" 하고 물어보고, 나온 친구들이 이 친구들의 이름을 먼저 불러준다.
- 친구가 휴지를 잡으려고 할 때 둥그렇게 서 있는 친구들이 자기 자리에서 '후!' 하고 불어 방해하는 것도 재미있다. 휴지가 이리저리 날리게 되니 더 집중하게 된다.
- 휴지 대신 풍선을 높이 치며 이름을 부른다. 풍선이 바닥에 떨어지기 전에 공중으로 쳐올리고 다른 친구의 이름을 부른다.
- 가벼운 스카프도 좋다. 휴지보다 무겁기 때문에 더 빠르게 떨어지지만, 크기가 커서 잘 잡는다.
- 잘 튀는 큰 공이나 테니스공, 탁구공을 바닥에 튀기며 이름을 불러도 된다. 그러면 한 번 튄 공이 다시 바닥에 떨어지기 전에 잡아야 한다.

3장

나와 너를
이해하고
협력하기

1

우리를 위해 나에게로 떠나는 여행

건강한 관계를 위해서는 자존감이 필요하다

사회가 복잡해지면서 스펙과 자기소개서 등 학생들에게 요구하는 것이 많아졌다. 하지만 교육 현장에서 보면 학생들은 그런 준비를 하면서도 정작 내가 누구인지, 나에 대해서 생각해볼 겨를도, 경험도 없이 힘들고 버겁게 살아간다. 이런 학생들에게 사회는 또 좋은 관계를 맺으라고 강요한다. 자신에 대해 파악하기도 힘든 상황과 시스템 안에서 남을 파악하고 이해하며 잘 지내라고 강요받는다. 이는 사람과의 관계에서 마음을 등한시하는 형식적 관계를 강요하게 되고, 이로 인해 그런 사회 조직의 결속력은 현저히 약해질 것이 뻔하다.

어느 학년을 맡든 해가 갈수록 느끼는 공통점은 아이들이 점점 더 개인주의적으로 되어간다는 것이다. 부모는 자식이 있기 전에는 합리적 개인주의이었을 테지만, 자식이 생기면 이기심의 개인주의로 변한다. 문제는 그런 변화가 가정에서는 별 차이도, 문제도 없으나 교육 현장에선 점점 다양하고 많은 갈등을 자아낸다는 것이다.

그런데 그렇게 다양한 갈등 상황에서 놀랍게도 아이들의 표현은 의외로 단순하다. "우리 부모님이 그러랬어요"(사실 주로 '우리 엄마가…'로 표현된다), "전 원래 그래요", "쟤가 먼저 그랬어요, 쟤도 그랬어요" 등의 이 단순한 표현 경향은 아이들이 성장하면서 갈등을 겪었을 때 다양한 해결 방법을 접하지 못했다는 방증이다. 다시 말해서, 자신 말고 세상에 다양한 이들이 존재한다는 것을 인식하지 못하고 존중을 배우지 못했기 때문이다. 따라서 많은 아이에게는 대수롭지 않은 상황도, 문제를 안고 있는 아이에게는 참을 수 없는 큰 갈등이 되고, 갈등이 다시 갈등을 낳는 악순환이 생긴다. 그리고 그 갈등의 피해는 고스란히 교사에게, 학급의 대다수 아이에게 돌아간다.

이 문제의 근원적 해결책은 아이들의 자존감을 향상시키는 것이라고 생각한다. 문제를 안고 있는 아이와 상담을 해보면 어느 정도의 피해 의식이 있었다. 이는 그 학생들의 부모와 상담을 할 때도 어느 정도 나타나는데, 심하면 왜곡된 보상심리까지 있는 경우도 있었다.

그럼, 자존감을 향상시키면 된다고 쉽게 말할 수 있지만, 아이와 부모가 긴 세월 속에서 경험을 통해 습관처럼, 무의식적으로 정착된 낮은 자존감을 학교에서의 4~6시간 정도 수업으로 향상시키는 것은 거의 불가능하다. 운이 좋아 잠시 효과를 본다 해도 방과 후가 더 바쁜 아이들에게 효과가 지속되기를 기대하기란 힘든 일이다.

이런 점을 고민하다가 아이들이 자신을 먼저 알아가는 것이 곧 건강한 관계를 형성하기 위해 꼭 필요한 자존감의 시작이라는 생각이 들었다.

"부모님이 그러라 해서…", "왠지 모르지만 원래, 그냥…", "쟤가 해서 나도…"라는 학생들의 표현은 사실 그 안에 진정한 자기가 없는 '무책임형 개인주의'를 바탕으로 한 자존감이 낮은 상태라는 것을 보여준다.

책임감을 가지려면 누가 주인인지 알아야 하고, 그 주인인 자신이 어떤 사람인지 알아야 한다. 거기서부터 자존감 향상은 시작된다. 이때 교사는 '나는 학생의 인생을 변화시키는 데 일조할 수 있는 영향력을 가진 사람이다!'라는 믿음이 있어야 한다. 그러기에 교육은 너무 중요한 일이지만, 반대로 생각하면 너무 힘들고 어렵고 때론 위험한 일이기까지 하다.

교육에서 교사는 그만큼 중요한 위치에 있다. 그러나 학생의 인생 변화에 도움을 주며 영향력을 행사할 수도 있는 교사의 역할을 의식하지 못하면, 교사는 아이들과 점점 멀어지게 된다. 또 이성보다는 감성에 지배되며, 이렇게 감성에 지배된 또 다른 동료 교사들을 찾아 위로받고 공감받기를 바라며 위안과 위로의 환경을 만들어나가게 된다.

하지만 애석하게도 교사 간의 위로와 위안의 환경에서만 해결책을 기대하기도 어렵다. 이 환경이 지속되어 시간이 지나면 위로와 위안의 효과도 약해지면서 서서히 현실의 벽이 더 크게 와 닿아 교사의 열정을 쇠퇴시키기 시작한다. 이후에는 교사가 이에 대한 당위성을 공유, 공감하며 합리화하기 시작하는데, '제도, 아이들, 학부모 때문에 어쩔 수 없다!'는 그 당위성이 확립될 때부터 뜻하는 바와 다르게 교사 생활이 불행해지기 시작한다. 그때부터는 해결책을 좀처럼 찾기 어려운, 행복이 아닌 행운만을 바라는 교사 생활을 해야 한다.

교사가, 사람이, 어른이 '책임 있는 행복'을 원한다면 스스로 시작하고, 더 생각하고, 더 많이 실천해야 한다. 그리고 그 목적은 아이들, 학생들의 건강한 관계 형성을 위해 학생 개개인의 '자존감 향상'에 두어야 한다.

아이들의 자존감이 향상되어야 자기 존중, 사랑, 긍정, 신뢰, 도전에 대한 믿음 등으로 어떤 상황과 시련에도 다시 일어나려 하는 에너지를 갖게 될 것이다. 그러려면 먼저 자신이 누구인지 알아야 하고 그에 따른 사고와 탐구가 꼭 필요하다. 학생 자신에 대한 파악과 사고를 통한 자기표현, 상대방 알기 등의 과정에서 공감대를 형성하며, '나, 너, 우리'를 인식하고 이해하는 데 초점을 맞추어야 한다.

단어로 나 표현하기

잔잔한 음악과 함께 자신이 살아온 과정을 생각할 수 있도록 연령대를 불러주거나 '행복한', '기쁜', '슬픈', '무서운' 등의 상황을 제시해주며 학생들 자신을 나타낼 수 있는 표현 단어들을 생각하게 한다. 이때 자유롭게 생각하는 것은 좋지만, 산만해지지 않도록 교사가 잘 유도해나간다. 일정한 시간이 지나면 A4 용지나 도화지를 나누어주고, 앞서 떠올린 자신과 관련 있는 단어들을 브레인스토밍 기법으로 편하게 나열한다.

이제 새로운 종이를 3등분 해서 접고, 나열한 단어 전체를 다시 한번 보면서 친구들에게 자신을 표현할 수 있는 단어 3개를 적는다. 뒷면에는 선택한 단어에 대한 이유를 적는다. 누구나 의미를 예측할 수 있는 쉬운 단어보다는 최대한 호기심을 자극하는 독창적이고 창의적인 단어를 선택한다. 이때 한두 가지 색으로 꾸며도 된다고 이야기해주고 자신의 스토리를 곱씹으며 소중히 여기도록 해주는 것도 필요하다.

다 쓰면 교사에게 제출한다. 모든 학생이 제출하면, 교사는 누구 것인지 알기 어렵게 섞고 나서 칠판에 붙인다. 학생들에게는 자신의 단어가 선택되기 전까지는 자기 것인지 되는 티를 내서는 안 된다고 주의를 준다.

이제 학생들은 손을 들고 함께 알고 싶은 단어를 지목한다. 5명 이상 동의하면 그 단어는 선택이 된다. 손을 든 친구가 단어를 보며 어떤 친구가 생각나는지 이유를 발표하는 것도 좋다. 평소 그 친구에 대한 생각을 엿볼 수 있기 때문이다.

발표하는 학생이 단어를 지목한 후 단어를 쓴 친구와 그 이유도 맞혔다면, 점수를 주어 '학급 친구 사랑 왕!', '학급 친구 사랑 모둠!', '학급 친구, 명탐정!' 등을 선발해 급식 먼저 먹기 등의 혜택을 주는 이벤트로 연결해 볼 수도 있다. 시간이 지나면 '□□했던 ○○'의 형식처럼 더 호기심을 자극할 수 있는 어구로 다른 주제로 연결할 수도 있다.

이미지로 나 표현하기

역시 잔잔한 음악과 함께 자신이 살아온 과정을 차분하게 3분 정도 생각해보게 한다. A4 용지를 3등분 해서 접고 앞서 활동에서 나열한 단어들을 보면서 A4 용지에 나를 표현할 수 있는 이미지를 떠올려 과거, 현재, 미래 이미지를 5분 정도의 시간을 두고 그려본다.(이때 완성도에 너무 집중하지 않도록 한다)

이미지를 그렸으면, 역시 뒷면에 그 이미지를 그린 이유를 적는다. 역시 완성된 이미지를 최대한 눈에 잘 띄도록 꾸민다. 이미지가 묻힐 정도로 과하게 꾸미지 않도록 미리 안내한다.

완성하면 역시 교사에게 제출한다. 모든 학생이 제출하면 교사는 칠판에 붙이고 학생들에게 자기 것이 나와도 티 내지 않도록 사전에 주의를 준다. 이번에는 단어를 설명할 때보다 좀 더 스토리를 만들어 말할 수 있게 5분 정도 준비할 시간을 준다.

모든 준비가 끝나면 앞선 활동과 같이 함께 알고 싶은 그림을 손을 들고 지목한다. 역시 5명의 동의를 얻으면 발표할 수 있다. 그러나 이번엔 맞히기 형태가 아니라 자기만의 스토리를 이미지마다 1분씩 이야기하는 데 초점을 맞추어 자신이 주인이 되어 삶의 이야기를 기획하고 이끌어가는 능력을 경험해보게 한다.

이 활동은 학생들에게 너무 막연할 수 있으니 교사가 먼저 과거, 현재, 미래의 이미지를 그린 다음 학생들에게 왜 그렸을지 유추하도록 하여 호기심을 자극한다. 교사가 학생들에게 전달하고 싶은 메시지를 스토리로 구성하여 이미지와 연결시켜 들려주고 보여주면, 학생들의 활동 집중도

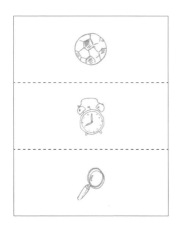

가 훨씬 높아진다. 활동 결과에 따라 역시 '스토리텔링 왕!', '용기왕!', '이미지 스토리 연결왕!' 등을 선발해 급식 먼저 먹기 등의 혜택을 주는 이벤트로 연결해본다.

주의점과 TIP

이 두 활동은 꼭 학급 아이들 모두가 관심과 발표의 대상이 될 수 있도록 각각 2시간 이상을 확보하여 여유 있게 진행한다. 단어와 이미지 활동 자체보다는 자신에 대해 생각해보고 파악하는 데 주안점을 둔다. 어떤 식이든 학생들이 자신에게는 고유한 색깔이 있음을 인지하고, 그 색깔이 삶에 투영되어 지금의 내가 되었으며 앞으로의 내가 될 가능성이 크다는 것을 알 수 있다면, 가장 이상적이다. 이런 과정 중에 '친구 알아맞히기' 등의 활동을 통해 친구들 관심의 중심에 서 보는 경험을 해보는 것이다. 그러므로 정확하게 맞히는 것보다는 비슷한 내용이 나오면 아이들 간의 공감대와 당사자의 구체적 사례에 집중할 수 있도록 한다.

꼭 단어 활동을 먼저 하는 것이 좋다. 글씨를 모르면 물어서 쉽게 할 수 있지만, 그림은 잘 그리고 못 그리는 것에 대해 어느 정도 경계가 잡혀 있어서 그림으로 나타내는 것을 어려워하는 경우가 더 많기 때문이다.(저학년은 반대의 경향을 보이기도 한다) 같은 활동도 수준의 조정과 투입하는 타이밍에 따라 교사의 능력만큼 성패를 좌우하는 중요한 요인이 된다. 쉽고 덜 부담스러운 활동부터 시작하여 살을 붙이고 할 수 있는 방법들에 대해 직·간접적으로 노출되는 경험이 많아질수록 모든 활동에 학생들이 마음을 열고 참여할 가능성이 크다.

아이들을 알아보는 활동이라 3월에 하기 좋다고 생각하기 쉬운데, 오히려 3, 4월은 지나고 어느 정도 아이들끼리 친해지고, 학기 초 여러 활동으로 표현하는 것이 좀 익숙해졌을 때 하는 것을 권한다. 처음 시작하고 배울 때 하는 것과 익숙해진 후에 하는 것은 차이가 크기 때문이다. 또한 관계를 맺기 위한 자존감 형성 준비 활동이므로 아이들 표현이 서툰 시기에 이 활동을 하면 모두 비슷하게 표현할 가능성이 크기 때문이다. 그렇게 되면 아이마다의 색깔을 알아보고 표현해본다는 의미가 퇴색된다.

이 활동의 진행 과정에서 학생들이 발표와 표현을 듣는 것에 익숙하게 만드는 것은 교사의 몫이다. 이는 일 년간 교사와 아이들이 함께하는 모든 활동의 효과를 극대화할 수 있는 초석 또는 비법이 될 것이기에 3, 4월에는 이 부분에 가장 주안점을 두고 학급을 운영하는 것이 좋다.

• 우리를 위해 나에게로 떠나는 여행 •

1. 단어로 나 표현하기

- 잔잔한 음악과 함께 자신을 나타낼 수 있는 단어들을 생각해보게 한다.
- A4 용지나 도화지를 나누어주고, 단어들을 브레인스토밍 기법으로 편하게 나열한다.
- 새로운 종이를 3등분 해서 접은 다음 친구들에게 나를 표현할 수 있는 단어 3개를 적고 뒷면에는 그 이유를 적는다.
- 다 쓰면 교사에게 제출한다. 모든 학생이 제출하면 교사는 다시 누구 것인지 알기 어렵게 섞고 나서 칠판에 붙인다.
- 학생들은 손을 들고 함께 알고 싶은 단어를 지목한다.
- 발표하는 학생이 단어를 지목한 후 단어를 쓴 친구를 맞히고, 이유도 맞혔다면 점수도 추가 부여하고 칠판에 표시한다.
- '학급 친구 사랑 왕!', '학급 친구 사랑 모둠!', '학급 친구, 명탐정!' 등을 선발해 급식 먼저 먹기 등의 혜택을 주는 이벤트로 연결해본다.

2. 이미지로 나 표현하기

- 잔잔한 음악과 함께 자신이 살아온 과정을 차분하게 3분 정도 생각해보게 한다.
- A4 용지를 3등분 해서 접고 나를 표현할 수 있는 이미지를 떠올려 과거, 현재, 미래 이미지를 5분 정도 시간을 두고 그려본다.

- 해당 이미지 뒷면에 왜 그 이미지를 그렸는지 이유를 적는다.
- 완성하면 교사에게 제출한다. 모든 학생이 제출하면 교사는 칠판에 붙이고 학생들에게 자기 것이 나와도 티 내지 않도록 사전에 주의를 준다.
- 5분 정도의 시간을 주고 단어를 설명할 때보다 좀 더 스토리를 만들어 말할 수 있게 준비할 시간을 준다.
- 5명의 동의를 얻으면 발표를 한다.
- 활동 결과에 따라 '스토리텔링 왕!', '용기왕!', '이미지 스토리 연결왕!' 등을 선발해 급식 먼저 먹기 등의 혜택을 주는 이벤트로 연결해본다.

2

오늘 친구가 전학을…

헤어짐의 슬픔과 새로운 만남에 대한 불안

오전 9시가 다 되었을 무렵 교실 앞문에서 한 어른이 교실 안을 바라본다. 문을 열고 나가보니 어른 한 명과 아이 한 명이 서 있다. 그렇다! 전학생이 온 것이다. 우리는 많은 사람을 만나고 헤어지며 살아간다. 교실에서의 삶도 마찬가지라 친구들이 전학 오기도 하고 전학 가기도 한다. 만남과 헤어짐은 당사자 한 사람의 삶만이 아니라 교실에도 큰 영향을 준다.

전학은 그 아이의 삶에 엄청난 변화이다. 지금까지 친하게 지낸 친구, 선생님과 헤어져 새로운 친구와 선생님을 만나야 한다. 헤어짐의 슬픔과 함께 새로운 만남에 대한 불안함이 가득하다. 아이에게는 일생일대의 슬픔과 두려움을 이겨내야 할 과제가 주어지는 것이다.

학급도 마찬가지로 전학생에 의해 분위기가 좋아지기도 하고 나빠지기도 한다. 아이만이 아니라 부모도 자녀가 학교에서 잘 적응할 수 있을지 불안하기 마련이다.

어느 해에는 학생 6명으로 시작한 학급에 28명이 전학 와서 34명으로 일 년을 마쳤다. 아파트 단지 3개가 일 년 동안 차례로 입주하면서 그렇게 많은 학생이 전학을 온 것이다. 일 년 동안 많은 전학생을 받을 것을 생각하면서 어떻게 할 것인가 고민을 많이 했다.

- 전학생은 어떤 감정을 느낄까?
- 새로운 친구를 맞이하는 아이들은 어떤 감정을 느낄까?
- 전학생의 부모는 어떤 마음일까?
- 전학생이 헤어짐의 슬픔과 새로운 만남의 두려움을 이겨내려면 어떻게 도와줘야 할까?
- 전학생을 맞이하는 친구들은 어떤 마음일까?
- 학급의 아이들과 전학생이 사이좋게 지내려면 어떻게 해야 할까?

이런 고민을 통해 여러 가지 방법을 생각해냈고 일 년 동안 실천해보았다. 다행이 그 효과는 매우 좋았다. 교사 연수에서 이 방법을 가르쳤고 큰 도움이 되었다는 이야기를 전해 들었다.

친구를 맞이하고 떠나보내는 우리만의 방법

준비하기

① 학급 아이들에게 전학을 가본 적이 있는지 묻는다.

② 전학 경험이 있는 아이에게 그때 어떤 감정을 느꼈고 어떤 생각을 했는지 묻는다.

③ 갑자기 집안 사정으로 친했던 친구들과 헤어져 먼 곳으로 전학 가게 된 상황을 떠올리면서 어떤 감정을 느끼고, 어떤 생각을 했는지 이야기 나눈다.

④ 우리 모두가 전학생이 되었다고 가정하고 선생님과 친구들이 어떻게 해주면 좋겠는지 이야기 나눈다.

⑤ 지금까지 나눈 이야기를 '새로운 친구를 맞이하는 우리만의 방법'으로 정리해둔다. 이 방법을 만들어두면 아이들은 전학생이 오기를 기다리며, 전학 왔을 때 기뻐할 것이다.

⑥ 반대로 전학을 가게 되면 어떨지 생각해보고, 어떻게 헤어지면 좋을지 이야기를 나누고 '친구를 떠나보내는 우리만의 방법'으로 정리해둔다. 친구가 떠나는 것을 원하지 않지만, 만약 떠나게 된다면 이 방법으로 보내주기로 약속한다.

맞이하기

① 전학생이 오면 교사는 교실 밖으로 나가 밝은 표정으로 맞이하고 부모에게도 잘 지낼 테니 걱정하지 말라고 안심을 시키고 아이와 함께 교실로 들어온다.

② 교실에 들어오면 아이들은 큰 소리로 기뻐하며 박수를 친다. 이전에 만든 '새로운 친구를 맞이하는 우리만의 방법'을 사용할 수 있는 날이기 때문이다. 아이와 헤어져서 돌아가던 부모는 자녀가 교실에서 환대받는 것에 크게 기뻐한다. "전학 때문에 걱정을 많이 했는데 선

생님이 밝은 표정으로 맞이해주고 아이들이 환호성을 지르는데 눈물이 났어요"라는 이야기를 전해 들었다.

③ 간단하게 자기소개를 하고, 우리가 새로운 친구를 기다려왔다는 이야기를 한다.

④ 전학 온 친구가 즐겁고 편안하게 적응할 수 있도록 한 시간 동안 공동체 놀이를 하고 간단한 간식을 먹는다. 사실 아이들은 친구가 전학 오면 교실에서 공동체 놀이를 하게 되어 더욱 좋아했던 것이다. 공동체 놀이는 이 책의 다양한 놀이 중에서 고른다.

⑤ 놀이를 마치고 전학 온 친구에게 우리 학교의 다양한 시설을 안내해줄 친구를 한 명 뽑는다. 두 친구는 점심을 가장 먼저 먹을 수 있게 해준다. 먼저 점심을 먹고 학교를 돌아다니면서 안내를 해준다.

⑥ 이외에도 준비한 활동이 있다면, 시간을 고려해서 실시한다.

⑦ 우리만의 방식으로 친구를 새롭게 맞이한 소감을 글로 쓰고 집에서 부모님과 이야기를 나누도록 한다. 전학 온 아이도 집에 가서 부모님과 이야기를 나눈다. 자녀가 잘 지내고 온 이야기에 부모님은 매우 기뻐하고 교사를 신뢰하게 될 것이다.

떠나보내기

① 전학 가는 아이가 생기면 준비한 방법을 사용한다.

② 전학 가는 아이가 떠나기 전에 친구들과 마지막으로 하고 싶은 활동(놀이)을 고르고 그 활동을 한다.

③ 롤링페이퍼를 쓰거나 A5 종이에 친구에게 편지를 써서 묶어서 이별 책을 만들어서 준다.

④ 전학 가는 아이는 친구들에게 편지를 써서 읽고 헤어지는 인사를 한다. 이 편지는 교실 게시판에 게시하고 친구를 잊지 않고, 새로운 곳에서 잘 지내도록 응원하겠다고 이야기한다. 이때 마음을 울리는 음악을 활용할 수 있다.

⑤ 이외에도 준비한 활동이 있다면, 시간을 고려해서 실시한다.

⑥ 모든 친구와 일대일로 인사를 하고 교실 밖으로 배웅한다.

학급 회식하기

① 특별한 시간, 특별한 장소에서 뭔가를 함께 먹고, 뭔가를 함께할 때 많이 친해지기 마련이다. 전학생이 온 주나 그다음 주에 바깥에서 회식을 한다. 전학생과 상관없이 학기에 한 번 정도 회식을 하는 것도 학급에 소속감을 갖게 하고 좋은 추억을 만드는 데 좋다.

② 언제, 어디에서, 무엇을 먹을 것인지 회의로 정한다. 회식비는 최소한 절반 이상을 자신의 용돈으로 내야 한다. 즉 부모님에게 회식할 돈을 달라고 하면 안 된다. 자기 용돈으로 절반 이상 그리고 모자란 돈은 부모님의 지원을 받도록 한다.

③ 아이들은 학교를 모두 마친 저녁 시간에 만나는 것을 좋아했다.

④ 간단하게 분식집에서 먹은 적도 있고, 부대찌개 식당, 심지어 패밀리 레스토랑에 간 적도 있다. 비용이 많이 드는 패밀리 레스토랑은 가고 싶지 않았으나, 아이들이 회의를 통해 비용이나 부모님의 허락과 같은 문제를 충분히 논의했기 때문에 비용 마련과 부모님의 허락을 모두 받아온다면 진행하고 모두가 허락받지 못하면 다른 방안을 찾기로 했다. 다만 허락받지 못한 친구를 속상하게 하거나 탓하지 않기로

약속한다.

⑤ 밥값은 아이들이 걷어서 내도록 하고 마치고 돌아오는 길에 아이스크림이나 붕어빵, 어묵 같은 간단한 간식을 사서 함께 먹으면서 집으로 돌아왔다.

⑥ 문구점에서 파는 저렴한 양말을 사서 하나씩 나눠주었는데 아이들이 너무나 좋아했다.

⑦ 날이 저물었지만, 가까운 놀이터에서 함께 논다. 어두운 밤에 학급 친구들과 노는 것은 특별한 추억이 된다.

⑧ 학교에서 가장 먼 친구부터 반 전체가 데려다준다. 너무 멀다면 부모님께 연락해서 만날 장소를 정하고 그곳까지 데려다준다. 아이들이 사는 지역과 환경에 따라 사전에 계획이 필요하다.

· 오늘 친구가 전학을··· ·

▶ 무엇보다도 학급이 안전하고 평화로우며 서로 좋은 관계여야 한다. 아이들이 학급에 소속감을 느껴야 새로운 친구도 잘 받아들일 수 있고, 새로 온 아이도 빠르고 안정적으로 적응할 수 있다.

▶ 평소 다양한 놀이를 해봤어야 한다. 그중에서 아이들이 특히 좋아하고, 친구 관계가 좋아지는 데 도움이 되는 놀이를 고를 수 있다.

▶ 우리 반에서는 의자 놀이를 이용한 놀이를 많이 했다.(만나서 반가워, 과

일가게, 짜장·짬뽕·탕수육, 당신의 이웃을 사랑하십니까 등)

▶ 아이들은 어른처럼 놀고 싶어 한다. "회식은 어른들이나 하는 건 줄 알았
는데, 우리가 회식을 하니 정말 기분 좋네요."

▶ 자신의 밥값은 자신이 내도록 한다. 교사에게 사달라고 하면 회식은 진
행될 수 없다. 대신 후식은 교사가 선물로 사줄 수 있다. 양말 같은 작은
선물은 학급운영비로 마련할 수 있다.

▶ 학급 회식은 부모 및 학교와 사전에 협의가 되어야 한다.

3

우리가 관심을 주고받는 법

관심: 마음이 서로 연결되다

국어사전에는 관심(關心)의 뜻이 이렇게 풀어져 있다.

어떤 것에 마음이 끌려 주의를 기울임. 어떤 일이나 대상에 흥미를 가지고 마음을 쓰거나 알고 싶어 하는 상태

'관(關)'은 '관계하다'는 뜻이고 '관계하다'는 것은 서로 연결되어 있다는 것이다. '마음이 서로 연결되다.' 마음이 서로 연결되려면 상대방을 향해 마음을 써야 하고, 상대방의 입장이 되어 마음을 헤아려야 하고 또 상대방은 그 마음을 알아차려야 한다. 관계는 그렇게 서로가 마음을 쓰고, 헤아리고, 알아차리고, 서로 돌보아야 만들어지는 것이다.

아이들과 아이들, 아이들과 교사, 교사와 학부모, 어떤 관계든 좋은 관계를 만들기 위해서는 서로에게 관심이 있다는 믿음이 필요하다. 단, 부정적 관심보다는 긍정적 관심이 필요하고 상대가 어떤 관심을 바라는지 먼저 아는 것도 필요하다.

학급에서 구성원들에게 긍정적으로 충분히 좋은 관심을 받으면, 어긋난 행동을 할 필요가 없어지고, 그런 모습도 줄어들게 되며 서서히 자기가 받은 좋은 에너지를 다른 사람들에게 되돌려주거나 자기가 가진 좋은 에너지를 쓰려고 한다. 아이들은 이렇게 바뀌어간다.

아침에 아이들과 인사를 나누는 것도, 놀이를 하는 것도, 아이들과 무엇을 하든 함께하려 하는 것도 아이들의 마음을 들여다보고 아이들을 격려하고 싶은 마음이 크기 때문이다. 그래서 아이들과 놀이를 하든 수업을 하든 무엇을 하든 아이들의 마음을 헤아리고 아이들의 생각이 반영될 수 있게 하는 것이 중요하다.

관심받고 있다고 느낄 때

나는 아이들에게 충분히 관심을 갖고 있다고 생각하는데, 아이들도 그렇게 느끼고 있을까 궁금해진다. 어느 날 아침 고요한 시간 때 아이들에게 포스트잇을 두 장씩 나눠주고는 "여러분은 언제 친구들에게 관심받고 있다고 느끼나요? 여기서 말하는 관심은 여러분을 기분 좋게 해주는 관심을 말합니다." "또 선생님에게는 언제 관심받고 있다고 느끼는지 적어볼래요?" 하고 묻는다. 적고 나서는 돌아가며 언제 관심받고 있다고 느끼는지 이야기 나눈다. 아이들은 친구들의 이야기를 귀 기울여 들으면서 관심을 주고받을 수 있는 삶의 기술을 나누고 익힐 수 있다.

친구들에게 관심받고 있다고 느낄 때

장난을 먼저 걸어줄 때, 먼저 인사해줄 때, 나랑 같이 놀자고 할 때, 내가 잘하는 것을 인정해줄 때, 내 이야기를 잘 들어줄 때, 내가 이야기할 때 맞장구쳐줄 때, 점심 때 같이 밥 먹자고 할 때, 내가 잘하는 것을 보여주면 신기하다고 다시 보여달라고 할 때, 내 이름을 불러줄 때, 나를 바라보고 반응해줄 때, 나한테 먼저 말 걸어줄 때, 내가 교실에 오면 인사해 줄 때.

이야기를 나누고 나서 이것을 커다란 차트로 만들어서 교실 복도 쪽 문에 잘 보이게 붙여둔다. 친구에게 다가가고 싶을 때 친구들이 알려준 방법들을 써보기로 한다. 아이들이 원하는 관심은 거창한 것이 아니라 조금만 마음을 써주고, 상대방의 마음을 헤아려보면 할 수 있는 것들이라는 것을 알 수 있다. 그리고 이런 작은 말과 행동이 꾸준해지면 좋은 관계가 만들어질 수 있음을 알고 계속 연습하기로 한다.

선생님께 관심받고 있다고 느낄 때

인사하면 받아주실 때, 내 이름을 불러주실 때, 함께 놀아주실 때, 먼저 인사해주실 때, 수업시간에 나한테 질문해주실 때, 오늘 내 컨디션을 물어봐 주실 때, 같이 발야구 하실 때, 같이 장난하실 때, 내가 길에서 인사하면 선생님도 인사해주실 때, 칭찬을 많이 해주실 때, 우리가 장난을 쳐도 화내시지 않고 존중해주실 때, 아이들 역할에 맞게 무엇을 시키실 때, 토요일에 함께 공연 보러 가자 하실 때.

아이들에게서 가장 많이 나온 의견 3가지를 꼽으면, '선생님이 우리가 인사하면 인사를 받아주실 때', '우리들 이름 자주 불러주실 때', '우리랑 놀아주실 때'이다. 생각해보면 누군가와 가까워지는 데 그리 많은 것이 필요하지 않은지도 모른다. 일상에서 내가 할 수 있는 만큼 마음을 쓰면 충분히 어렵지 않게 할 수 있는 것들이다. 진심으로 관심을 가지고 다른 사람에게 다가갈 때, 그렇게 다른 사람이 다가오면 진심으로 맞아줄 때 서로 마음이 열리고 가까워진다.

아이들이 이야기해준 것을 표로 정리해서 내 책상 위에 붙여두고 종종 읽어보며 마음을 다시 잡는다. 교사인 나부터 아이 한 사람 한 사람 존재를 소중히 여기고, 인사 나누고 응원하는 마음으로 만나다 보면 아이들도 나에게 관심을 주고 믿어주고 응원해주는 것이 느껴진다.

공개된 수호천사

새로운 달이 시작되면 첫 주는 서로 관심을 나누는 수호천사 활동을 한다. 자기가 뽑은 한 친구의 수호천사가 되어 그 친구를 보살피고, 마음 써주고, 돌보고, 관심을 갖는 활동이다. 특별한 것을 해도 되지만, '이럴 때 관심받고 있다고 느껴요!' 차트에 있는 것을 그 친구에게 해주기로 한다.

마니또 놀이와 다른 점은 누가 누구의 수호천사인지 드러내놓고 한다는 것이다. 나는 내가 뽑은 한 사람을 보살피고 돕고, 나를 뽑은 친구는 나를 살펴준다. 이렇게 나는 한 사람에게 마음을 써주는 것이지만, 우리 반 모든 친구가 친구들의 보살핌을 받는다.

활동하는 방법은 다음과 같다.

- 다양한 색깔의 색종이를 준비해서 한 장 고른다. 그런 다음 자기가 뽑은 색종이의 색깔을 꼭 기억하도록 한다.
- 자신이 뽑은 종이에 자기 이름을 연필로 직접 써서 두 번 접어 종이상자에 넣는다.
- 모든 친구가 상자에 자기 이름을 적은 쪽지를 넣으면, 모두 한 줄로 나와 서서 한 사람씩 눈을 감고 뽑는다. 단, 뽑았는데 자기가 적은 종이의 색깔과 같다면 다른 색깔 종이를 뽑을 때까지 다시 뽑는다.
- 맨 처음 친구가 나와서 종이를 한 장 뽑고는 누구를 뽑았는지 이름을 부른다.
- 이름이 불린 친구가 나와서 종이를 뽑고 거기에 적힌 이름을 부른다.
- 이런 식으로 내가 일주일 동안 보살필 친구를 모두 정한다. 교사도 참여한다.
- 수호천사가 모두 정해지면 다시 종이를 모두 모아 상자에 넣어둔다. 그리고 다음 달 활동할 때 다시 뽑는다.

맨 처음 할 때는 하루를 마무리하면서 내가 뽑은 친구를 어떻게 보살폈는지, 어떻게 마음을 썼는지 돌아가며 이야기한다. 그리고 그날그날 고마움을 표현한다. 친구들의 이야기를 들으며 어떻게 관심을 표현할 수 있는지 좋은 아이디어도 공유할 수 있다.

또 어떤 날은 내가 수호천사로부터 어떤 보살핌을 받았는지, 그래서 어떤 마음이 들었는지 이야기하기도 한다. 그러면서 친구에게 마음을 쓰려면 때로는 노력과 용기가 필요하다는 것을 느낀다. 모두 작은 노력을 하는 분위기가 되면 누구나 용기를 내고 싶어진다.

어떤 달에는 일주일 동안 내가 뽑은 친구의 장점이나 강점, 배우고 싶은 점, 새롭게 알게 된 점을 관찰하고 기록해서 그 친구를 소개하는 글을 쓰기도 한다. 친구들의 눈에 내가 어떻게 비치는지 알게 되고, 내가 잘 모르는 나의 좋은 점을 잘 알아차리는 친구에게 고마워하기도 한다.

한글날에는 내가 뽑은 친구의 언어생활이 어떤지 살피기도 하고 우리말을 바르게 잘 살려 쓰면 칭찬도 해주고, 잘못된 말을 쓰면 어떤 말을 썼는지 알려주고 바르게 쓰기를 부탁하기도 한다.

학기나 학년이 끝날 때는 내가 뽑은 친구에게 주고 싶은 선물을 준비해 편지와 함께 전달하기도 한다. 돈으로 살 수 없는 선물로 직접 만든 것이나 그림, 노래, 무엇이든 좋다.

활동을 드러내놓고 하기 때문에 더 열심히 하는 경우가 많다. 그리고 날마다 닫는 마당 시간이나 학급회의 시간에 감사 나누기 할 때 이렇게 관심을 주고받은 것에 대해 말하고 고마움을 표현한다.

무엇이 달라졌나?

평소 반 친구들과 함께 생활하는 교실에 관심을 가지고 자세히 살펴볼 기회를 갖지 않으면, 무언가 달라졌어도 어떤 새로움과 어떤 아름다움을 가지고 있는지 알지 못한다. '아름답다' 라는 말은 '알음답다' 라는 말에서 왔고 '알음답다' 라는 말은 잘 알아차린다는 뜻이다. 그래서 아름다움은 잘 알아차리는 사람만이 느낄 수 있는 것이다.

그런데 잘 알아차리려면, 그 대상에 선의를 가지고 자세히 살펴야 보인다. 아이들에게 활동을 통해서 상대방을, 함께 생활하는 우리 반 친구들을, 우리가 살아가고 있는 이 공간을 자세히 살펴볼 기회를 주면 그 뒤로는 좀 더 관심을 가지고 자세히 살핀다.

무엇이 달라졌나? - 짝끼리

먼저, 짝끼리 의자를 돌려 마주 보고 앉는다. 그런 다음 잔잔한 음악을 한 곡 틀고 눈을 감고 조용히 기다린다.

"잠시 뒤에 눈을 뜨라고 하면, 눈을 뜨고 30초 동안 아무 말 없이 짝꿍을 자세히 살펴봅니다. 눈, 코, 입, 얼굴도 보고, 머리끝에서 발끝까지 자세히 살펴보세요!"

30초 정도 살펴본 뒤, 서로 뒤로 돌아앉아 각자의 모습 중에서 세 군데를 바꾼다. 이때 신나는 음악을 한 곡 틀어두고, 처음에는 20초를 준다. 그런 다음 다시 마주 보고 한 사람씩 번갈아 가며 달라진 곳을 찾아 말한다. 한 번 바꾼 곳은 원래 상태로 바꾸지 않고 그대로 둔다. 10초 정도의 시간을 주는데도 찾지 못하면 어느 곳을 바꿨는지 알려준다.

그런 다음 다시 뒤로 돌아 서로 등을 진다. 이번에도 세 군데를 바꾸는데 이번에는 15초만 준다. 점점 살피고, 알아맞히는 시간을 줄여가면서 스릴 있게 하는데 시간이 흐르는 것을 말로 알려주며 한다. 아이들은 정말 정신 없이 서둘러 모습을 바꾼다. 어떻게 해야 하나 머뭇머뭇하는 아이도 있는

데, 그럴 때는 작은 부분이라도 좋으니 꼭 세 군데의 모습을 바꿔야 한다고 말해준다. 시간이 지나면 다시 마주 보고 달라진 부분을 확인한다.

마지막에 또 서로 등지고 세 군데 모습을 바꾸는데 이번에는 10초만 준다. 시간을 말로 세는 동안 아이들은 정신없이 바꾼다. 10초가 지나면 짝과 확인하는 대신 반 모든 친구에게 우리 반 친구들의 모습을 확인해보라고 한다. 안경을 뒤집어쓴 아이, 양말을 벗고 바지를 허벅지까지 올린 아이, 점퍼를 뒤집어 입은 아이, 머리를 잔뜩 흐트러뜨린 아이, 소매를 올린 아이, 신발을 왼쪽 오른쪽 거꾸로 신은 아이… 서로의 달라진 모습을 확인하고는 웃음이 난다. 그 모습 그대로 단체 사진으로 찍어 남긴다. 서로의 망가진 모습, 우스워진 모습을 보며, 서로에게 좋은 모습만 보이려 했지만 친구들에게 이런 모습 보여줘도 괜찮다고 느끼며 편안해진다.

무엇이 달라졌나? - 단체전

이번에는 두 편으로 나눠 교실 가운데에 마주 보고 의자에 앉는다. 처음에는 남자 편 한 줄, 여자 편 한 줄로 나눠 마주 보고 앉는다. 두 편은 2m 정도 떨어져서 상대편 모두가 잘 보이도록 한다. 먼저 1분의 시간을 주어 내 앞에 있는 사람뿐만 아니라 상대편의 모두를 살펴보게 한다. 그런 다음 여자 편 친구들이 뒤로 돌아앉는다. 신나는 음악을 틀어놓고 30초의 시간을 주는데, 그동안 남자 편 친구들은 자기의 겉모습을 세 군데 바꾼다. 다른 친구와 자리를 바꿔도 되고, 옷이나 신발, 안경, 시계 등 무엇이든 바꿔 착용해도 된다. 30초가 지난 뒤 상대편과 마주 보고 앉는다. 그런 다음 상대편의 달라진 모습을 한 사람당 한 가지씩 손을 들고 말한다.

"영훈이랑 상현이랑 자리가 바뀐 것 같습니다. 맞나요?"

"네, 맞습니다."

"세윤이 옷깃이 안으로 들어갔습니다."

"지환이가 윗옷을 바지에 넣었습니다."

"성준이랑 태현이가 실내화를 바꿔 신었습니다."

"광찬이가 안경을 거꾸로 썼습니다." …

이렇게 하나씩 하나씩 상대편이 달라진 것들을 찾는다. 정해진 시간 동안 찾아내지 못하면 상대방이 못 알아차린 것들을 한 사람씩 말해준다. 상대편은 그제야 '아!' 하며 못내 아쉬워한다. 그런 다음 역할을 바꿔서 같은 방법으로 진행한다.

활동을 마치고 무엇을 느꼈는지, 무엇을 알게 되었는지 소감을 나눈다. 달라진 내 모습을 친구가 알아챘을 때 맞춰서 아쉬웠다거나, 알아채지 못해서 다행이라고 생각하기보다는 내 작은 부분이라도 변화를 알아차려 주니 기분이 참 좋았다고 한다. 이렇게 달라진 점을 찾으려니 자세히 살펴보게 되었고, 평소에 친구를 자세히 살펴볼 기회가 없었는데 이렇게 놀이를 하며 자세히 오래 볼 수 있어서 좋다고 한다. 평소에도 친구의 작은 변화에 관심을 가지고 살피고 꼭 이야기해 주기로 한다. 아이들은 이렇게 긍정적으로 나의 변화에 관심을 가져주는 친구들이 있는 교실에 머물고 싶어 한다.

무엇이 달라졌나? – 교실 편

단체전과 비슷한데 상대편을 보는 대신 교실을 살펴본다는 점이 다르다. 서로 마주 앉아 있는 곳 사이를 기준으로 교실을 반으로 나눈다. 교실 칠판 한가운데부터 교실 뒤쪽 게시판 한가운데까지 가상의 선을 긋고는 여자 친구들은 교실 왼쪽, 남자 친구들은 교실 오른쪽을 자세히 살핀다. 이번에는 남자 친구들이 뒤 돌아 눈을 감고 기다리고, 여자 친구들이 교실 물건들의 위치를 한 사람당 세 군데 바꾼다. 시계의 위치를 바꿔두기도 하고, 교실 블라인드 높이를 달리 해두기도 하고, 액자의 위치를 바꾸기도 하고, 교실 여러 물건의 위치를 바꿔둔다. 시간이 되면 남자 친구들은 달라진 곳을 찾아 말한다.

알아맞힌 시간이 모두 지나면, 마지막에는 물건의 위치를 바꾼 팀에서 한 사람씩 나와 원래 있던 곳으로 물건의 위치를 하나하나 바꾸면서 말해준다. 상대편은 그제야, '아!' 하며 알아챈다. 이런 식으로 상대편도 같은 방법으로 물건의 위치를 바꿔본다.

이 놀이는 생각보다 재밌다. 그래서 일주일 사이에 몇 번을 하고 놀았다. 평소에 우리가 지내고 있는 공간에 관심이 없던 아이들이 교실 구석구석을 자세히 살피고 관심을 갖게 되었다.

4

친구의 눈 속에서 마주하는 내 모습,
눈부처

눈부처를 바라볼 수 있는 친구를 만난다는 것

아이들과의 처음 만나는 3월은 교사와 아이들 사이도 그렇지만 아이들 저마다 설렘과 어색함이 교실을 가득 채우는 시기다. 가벼운 놀이와 서로를 알아가는 활동을 통해 이런 어색함이 조금씩 사라져 갈 때쯤이 되면 조금 진지한 활동을 해보는 것은 어떨까?

'눈부처'라는 말이 있다. 눈동자에 비치어 나타난 사람의 형상을 말한다. 곁에 있는 사람의 눈동자를 자세히 바라보고 있으면 상대의 눈동자 속에 내 모습이 비쳐 보인다. '눈부처 바라보기'는 아이들에게 서로의 눈동자에 비친 눈부처를 발견하도록 하는 활동이다.

눈부처는 한번 슬쩍 바라보는 것으로는 발견할 수 없다. 서로의 눈부처를 바라보기 위해서는 상대방의 눈동자를 한참 동안 살펴보아야 한다. 조금은 어색하고 쑥스럽기도 한 그런 시간을 지나고 나서야 비로소 눈부처가 보인다. 그렇게 발견한 자신의 모습을 본 아이들은 처음의 어색함을 금방 잊고 눈동자에 비친 모습에 몰입하게 된다. 그렇게 눈동자를 자세히 관찰하고 다른 사람의 눈에 비친 내 모습을 그려본다.

눈싸움 vs 눈부처 바라보기

눈부처 바라보기는 눈싸움과 다르다. 눈싸움은 눈을 깜빡이지 않기 위해 안간힘을 쓴다. 그런 애씀 속에서는 내 모습을 찾지 못한다. 상대를 이겨야 한다는 생각에 내 모습을 찾아볼 여유가 없다. 사실 상대방의 눈을 빤히 바라보는 것만큼 어색한 일은 없다. 친구의 눈을 가만히 바라보며 눈에 비친 내 모습을 그리다 보면 어색함은 사라지고 다른 사람에게 비친 나의 모습을 떠올려볼 수 있다.

처음에는 눈부처에 관한 언급 없이 짝꿍의 눈을 바라보며 누가 더 오래 눈을 깜빡이지 않고 참는지 시합을 해본다. '눈부처'의 의미 등을 아직 이야기하지 않고 바로 "눈싸움을 시작하겠습니다. 준비 시작!"이라고 말한다. 그런 다음 눈싸움을 하면서 무엇을 보았는지 이야기해보게 한다.

"눈에 점이 있어요."

"아무것도 보지 못했어요."

"눈썹이요."

눈싸움을 하는 동안 상대방을 이기려는 생각에 아무것도 보지 못했을 것이다. 이번에는 눈부처의 의미를 설명하고 다시 짝꿍의 눈동자에서 눈부처가 보이는지 찾아보게 한다. 아이들은 눈싸움을 하는 동안에는 미처

발견하지 못했던 자신의 모습을 만나게 된다. 눈부처로 바라본 자기 모습이 어떻게 보이는지 눈싸움을 하고 있을 때는 왜 눈부처를 발견하지 못했는지 이야기 나눈다.

"똑같이 친구의 눈동자를 바라보았는데 눈싸움을 할 때는 왜 보지 못했을까요? 아무리 가까이 있어도 상대방이 눈을 피하면 눈부처를 볼 수 없어요. 우리는 서로에게 거울입니다. 다른 사람에게 비친 나의 모습, 그런 나의 모습을 바라보는 순간 바로 앞의 친구도 내 눈동자를 통해 나를 바라볼 수 있게 된답니다."

눈부처의 의미를 듣고 바라보면 친구의 눈동자에서 새로운 모습이 보일 것이다. 어색함은 조금씩 줄어들고 처음에는 신기함에 더 열심히 친구의 눈동자를 바라보게 된다. 흑백으로 보일 줄 알았는데 자세히 볼수록 다양한 색들도 보이고 내 뒷모습에 비친 배경까지도 눈동자 속에서 보인다는 것을 알게 된다.

이제 종이를 나눠주고 친구의 눈동자에 비친 내 모습을 그려본다. 짝꿍과 동시에 그리는 것이 아니라 한 명씩 눈동자를 충분히 바라보고 그릴 수 있도록 번갈아 가며 그린다. 짝꿍과 번갈아 가며 눈부처를 모두 그렸다면 짝꿍과 서로의 눈부처를 바꿔서 상대방이 어떤 친구인 것 같은지 친구의 첫인상을 글로 작성한다. 이때 부정적인 표현이 아니라 긍정적인 표현만 사용하여 작성할 수 있도록 이야기해주고 잔잔한 음악을 틀어주면 조금 더 차분한 분위기를 만들 수 있다.

눈부처를 바라보는 일은 관계를 맺는 새로운 출발이다. 차분하게 친구의 눈동자를 바라보며 나의 모습을 찾아보게 나면, 화가 나고 나쁜 말을 할 때 친구들의 눈동자 속에 비친 나의 모습을 떠올려보게 된다.

· 눈부처 바라보기 ·

▶ 처음에는 게임처럼 친구들과 눈싸움을 해본다.

▶ 눈싸움을 하면서 무엇을 보았는지 물어보고 눈부처 의미를 설명해준다.

▶ 친구의 눈동자 속에 비친 나의 눈부처를 바라보도록 한다. 이때 잔잔한 음악을 틀어주는 등 분위기를 조금 더 차분하게 만들어주는 것이 좋다.

▶ 다시 무엇을 보았는지 어떤 모습이었는지 이야기한다.

▶ 짝꿍과 번갈아 가면 나의 눈부처를 그려본다.

▶ 내가 바라본 나의 눈부처에 대한 글을 써보거나 내가 그린 눈부처 그림에 친구가 본 내 모습에 대해 글을 번갈아 써 주도록 한다.

눈부처 바라보기

이름:_____

눈부처라는 말을 알고 있나요?
눈부처는 친구의 눈동자에 비친 나의 모습을 뜻합니다. 친구의 눈동자에 나의 모습은 어떻게 보일까요?

내 친구 [   ]의 눈동자에 비친 내 모습

친구_____가 바라본 내 모습은?

_____

_____

_____

_____

_____

함께라면 할 수 있어!
학급 미션

함께하는 미션이 필요한 이유

어느 해인가 방학을 한 첫 주말에 쉬면서 학기 중에는 관심을 가졌지만 보지 못했던 '학교'라는 드라마를 몰아서 보았다. 그중 한 장면이 내 눈길을 끌었다.

"선생님, 다른 선생님도 시 가르칠 수 있나요? 선생님보다 더 잘요?"

"그럼, 나보다 훨씬…."

"그럼, 그분들도 선생님처럼 오정호(문제아) 같은 아이 시 쓰게 할 수 있어요?"

교사들이 수업과 수업 속, 교육 현장 속에서 학생들과 힘든 것에 대한 해결의 실마리를 저 마지막 대사가 보여주고 있다! 그래서 나는 수업이나 교육 활동을 매개로 하는 관계 형성을 위한 '소통'을 강조했던 것이다. 이는 매해, 또는 어느 학교에 가든 그 학교에서 가장 힘든 학년, 힘든 학급, 힘든 아이를 맡는 것을 별일 아닌 것처럼 생각하고 생활할 수 있게 만드는 비법이기도 하다.

앞의 마지막 대사, "그럼, 그분들도 선생님처럼 오정호 같은 아이 시 쓰게 할 수 있어요?"라는 질문에 내가 찾은 해답은 '일상의 소통을 통한 신뢰 관계가 형성되면 가능하다'이다.

나는 교육서적에서만 교육을 찾지는 않는다. 힘든 교육 현장의 교사들이 지푸라기라도 잡는 심정으로 관념과 자격증의 프레임에 갇혀 큰 실효를 거두지 못하는 상황에서 내가 의지한 것은 나와 함께 공부하며 생활하는 학생들과 교육 외적인 것에서 교육적인 해답을 찾는 방법뿐이었다. 또, 현장에 있는 내가 보기엔 아닌데, 여러 교육 성과를 포장하여 보편화시키며 마치 교육계에 큰 변혁이 일어날 것처럼 아무렇지 않게 성과를 과장하는 상황이 교직 초반부터 교육 성과에 대한 매력을 크게 잃게 했다.

그래서 아이들 때문에 교사를 하기로, 아이들 편에 서는 교사가 되기로 마음먹고, 아이들과 함께하며 내 나름의 방식을 찾기로 했다. 맨땅에 헤딩하듯, 남의 이야기나 기록을 일단, 듣거나 보지 않고 내 학급 학생들만 관찰하고 내 학생들의 말을 들어가며 아이들에게 말하고 이해시키고 행하기 시작했다. 그렇게 해서 지금까지 터득한 게 급변하는 사회·문화적 환경 속에서 교사가, 지식이, 배움이, 교육이라는 게 빠르게 정형화되면 안 된다는 것이다. '그래서 교육이 100년 정도는 걸린다고 한 거구나!'라는 깨달음도 얻었다.

수업을 하기 위한, 그것도 학생들이 참여하고 주인이 되는 활발한 수업을 하기 위한 준비 과정으로 관계를 맺는 노력 속에서 더 활발하게 움직이며 성취감을 느낄 수 있도록 활동들을 제공해주는 것이 가장 중요하다는 생각이 들었다.

누구나 처음부터 잘할 순 없다. 누구나 처음부터 무엇이 자신만의 옷인지 잘 모른다. 다른 사람들이 "잘한다, 예쁘다" 해줘야 그런 줄 알고 비로소 나의 취향과 내가 좋아하는 것, 하고 싶은 것 등을 할 수 있는 초석이 만들어지기 시작한다.

아이들도 그렇다. 잘해보려 하고 자신들에게 어울리는 공부 방법이나 놀이를 찾으며 자신이 무엇을 좋아하는지를 확인하다 보면 자신 있게 학교생활을 할 수 있는 용기가 생기기 시작한다. 그러나 이것을 수업으로 유도하기에는 한계가 있다.

그래서 많은 교사가 다양한 놀이 등을 배운다. 그렇게 배운 놀이들을 수업으로 연결하는 것이 어렵지만, 학생들이 참여하는 활발한 수업을 하기 위해서 매우 중요한 요소임에는 틀림없다.

교육 현장에서 학생들이 함께하기를 바라면서도 정작 학급 배치와 교육과정에서의 수업 운영은 학생들을 차등화하고 선별하고 분리하는 방향으로 가지 않나 싶다. 그래서 학생들은 수업이 끝나고 쉬는 시간에 이산가족 상봉이라도 한 듯 반가워하며 교실과 복도를 뛰어다니면서 기쁨을 만끽하지 않나 싶다.

학생들이 함께하는 수업을 할 수 있도록 해주는 것이 가장 이상적이겠지만, 그것이 당장 어렵다면 학생들에게 쉬는 시간에라도 서로 만나고 협력해서 무언가를 이룰 수 있는 경험이, 교사와 학생들이 함께하는 쉬는 시간을 주도하는 방향으로의 방법들이 필요하다.

그래도 다행인 것은 율동, 게임, 놀이는 딱히 관계를 고민하지 않아도 모두가 처음 하고, 모두가 틀릴 수 있기 때문에 경쟁에 대한 부담을 줄이고 즐겁게 참여할 수 있다.

나는 개인적으로 20대 초반에 이미 몸치임을 깨닫고 스스로 춤과 거리를 두었다. 여기까지는 선택이었다. 교사가 되어 고학년을 연달아 몇 해 하다가 1학년을 맡았다. 연신 움직이는 아이들에게 말로만으론 무언가를 전달하는 데 한계를 느꼈다. 그래서 유치원에서 접해봤을 율동들을 영상으로 보여주니 초등학생이 되었음에도 굳이 따라 하라는 말을 안 해도 학생들이 스스로 따라 하는 모습을 보고 놀라지 않을 수 없었다. 나에겐 교육적 메시지 전달도 직접적 전달 효과가 있는 유의미하면서도 활발하고 역동적인 활동들이 필요했기에 1학년을 맡는 동안 30~40개의 율동과 게임을 만들었다.

나를 깨는 경험을 그때부터 시작한 것이다. 놀라운 건 그렇게 내 옷처럼 느껴지지 않던 일들이, 아이들 때문에 시작하며 할 수 있게 되는 경험을 하고 나니 내가 할 수 있는 것이 더 많아지는 데 밑거름이 되었다. 나를 할 수 있는 게 더 다양하고 많은 교사의 삶으로도 이끌어준 것이다.

더 진취적이고 참여적인 수업과 학교생활이 가능할 거란 생각으로 여러 활동을 투입하기 시작했는데 아이들의 기대치가 높아진다는 부담감을 빼고는 그 효과적인 측면에 대한 예상은 많이 적중했다. 활발하고 협력적인 학급 분위기는 학생들 간의 긍정적 관계에도 큰 도움이 되었다.

교사와 학생들이 함께하는 율동과 게임들이 성공을 하고 때론 실패를 하더라도 그 과정을 통해 웃음이 많아지면 분명히 관계적 측면에서도 교사와 학생들에게 큰 이점이 된다. 그런 이유로 우리 학급에서 시행한 몇 가지 활동을 제시해보고자 한다.

율동: 고기잡이

1. 혼자 연습하기

모두가 다 아는 고기잡이 노래를 한다.

고기를 (자기 손뼉 한 번, 손을 엇갈아 허공에, 한 손을 다른 한 손에 엎으며)

잡으러 (자기 손뼉 한 번, 손을 엇갈아 허공에, 양손을 바깥으로 손바닥 치듯이)

바다로 (자기 손뼉 한 번, 손을 엇갈아 허공에, 한 손을 다른 한 손에 엎으며)

갈까나 (자기 손뼉 한 번, 손을 엇갈아 허공에, 양손을 바깥으로 손바닥 치듯이)

고기를 (자기 손뼉 한 번, 손을 엇갈아 허공에, 한 손을 다른 한 손에 엎으며)

잡으러 (자기 손뼉 한 번, 손을 엇갈아 허공에, 양손을 바깥으로 손바닥 치듯이)

바다로 (자기 손뼉 한 번, 손을 엇갈아 허공에, 한 손을 다른 한 손에 엎으며)

갈까나 (자기 손뼉 한 번, 손을 엇갈아 허공에, 양손을 바깥으로 손바닥 치듯이)

이병에 (자기 손뼉 한 번, 손을 엇갈아 허공에, 한 손을 다른 한 손에 엎으며)

가득히 (자기 손뼉 한 번, 손을 엇갈아 허공에, 양손을 바깥으로 손바닥 치듯이)

넣어가지 (자기 손뼉 한 번, 손을 엇갈아 허공에, 한 손을 다른 한 손에 엎으며)

고~요 (자기 손뼉 한 번, 손을 엇갈아 허공에, 양손을 바깥으로 손바닥 치듯이)

라라라라 (자기 손뼉 한 번, 손을 엇갈아 허공에, 한 손을 다른 한 손에 엎으며)

라라라라 (자기 손뼉 한 번, 손을 엇갈아 허공에, 양손을 바깥으로 손바닥 치듯이)

온다 (자기 손뼉 한 번, 손을 엇갈아 허공에, 한 손을 다른 한 손에 엎으며)

야 (자기 손뼉 한 번, 손을 엇갈아 허공에, 양손을 바깥으로 손바닥 치듯이)

2. 짝과 율동

혼자 연습을 하면서 박자에 맞게 율동이 익숙해지면 짝과 함께한다. 자기 손뼉은 그대로 치고 다음 손은 짝과 엇갈아 한 손은 위, 한 손은 아래에 두고 손뼉을 치고 한 손을 다른 한 손에 엎으며, 다시 자기 손뼉은 그대로 치고 다음 손은 짝과 엇갈아 한 손은 위, 한 손은 아래에 두고 손뼉을 치고 마지막은 서로 마주 보고 손뼉을 상대편을 향해 밀듯이 친다.

3. 모둠 율동

모둠끼리 원을 만든다. 짝과 하듯이 자기 손뼉은 그대로 치고 다음 손은 짝과 엇갈아 한 손은 위, 한 손은 아래에 두고 손뼉을 치고 한 손을 다른 한 손에 엎으며, 다시 자기 손뼉은 그대로 치고 다음 손은 짝과 엇갈아 한 손은 위, 한 손은 아래에 두고 손뼉을 치고 마지막은 양옆에 있는 사람과 손뼉을 좌우로 밀 듯이 바깥쪽으로 박수를 친다.

학급 전체 율동은 모둠 율동의 확대 개념으로 학급 전체가 원을 만들어 서고 모둠 율동처럼 진행하면 된다.

간단히 요약하면 박수는 혼자 연습하기를 안정적으로 하고 대형은 마주 보는 상태에서 인원이 늘어나면 원의 형태로 바꾸어 진행한다.

4글자(박자) 규칙 게임

공동묘지~ 공동묘지~ 박자를 센다. 다음 모둠별로 차례로 1글자씩 외친다. "공", "동", "묘", "지"처럼, 1글자가 끝나면 그다음 차례대로 2글자 "공동", "묘지", 2글자가 끝나면 그다음 차례로 4글자 "공동묘지", 마지막 순서는 두 팔을 뒤로 젖히며 "히히히히" 하며 귀신 흉내를 낸다. 이게 한 사이클이다.

이 사이클이 끝나면 다시 1글자, 2글자, 4글자, 이번엔 "히히히히"를 두 모둠에 걸쳐 1번씩 2번! 그다음은 3번… 이런 식으로 귀신 소리를 늘려나간다.

처음에는 틀린 모둠 이전에 성공한 모둠에게 점수를 부여하는 형식으로 진행하다가 어느 정도 활동에 익숙해지면 모둠전을 끝내고 학급 미션으로 전환하여 협력 상황으로 제시해준다.

이 게임이 익숙해지면 4글자짜리 테마에 맞는 간단한 율동 하나만 생각해내면 무한정 게임을 만들 수 있다. 우리 반에서는 코카콜라(꺼억~), 영구 없다(띠리~리리리), 6의5반(열공열공) 등으로 바꾸어 게임을 했다. 나중엔 너무 잘해 거의 규칙 게임이 아니고 기억력 게임이 되기도 했다. 단결력에는 최고의 게임이다.

리듬배구

모둠별로 모둠원의 고유번호를 정한다. '아이엠 그라운드' 박자를 세며 노래를 한다. 아이엠 그라운드 리듬배구 하기~ 2박자는 원래대로 쿵, 짝! 2박자는 리시브(양손 모아 아래서 위로) 다시 2박자는 원래대로 쿵, 짝! 2박자는 토스(하늘 방향으로 양손 밀기), 2박자는 원래대로 쿵, 짝! 다음 2박자는 스파이크(한 손으로 스매싱), 마지막으로 2박자는 원래대로 쿵, 짝! 2박자는 (다음 모둠 고유번호) "○번!"을 외친다. 이 순서를 모둠별로 연습하도록 시간을 준다. 정해진 시간이 지나면 교사가 모둠별로 돌아가며 연습으로 한 번씩 공격을 한다.

공격을 당한 모둠은 번호가 지목된 사람을 기준으로 왼쪽 사람이 "리시브"(동작)―"토스"(동작)―"스파이크"(동작) 스파이크 한 사람이 한 번 더 박자를 치고 2박자에 다음 모둠 번호를 부르면 된다. 이때 모둠 번호와 함께 돌아가는 모둠 순서를 미리 정해 놓는다.

요약하면 "아이엠 그라운드 리듬배구 하기"(전체) ― 쿵짝! ○번! ―> 해당 모둠 번호의 왼쪽 사람 리시브(동작), 해당 모둠 번호의 오른쪽 사람 토스(동작), 해당 번호 사람 스파이크(동작) 해당 번호 사람이 한 번 더 2박자에 다음 모둠 고유번호 "○번!" 이런 식으로 진행된다.

이 게임은 방어에 성공하고 공격까지 하면 모두 점수를 딸 수 있다. 어느 모둠에서 틀리고 멈추면 통과한 모둠은 통과한 횟수만큼 모두 점수를 받을 수 있어 여러 모둠이 환호성을 질러 마치 정말 경기를 하는 것 같은 분위기를 낼 수 있다.

이 게임을 잘하게 되면 리듬축구로 전이도 가능하다. 리시브, 토스, 스파이크 자리에 드리블(달리는 동작), 크로스(양손을 모아 한쪽에서 다른 쪽으로 넘기는 동작), 헤딩슛(팔과 머리를 뒤로 젖혔다가 앞으로 헤딩 동작)으로 바꾸어 진행할 수 있다.

주의점과 TIP

율동이나 게임을 잘하는 학생들과 못 하는 학생들이 나누어지게 되어 있다. 서로의 역량으로 게임이나 율동에 약한 친구들을 돕는 경험을 그냥 넘어가선 안 된다. 관찰 즉시 학생들에게 칭찬하며 부각시켜 주어 서로 가르치며 배우는 즐거움을 스스로도 느낄 수 있게 해준다.

공동묘지 규칙 게임은 경쟁으로 시작했지만, 귀신 소리 "히히히히" 5번 성공하기의 미션 형태로 전환하면 학급 아이들의 단결력을 볼 수 있다. 앞서 언급했듯이 익숙해지면 "영구 없다! 따리리리리~", "코카콜라! 꺽~" 등처럼 4음절 게임을 계속 추가해서 만들어갈 수 있다. 학생들에게 만들어보라 하면 기상천외한 것을 잘 만들어낸다.

리듬배구와 리듬축구는 실제 체육활동과 연계할 수 있다. 여학생들은 용어조차도 익숙하지 않으므로 이 게임을 통해 동작까지 익히면 실제 체육 시간에 배구나 축구를 할 때 적어도 무슨 용어인지 몰라 멀뚱멀뚱 서 있는 일은 방지할 수 있다. 또 실제 경기로는 남학생에게 지겠지만, 실내 게임에서는 이기며 환호하는 재미있는 현상을 볼 수도 있다.

마음을 연결하는 UFO

모둠원 간 격려와 지지하는 분위기 만들기

태풍이 지나간 어느 날, 학교 운동장 위로 거대한 UFO가 예기지 않게 모습을 드러냈다. 언제 누가 만들었는지 알 수 없는 UFO는 지구의 최첨단 과학으로도 상상하지 못할 위용을 보여주고 있다. 전 세계 저명한 과학자들과 전투기 조종사들이 모여 UFO의 조정법을 알아내려고 했지만 결국 실패했다. 하지만 UFO가 발견된 학교에 다니는 아이들이 UFO에 새겨진 삼각 문양을 보고 우연히 조정법을 알아낸다. 바로 순수한 마음을 가진 어린이들이 UFO의 조정석에 앉아 집중력을 발휘했을 때 움직였던 것이었다. 그러나 친구와 연결된 집중력이 깨지면 바로 추락하게 된다. 이렇게 상황에 몰입하도록 이야기를 들려주며 동기유발을 한다.

이 활동에서는 다른 사람과 호흡을 맞추기 위해 스스로를 조절할 수 있어야 한다. 이것이 자기 조절력이다. 학급은 작은 사회로서 공동체 생활을 하는 곳이므로 자기 하고 싶은 대로 하고 이해받기를 기대하는 곳이 아니다. 다른 사람과 어울릴 수 있는 사회성을 키우는 공간이다. 흥이 과해 주변을 신경 쓰지 못하고 기분 나쁘다고 짜증부터 내는 건 자기조절이 안 되는 것이다. 때로는 앞장서고 때로는 따라주고 짜증도 차분하게 풀고 화합을 위해 양보도 해야 함께 어울려 지낼 수 있다.

여기서는 UFO를 조종하는 손가락의 높이를 조절하면서 다른 사람과 균형을 맞추고 사이가 좋아지는 말을 나누며 마음과 마음이 연결되도록 노력한다. 연습을 통해 균형감각을 키울 수 있도록 모둠원들 간 격려와 지지하는 분위기를 형성하는 것을 목표로 삼는다. 서로에게 따뜻한 관심을 가지고 마음을 연결하려는 마인드 컨트롤이 필요하다. 잘되지 않는다고 비난하고 짜증 내는 말을 하면, 상호 신뢰감에 금이 가서 마인드 컨트롤도 같이 깨지므로 모둠 화합에 미치는 영향을 생각하며 활동한다.

UFO 활동 방법

준비물과 미션 목표 안내하기

UFO 조정석에 앉으면 눈앞에 조정관이 가상의 링으로 나타나고 검지 위에 올려두고 조정할 수 있다. 조정관으로 폭 25mm 스카치테이프 OPP 투명테이프를 쓴다. 교실에서 쉽게 찾을 수 있는 준비물이지만, 3인당 1개씩 필요하므로 미리 준비해두면 좋다. 이 준비물은 테이프의 쓰임처럼 우리 반 친구 사이를 접착시키는 데 필요한 것이 무엇인지 배우는 시간이 되기를 바라는 마음으로 선택했다고 말한다.

UFO 활동은 3명이서 모둠을 이루어 검지 위에 테이프를 올려놓고 예정된 길을 다녀오는 것이다. 비행시간을 측정하지만 모둠별 경쟁을 하지 않는다고 알려주어 긴장을 풀어준다. 모두가 비행에 성공한 시간을 두 번 재어 첫 번째보다 1초라도 앞당겨 보는 것을 목표로 잡고 다른 모둠의 성공을 바라는 마음으로 활동에 참여한다.

비행 방법 안내하기

• 이륙과 착륙

3명을 한 모둠으로 구성하되 인원수가 맞지 않을 경우 한 명을 안내자로 역할 부여하여 3명으로 유지한다. 앉은 자세에서 검지를 펴고 두 번째 마디 위에 테이프를 올린다. 균형을 유지하면서 세 번 앉았다 일어났다를 성공하도록 한다.

- 직선 비행

직선 코스 출발선과 도착선을 정한다. 교실 앞쪽에서 뒤쪽 또는 복도 앞문에서 뒷문을 이용한다. 출발선에서 앉은 자세로 있다가 일어선 다음 균형을 유지하며 도착선을 향해 걸어간다. 중간에 떨어지면 그 자리에 앉아서 UFO를 다시 손가락에 올리고 일어나 출발한다.

- 곡선 비행

비행코스를 알려주고 연습할 시간을 준다. 칠판 앞에 출발지와 도착지 표시로 훌라후프를 1개씩 놓는다. 훌라후프에 한 발씩 걸치고 앉은 자세에서 일어나서 이륙하고 도착지로 와 앉으면서 착륙한다. 첫 번째 출발 모둠에 맞춰서 스톱위치를 시작한다.

다른 모둠도 시간 간격을 두고 출발한다. 테이프가 떨어지면 그 자리에 앉아서 다시 이륙하고 이어서 한다. 도착한 모둠은 서로 하이파이브하고 환호하며 지지하고 응원해준다. 마지막 모둠이 들어온 시간을 측정하고 이전 기록에 비해 1초라도 앞당겼으면 미션 성공으로 서로 축하한다.

도전을 마치면, 잘 되었던 이유와 잘되지 않았던 이유를 생각해보며 다음 도전에 반영한다.

- 잘 되었을 때: 친구와 발을 맞추었을 때, 협동했을 때, 기분 좋은 말 했을 때, 입으로 박자를 맞추었을 때, 한마음이 되었을 때
- 안 되었을 때: 서둘렀을 때, 협동이 안 되었을 때, 짜증 냈을 때

· 마음을 연결하는 UFO ·

1. 이륙과 착륙

  · 3명을 한 모둠으로 구성한다.

  · 앉은 자세에서 검지를 펴고 두 번째 마디 위에 테이프를 올린다.

  · 균형을 유지하면서 세 번 앉았다 일어났다를 성공한다.

2. 직선 비행

  · 출발선과 도착선을 정한다.

- 출발점에서 앉은 자세로 있다가 일어선 다음 균형을 유지한 채 도착점을 향해 걸어간다.
- 중간에 떨어지면 그 자리에 앉아서 다시 이륙하고 이어서 한다.

3. 곡선 비행
- 비행코스를 알려준다.
- 첫 번째 모둠이 출발하면 스톱워치를 작동한다.
- 다른 모둠도 시간 간격을 두고 출발한다.
- 도착한 모둠은 서로 하이파이브하고 환호하며 지지하고 응원해준다.
- 마지막 모둠이 들어온 시간을 측정한다. 이전 기록에 비해 1초라도 앞당겼으면 미션 성공으로 서로 축하한다.
- 도전을 마치면, 잘 되었던 이유와 잘되지 않았던 이유를 생각해보며 다음 도전에 반영한다.

4. 주의점과 TIP
- 마인드 컨트롤에 집중해야 하므로 소곤소곤 말한다.
- 손가락을 구부려서 테이프를 걸치거나, 테이프를 다른 손가락이나 손 어딘가에 기대서 균형을 유지하는 것은 안 된다고 알려준다.
- 성공하면 비행코스를 조금 더 어렵게 해서 도전한다.
- 강당에서는 책상 대신 훌라후프를 놓고 해볼 수 있다.

7

협력과 화합을 위한
공중 줄타기

허공에 줄을 매달고 아찔한 곡예로 가슴을 졸이게 하는 공중 줄타기는 한국의 무형문화재로 고도의 집중력과 균형감이 필요하다. 줄타기는 우리나라의 자랑이자 유네스코 세계문화유산으로 등재되어 있다. 인터넷에서 '줄타기 명인'으로 동영상을 찾아보면 그 놀라움에 감탄하고 자부심을 갖게 된다. 아이들에게 우리가 직접 전통문화재 계승자로서 나서 보자고 제안해본다. 쉽지 않은 과제겠지만, 실패와 성공을 통해 배우는 점이 있을 것이라는 기대감을 심어준다.

우리가 해볼 줄타기는 두 명이 짝을 짓고 긴 줄 두 개를 젓가락처럼 나란히 잡은 다음 그 위에 공을 올려놓고 왔다 갔다 하는 것이다. 앞서 소개한 UFO 활동보다 더 정밀한 균형감각이 필요하다. 미세한 움직임에도 공이 떨어질 수 있기 때문에 더 집중해야 하고 힘든 만큼 성취감이 크다.

준비에 들어가면 한 사람당 한 개씩 줄넘기가 필요하다. 요즘은 색동줄넘기도 많이 사용하는 편이라 일반 줄넘기랑 색동줄넘기랑 같은 종류끼리 짝을 짓는다. 여유가 된다면 지름 8mm, 길이 2m 로프를 구매해서 쓰면 좋다. 재료에 따라 PP, PE로 나뉘는데 어떤 것이든 상관없다. 공은 주먹만 한 크기의 스펀지공을 두 명당 1개 사용한다. 떨어지는 공을 담을 것으로는 과학실에 있는 큰 사각 수조, 교실에 있는 플라스틱 분리수거함이나 종이 상자를 쓰면 된다.

이 활동은 결과 산출 방식, '학급 신기록 세우기'에서 성취 목표가 잘 나타난다. 모둠 간 경쟁 방식이 아닌 모둠 기록을 합산해서 학급 전체 기록을 이전 기록과 비교한다. 모든 모둠의 기록을 모으면, 한 모둠의 점수가 부족하더라도 다른 모둠이 채워줄 수 있어서 반 전체의 협력과 화합을 촉진시킨다.

도전! 공중 줄타기

줄타기

먼저 길이가 짧은 반줄타기에 도전한다. 두 사람씩 짝을 짓고 줄넘기 1개, 스펀지공 1개를 준비한다. 한 사람은 줄넘기 손잡이를 한 손씩 잡거나 그림처럼 손잡이 두 개를 한 손에 잡는다. 다른 한 사람은 손가락 2~3개를 줄 안에 넣어 잡는다.

줄은 팽팽하게 당겨서 수평을 이루게 하고 한 사람이 한쪽 끝에 공을 올리면 반대편 사람이 줄을 살짝 내려 공이 굴러가게 한다. 만약 공이 중간

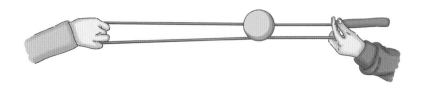

에서 떨어지면 반대편 사람이 다시 출발시킨다. 공이 끝까지 잘 굴러가면 방향을 바꿔 되돌아오게 한다. 그러면 1회 성공으로 치고 3회 성공까지 도전한다. 3회가 넘으면 최고 기록을 세워본다.

다음으로 줄이 긴 한줄타기에 도전한다. 두 사람이 한 개씩 줄넘기를 준비하고 줄넘기를 길게 나란히 놓고 손잡이를 잡는다. 손잡이는 아래 그림과 같이 매듭을 한 번 짓는다. 그다음부터는 '반줄타기'와 같은 방법으로 진행한다.

홀인원

줄타기 연습을 마치면 홀인원에 도전한다. 이때도 처음에는 길이가 짧은 반줄타기부터 한다. 학급 인원수에 따라 4~6명씩 모둠을 구성한다. 그 안에서 2명씩 짝을 짓는다. 여기서는 6명 한 모둠, 두 명씩 세 팀으로 정했다. 짝수로 구성이 안 되면 홀수로 구성하고 한 명은 돌아가면서 감독 역할을 하게 한다. 줄넘기를 원의 지름으로 생각하고 원의 중심에 홀을 놓고

2명씩 마주 보고 일정한 간격을 두고 선다.

한 명씩 줄 위에 공을 올리고 잡고 있는다. "시작!" 신호에 제일 아래 있는 팀이 먼저 공을 굴리고 수조 위로 공이 지나갈 때 한 사람이 줄을 벌려 떨어트린다. 결과를 확인하고 방금 한 팀은 줄을 벌려 수조 입구를 가리지 않는다. 이 같은 방법으로 중간 팀, 맨 위의 팀 순으로 한다. 이제는 반대쪽 친구가 공을 줄 위에 올리고 전과 같은 방법으로 한다. 2명 모두 성공한 팀은 줄넘기를 난이도가 높은 맨 위로 줄넘기를 이동한다. 세 팀 모두 한 번씩 성공하면 다음 단계로 이동한다. 반줄타기 홀인원을 마치면 줄이 더 긴 한줄타기 홀인원에 도전한다. 방법은 반줄타기와 같다.

학급 신기록 세우기

줄타기와 홀인원까지 마쳤으면 이제 기록을 잰다. 먼저 반줄타기 홀인원 방법으로 학급 인원수의 반이 홀인원에 성공하는 것을 목표로 팀별로 차례로 도전한다. 2인 1팀으로 구성되어 있는데, 1명이 성공하면 1명, 둘 다 성공하면 2명으로 센다. 성공하면 서로 환호하면서 칭찬해준다. 실패하더라도 방금 기록에서 나온 성공 인원수에 한 명만 더한 수를 목표로 잡고 도전한다. 다음으로 한줄타기 홀인원 방법으로 도전한다. 이번에는 학급 인원수의 1/4을 성공 목표로 잡는다. 성공하면 기준을 조금 높인다.

주의점과 TIP

• 반줄타기나 한줄타기를 연습할 때 성공한 팀이 생기면 어려움을 겪고 있는 다른 팀과 한 명씩 짝을 지어 주고 도와주게 한다.

• 떨어진 공을 전달할 때는 던지지 않고 손으로 건네주는 게 배려임을 알려준다.

• 최고 난이도 도전으로 반줄타기, 한줄타기에서 공이 반대편 사람에게 한 번 갔다가 되돌아올 때 떨어트리는 방법으로 연습을 하고 학급 신 기록을 세워본다.

• 시간 안에 미션을 수행하는 타임제 방법으로 학급 기록을 잴 수 있다. 스펀지공이 많다면 모둠별로 심판을 한 명씩 두고 2분 동안 홀인원 개수를 센다. 모둠별 개수를 더해 학급 개수를 1차 기록으로 적어둔다. 2차 기록을 잰 다음 모둠별로 이전 기록보다 나아졌는지 알아보고 1개라도 늘면 칭찬해준다. 교사는 적은 결과가 나온 모둠이 있더라도 학급 전체 기록과 이전 기록을 비교하여 1개라도 늘면 우리 반 전체의 미션 성공으로 칭찬해줄 수 있어 좋다.

· 협력과 화합을 위한 공중 줄타기 ·

1. 반줄타기
   - 두 사람씩 짝을 짓고 줄넘기 1개, 스펀지공 1개를 준비한다.
   - 줄은 팽팽하게 당겨서 수평을 이루게 한다.
   - 한 사람이 한쪽 끝에 공을 올리면 반대편 사람이 줄을 살짝 내려 공을 굴러가게 한다.
   - 공이 중간에서 떨어지면 반대편 사람이 다시 출발시킨다.
   - 공이 끝까지 잘 굴러가면 방향을 바꿔 되돌아오게 한다.
   - 3회 성공까지 도전한다. 3회가 넘으면 최고 기록을 세워본다.

2. 한줄타기
   - 두 사람이 한 개씩 줄넘기를 준비하고 줄넘기를 길게 나란히 놓고 손잡이를 잡는다.
   - 손잡이는 매듭을 한 번 짓는다.
   - 그다음부터는 '반줄타기'와 같은 방법으로 진행한다.

3. 홀인원
   - 반줄타기부터 한다.
   - 학급 인원수에 따라 4~6명씩 모둠을 구성한다. 그 안에서 2명씩 짝을 짓는다.

- 줄넘기를 원의 지름으로 생각하고 원의 중심에 홀을 놓고 2명씩 마주 보고 일정한 간격으로 선다.
- 한 명씩 줄 위에 공을 올리고 잡고 있는다.
- "시작!" 신호에 제일 아래 있는 팀이 먼저 공을 굴리고 수조 위로 공이 지나갈 때 한 사람이 줄을 벌려 떨어트린다.
- 결과를 확인하고 방금 한 팀은 줄을 벌려 수조 입구를 가리지 않는다. 같은 방법으로 중간 팀, 맨 위의 팀 순으로 한다.
- 순서를 바꿔서 반대쪽 친구가 공을 줄 위에 올리고 전과 같은 방법으로 한다.
- 2명 모두 성공한 팀은 난이도가 높은 맨 위로 줄넘기를 이동한다.
- 세 팀 모두 한 번씩 성공하면 다음 단계로 이동한다.
- 반줄타기 홀인원을 마쳤으면 줄이 더 긴 한 줄타기 홀인원에 도전한다.

4. 학급 신기록 세우기
- 줄타기와 홀인원까지 마쳤으면 이제 기록을 잰다.
- 반줄타기 홀인원 방법으로 학급 인원수의 반이 홀인원에 성공하는 것을 목표로 잡고 한 팀씩 도전한다.
- 다음으로 한줄타기 홀인원 방법으로 도전한다. 이번에는 학급 인원수의 1/4을 성공 목표로 잡고 한다.

8

태어나서 고마워!
우리가 책임지는 친구 생일

친구의 생일을 챙겨주는 이유

사회가 핵가족화되고 맞벌이 가정이 보편적인 요즘 아이들의 생일을 가정에서 일일이 챙기는 것이 힘들어져 생일상보다는 선물이나 용돈 등 물질적인 보상으로 대신하는 일이 많아졌다.

학교폭력도, 아이들의 관계에서도 기본적으로는 학생 저마다가 정상 범주의 자존감이 형성되어야 큰일도 생기지 않고, 설령 일이 생겨도 해결이 수월할 수 있다. 자신이 존중받아야 상대방을 존중할 수 있고. 특히 학생들은 그런 환경 속에서 성장해야 그럴 수 있는 어른이 될 것이다.

"자 그럼, 아침을 안 먹고 오는 사람 손 들어 보세요?"

"저요, 저요, 저요, 저도요, 저요….."

"그럼 먹는 사람은?"

"……저요!"

"왜 아침을 못 먹고 와요?"

"원래 안 먹어요", "너무 늦게 일어나요", "엄마, 아빠가 나가세요", "밥상은 차려졌는데, 늦게 일어나서 지각할까 봐 못 먹어요."

"그럼, 배고프지 않아요?"

"원래 안 먹어서 괜찮아요", "엄마, 아빠가 새벽에 나가시고 저녁 늦게 들어오셔서 학교 밥 많이 먹어요." "배고파도 참아요."

한 아이가 손을 든다.

"어, ○○이 왜? 말할 거 있어요?"

아이가 무심한 듯 말을 한다. "전 오늘 생일인데도 아침 안 먹었어요!"

"에구, 서운하겠네."

"원래 그래서 괜찮아요."

"씩씩하네. 그래도 오늘 저녁에는 부모님과 맛있는 외식 할지도 몰라요."

위로하려 전한 말에 아이가 대답했다. "어? 아닌데요. 우린 외식 안 하는데요, 엄마, 아빠랑 밥도 같이 먹은 지 오래됐어요. 동생하고 저만 밥 같이 먹어요."

마음 저 아래가 저리고 코끝이 찡해졌다.

"그럼 자기 생일상을 받지 못하는 사람은 얼마나 되는지 손 좀 들어 볼까요?"

마치 '그런 거 하나?'는 듯한 표정으로 아이들은 서로 두리번거리며 얼굴을 보더니 30여 명 중에 네댓 명 빼고는 거의 다 손을 들었다. 서운하지 않냐고 물었다.

그래서 부모님이 돈 놓고 나가신단다. 한쪽에선 부러움의 감탄사가, 한쪽에선 "어, 나도 그런대"라는 공감의 표현들이 들려온다.

발령 초, 6학년만 내리 맡으며 학교에서 아이들과 있는 시간 대부분이 수업시간이라는 것을 깨달았다. 그래서 새로운 수업을 고민하며 수업 관련 책을 찾아봐도 그 당시 교육 서적들은 수업이 아닌 학급경영 프로그램 관련 내용이 주류였다. '차라리 나만의 수업을 만들어 나가보자!' 라는 생각으로 많은 시행착오를 겪으며 실천하던 때인지라 나는 당시에 유행하던 학급경영 프로그램엔 전혀 관심이 없었다. 그러던 중 재래시장 근처에 있는 학교에서 근무를 하게 되었다. 공개수업을 준비하면서 학급 대다수 학생의 부모님이 바빠서서 아침밥을 스스로 챙겨 먹거나 못 먹고 오는 학생들이 80~90%가 되는 것을 알게 되었고 고학년이 될 때까지 기억에 남아 있는 가족끼리의 생일상이 한 번도 없었다는 걸 너무도 담담하게 말하는 학급 학생들을 보고는 처음으로 학급경영 프로그램으로 처음 시행한 게 바로 '친구 생일상 차려주기' 이다.

　"자! 그럼 우리 반은 앞으로 한 달에 한 번 나를 위해, 친구들을 위해 생일상을 차리도록 하겠습니다."

　"정말요?", "어떻게요?", "언제해요?", "나, 음식 못 만드는데, 각자 만들어요?", "모둠별로 해요?", "음식은 사 와요?", "무슨 음식을 만들어요?" 등 반짝이는 눈망울로 아이들의 질문이 끊이지 않고 이어졌다.

　나도 몰랐다. 그냥 학생들의 이야기를 들으며 그들이 처한 환경과 마음들이 안쓰러워서 한 번도 해본 적이 없었지만, 그냥 그렇게 했으면 좋겠다는 마음에, 학생들 마음을 보듬어 주고 싶다는 생각에, 나도 모르게 입 밖으로 툭 튀어나왔다. 그날부터 그다음 학급회의 때까지 생일상 차리기의 틀을 마련해야 했다.

　일주일 후 생일상 차리기의 초안 틀을 마련하여 아이들에게 발표했다.

이후 시대와 사회적 환경에 맞춰 때로는 조금씩 변화, 업그레이드시키며 지금까지도 고학년을 맡을 때면 시행하고 있는, 내 교직 생활에서 나름 오랜 시간 유지해오고 있는 전통 있는 학급경영 프로그램이다.

이는 단순히 음식을 만들고 먹는 것에만 의미와 가치를 두고 있지는 않다. 음식을 준비하고 만드는 일련의 과정에서 학생들이 질서와 규칙을 지키며 음식을 만드는 것이 매개인 관계적 교육 활동이다. 음식은 그 관계적 교육 활동을 성실히 수행한 노력에 대한 보상쯤이 될 것이다.

처음 시작할 때 한 달에 2시간씩 할애하며 여유 있게 운영했다. 그러나 점점 사회적으로 여러 복합적 문제가 대두되고 교육과정 상 꼭 해야 하는 다양한 의무적 특별교육 시수가 늘어나면서 1시간으로 위축되기도 했지만, 교육과정의 재구성이라는 새로운 화두가 출현하면서 때로는 2시간을 탄력적으로 운영하는 데도 큰 무리가 없게 되었다.

이 활동의 가장 큰 포커스는 학생들이 점점 경험하기 힘든 '나눔'이라 생각한다. 가진 이가 없는 이에게 주는 협의의 나눔이 아니라 함께하는 이들끼리 표현하고 싶은 마음을, 요리를 활용하는 '심미적 나눔'이다.

맛이 있고 없고는 중요하지 않은, 세상에서 유일한 요리 시간과 요리일 것이다. 이미 맛을 떠나서 학생들은 과정을 즐기고 다음 생일잔치를 기다리기 때문이다. '왜 이 활동을 하는지, 왜 이 음식을 만드는지?'를 잘 이해하며, 아니 이해를 못 한 학생은 적어도 그 생일잔치를 위한 질서와 규칙을 지키며 따뜻한 축하의 마음을 메시지와 말로라도 밝게 전하게 된다. 관계 맺기의 과정에서 우러나온 사랑이라는 재료와 우정이라는 양념이 그 어떤 요리를 먹는 것보다 큰 기쁨을 자아내고, 훈훈하게 만드는 역할을 하기 때문이다.

학생들이 학급 생일잔치를 하기 전에는 생일잔치 하면 늘 음식은 차려져 있고 그들이 준비해야 할 것은 선물, 사실 선물을 살 돈이었다고 말한다. 자신들이 누군가의 생일을 위해 요리를 할 줄은 몰랐을 거고 그러기에 요리를 해본 경험은 더더욱 없었을 것이기에 어리둥절함과 약간의 두려움 속에서 생일상 차리기를 시작하게 된다. 잘하고 못 하는 명확한 구분이 없는 미지의 경험에서부터 조금 더 겸손해지고 그 겸손함에서 서로에게 의지하며 상대방을 존중하는 일을 시작하는 것이 가장 효율적일 수 있다. 거기에 함께 요리를 만들고 먹는 즐거운 과정과 결과가 있다면, 상대방을 존중하고 배려해야 한다고 말로 하는 주입식의 딱딱한 교육보다는 훨씬 아이들이 내면화하여 체득하기 쉬울 것이다. 그런 믿음으로 이 생일상 차려주기라는 활동을 소개한다.

생일상 차려주기

먼저 학생들에게 물어서 일 년, 12달의 생일 대상자를 확인한다. 그리고 연간 교육과정을 보고 매달 하루를 정하여 생일상을 차릴 수 있는 시간을 만들어놓는다. 예를 들면, 국어 '마음 나누기', 실과 '음식 만들기', 창체 '생명존중' 등과 관련 지을 수 있다. 가장 중요한 것은 '서로가 우리의 존재가치를 인정하고 소중히 여겨주자, 생일을 외롭지 않게 서로 함께 해주자' 등 생일상을 차리는 취지를 꼭 강조하며 사전 교육을 해야 한다. 가장 주의해야 할 건, 이와 같은 취지가 간과되어 생일상 차려주기가 진행되며 먹고 즐기기만 하는 가벼운 활동으로 흐르지 않아야 한다는 것을 알려주어야 한다. 정말 중요한 시간이니 일 년 행사를 잘하려면 심혈을 기울여 교사가 전달을 위해 다소 준비할 시간을 할애할 필요가 있다. 그에 따라 우리 학급은 생일상 차려주기 활동을 하는 데 필요한 몇 가지 기본 원칙을 세웠다.

- 생일자보다 먼저 음식을 먹지 않는다.(생일자 최우선 중심)
- 음식을 만들 때는 자기 모둠을 떠나지 않는다.(음식에 마음을 쏟는 정성)
- 음식을 만들 때 위생적으로 한다.(손 씻기, 즐거워도 박장대소보다는 위생철저가 우선)
- 생일자 음식은 최대한 정성껏 플레이팅을 한다.
- 생일자가 먹고 난 후 모둠별로 그릇 등 뒤처리도 엄마의 마음으로 책임을 진다.
- 일회용 물품을 사용하지 않는다… 등이다.

음식 종류는 교사의 판단하에 음식 만드는 과정과 태도에 안정감이 보일 때까지 불을 사용하지 않는 요리들로 한다. 1~2일 정도의 요리 탐색 기한을 주고 모둠별로 의논하여 2개 정도를 꼽아 오도록 한다. 각 모둠의 요리가 정해지면 칠판에 기록하여 음식이 겹치지 않도록 최종적으로 결정한다. 모둠별 요리가 최종 결정되면 요리 제목과 모둠 재료 준비 책임자를 정한다. 이때 꼭 교사는 어느 한 학생에게 경제적으로나 준비 상황적으로 너무 부담스럽지 않은지 살펴야 한다.

이 절차에 따라 모둠별로 생일 요리를 준비한다. 요리하는 날 아침은 칠판에 축하 롤링페이퍼를 생일자 인원수만큼 붙여놓고 등교하면 먼저 학생들에게 작성하도록 하고 꾸민다.(꾸미는 것과 생일 축하 진행을, 우리 학급은 학기 초 안내를 하고 실질적 학급 부서는 따로 있고, 요리하는 날만 신청자를 받아 이벤트 부를 결성하여 운영했다)

그리고 교사는 매월 작은 케이크를 준비한다.(물론 아이마다 초코파이 한 개씩을 준비해서 만들어주는 방법도 무방하다) 요리가 다 만들어지면 생일축하 노래, 친구들 축하 영상, 롤링페이퍼 전달식을 한다. 행사가 끝나면 생일자들은 별도의 생일상 앞에 모여 먹는다. 음식을 남기지 않는 건 기본 중의 기본 원칙이다. 먹다가 음식이 많다고 판단되면, 생일을 맞은 친구들이 협의해서 그동안 고마웠던 친구를 1명 초대해 함께한다. 생일이 아닌 나머지 아이들은 한 음식밖에는 먹을 수 없기 때문에 다른 모둠과 포틀럭 파티하듯이 나눠 먹을 수 있다.

마지막으로 중요한 건 뒷정리이다. 음식은 당연히 남기지 않는 걸로 했으니 음식의 성패에 상관없이 요리를 만든 모둠이 기본적으로 책임을 진다.(못 먹겠으면 비닐이라도 준비해와서 학교 급식실 음식물 쓰레기통에 처리하거나 집에 가져가서 처리하기로 했다) 또한 일회용품은 금지이기 때문에 각자 음식에 따라 자신의 젓가락이나 포크 등을 준비해온다. 보통 1학기는 음식을 처음 해보는 아이가 많아서 불을 안 쓰는 요리들로 주로 운영하기에 2시간 중에서 1시간은 남게 된다. 그 시간은 마치 디너쇼처럼 사전에 이벤트 부에 사전 공연 신청을 한 팀들이 공연을 할 수 있다. 나는 학급을 맡으면 학예회 때 아이돌 그룹의 댄스 등을 최대한 제한하기 때문에 그쪽에 관심이 많은 남녀 학생들은 이 시간을 적극적으로 활용하기도 한다. 선물을 전달하는 게 보통의 생일 축하였다면 생일상 차려주기는 기획부터 탐색, 준비, 과정, 정리까지 모든 것이 학생들의 몫이다. 모든 과정을 적어도 일 년에

8~9번 정도는 온전히 책임지는 것이다. 학생들은 준비를 하며 생일을 맞은 친구들을 위해 재료 준비는 물론 아침에 등교하자마자 롤링페이퍼도 붙여야 하고, 음식을 만들고 양을 생각하고 플레이팅을 하고 어떻게 처리할지의 모든 과정에서 친구를 생각한다. 자신도 한 번은 그런 대접을 받고 나머지 횟수는 주로 차려주는 부모님의 입장이 되어 보는 것이다.

이렇게 몇 해를 생일상 차려주기를 운영해보니 2학기가 되면 아이들의 생일상 음식들은 새로운 메뉴를 만들 만큼 실력이 일취월장하게 된다. 다음에는 불을 사용한 음식 만들기도 시도해보고 아이들이 안전과 질서, 규칙과 같은 생일상 차려주기 원칙을 잘 지키면 요리경연도 해볼 수 있다.

그렇게 이 활동을 하던 어떤 해에 수업을 마치고 우리 학급 한 여학생이 아이들 가기를 기다리더니 나에게 와서 미역국 레시피를 알려 달라고 한 적이 있다. 그동안 친구들 생일상을 손수 차려 주면서 부모님에겐 한 번도 안 해드렸다는 걸 깨닫게 되었고 이번에 처음으로 엄마 생신날에 미역국을 끓이려고 한다는 것이었다. 나는 내 나름의 레시피를 최대한 이해하기 쉽게 설명해주었고 그 학생은 핸드폰에 열심히 메모를 했다. 그날 저녁 문자가 왔다. 퇴근하신 엄마가 너무 맛있다 하신다고, 대성공이라고, 감사하단다. 보통의 학생들 입장에서는 세상에 훨씬 그럴싸하고 쉬운 생일 축하 방법도 있었겠지만, 조금 부족하고 모자라도 자신의 마음을 담아 축하하는 새로운 방법을 터득하고 느낀 듯했다. 물론 나 역시 뿌듯하고 기분 좋은 밤의 기억으로 남아있다.

학생들은 자주, 지속해서 새로운 방법을 경험해야 한다. 그 안에서 방법에 대한 선택은 그들의 몫이다. 그러나 모르고 못 하는 것과 알면서 선택에 의해 안 하는 것은 엄연히 다른 결과를 초래한다. 세상에 '관계'에 관련

된 지시적, 이론적 내용 교육은 많을지 모르겠지만 그 학생의 사례처럼 자기가 배운 경험이 관계의 개선을, 아니 개선이 아니라도 당연시 여기던 관계를 다른 시각으로 바라보고 싶은, 또는 관계를 위해 자신의 마음을 표현할 수 있는 방법으로의 선택이 된다면 그 경험은 꽤 교육적으로 가치로운 일일 것이다.

TIP

모든 요리 활동을 하면서 음식을 안 남기는 건 기본 원칙이다. 그럼에도 아이들은 머리로는 이해하지만, 마음에 닿고 행동으로 옮기기에는 힘든 일일 것이다. 이때 학생들의 이해를 돕는 차원에서 기아 관련 영상이나 힘들고 어려운 나라의 영상을 보여주고 교육하면 자신들이 느끼고 행해야 하는 내용이 머리에서만 그치지 않고 마음을 거쳐 행동으로 옮겨지는 데

일회용 접시를 사용하지 않는 다양한 요리의 학급 생일상

좀 더 도움이 될 것이다.

음식을 먹을 때 공연이 없는 날은 그동안의 학급 활동사진을 음악과 함께 TV로 틀어 놓으면 분위기가 더 좋아진다. 사진을 찍을 때는 안 찍는다고, 싫어하고 하지만 막상 영상이나 사진 슬라이드가 나오면 언제 그랬냐는 듯 자기 모습도 찾고 재밌는 장면도 찾으면서 생일 차려주기 시간의 즐거움을 배가시킬 수 있다.

뒤처리는 비닐과 키친 타올을 사전에 준비시켜 학교 세면대에서 설거지를 하는 일이 없도록 꼭 안내한다. 일회용품을 사용하지 않는 것도 마찬가지이다. 이 두 가지는 꼭 첫 활동 때 조금은 꼼꼼하고 단호하게 체크를 해주어야 어느 정도 학생들 마음에 각인되어 다음 활동에도 유념하게 된다. 정말 필요한 원칙들은 간과하지 말아야 한다.

· 생일상 차려주기 ·

▶ 학생들에게 물어서 일 년, 12달의 생일 대상자를 확인한다.

▶ 교사는 연간 교육과정을 보고 매달 하루를 정하여 생일상을 차릴 수 있는 시간을 만들어 놓는다.(예를 들면, 국어-마음 나누기/실과-음식 만들기/창체-생명존중 등)

▶ 학급별 몇 가지 생일상 차려주기 활동을하는 데 필요한 몇 가지 기본 원칙을 세운다.(#1년의 유의미한 활동이 되도록 하기 위해 중요)

기본 원칙은 각 학급 실정에 맞춰 정한다. 다음은 우리 학급의 예시이다.

- 생일자보다 먼저 음식을 먹지 않는다.(생일자 최우선 중심)
- 음식 만들 때는 자기 모둠을 떠나지 않는다.(음식에 마음을 쏟는 정성)
- 음식을 만들 때 위생적으로 한다.(손 씻기, 즐거워도 박장대소보다는 위생철저가 우선)
- 생일자 음식은 최대한 정성껏 플레이팅을 한다.
- 생일자가 먹고 난 후 모둠별로 그릇 등 뒤처리도 엄마의 마음으로 책임을 진다.
- 일회용품을 사용하지 않는다 등

▶ 음식 종류는 교사의 판단하에 음식 만드는 과정과 태도에 안정감이 보일 때까지 불을 사용하지 않는 요리들로 한다.

▶ 1~2일 정도의 요리 탐색 기한을 주고 모둠별로 의논하여 2개 정도를 결정하도록 한다.

▶ 각 모둠의 요리가 정해지면 칠판에 기록하여 모둠의 음식이 겹치지 않도록 최종 결정한다.

▶ 요리 제목과 모둠 재료 준비 책임자를 정한다. (이때 꼭 교사는 어느 한 학생에게 경제적으로나 준비 상황적으로 너무 부담스럽지 않은지 살펴준다)

▶ 요리하는 날 아침은 칠판에 축하 롤링페이퍼를 생일자 인원수만큼 붙여놓고 등교하면 먼저 학생들에게 작성하게 하고 꾸민다.(꾸미는 것과 생일 축하 진행을, 우리 학급은 학기 초 안내를 하고 실질적 학급 부서는 따

로 있고, 요리하는 날만 신청자를 받아 이벤트 부를 결성하여 운영했다)

▶ 교사는 매월 분위기를 위해 작은 케이크를 준비한다.(아이마다 초코파이 한 개씩을 준비해서 만들어주는 방법도 무방하다)

▶ 요리가 다 만들어지면 생일축하 노래, 친구들 축하 영상, 롤링페이퍼 전달식을 한다.

▶ 행사가 끝나면 생일자들은 별도의 생일상 앞에 모여 먹는다.

▶ 먹다가 음식이 많다고 판단되면 생일자들의 협의 하에 그동안 고마웠던 친구들을 1명 초대해 함께한다.

▶ 생일이 아닌 나머지 아이들은 한 음식밖에는 먹을 수 없기 때문에 다른 모둠과 포틀럭 파티하듯이 나눠 먹도록 한다.

▶ 마지막으로 뒷정리이다. 다음은 우리 학급의 뒷정리 원칙이다.

· 음식은 당연히 남기지 않는 걸로 했으니 음식의 성패에 상관없이 요리를 만든 모둠이 기본적으로 책임진다.

· 못 먹겠으면 비닐이라도 준비해와서 학교 음식물 쓰레기통에 처리하거나 집에 가져가서 처리하기로 했다.

· 일회용품은 금지이기 때문에 각자 음식에 따라 자신의 젓가락, 포크 등을 준비해온다.

9

아이들이 주인공이 되어
협력하는 운동회

청군 이겨라! 백군 이겨라!

'운동회'라는 단어를 들으면 어떤 것이 떠오르는가? 요즘의 운동회에는 다른 사람들에게 보여주기 위한 무용은 모두 사라졌다. 그리고 '청군이겨라, 백군 이겨라' 하는 응원구호도 점차 사라지는 추세다. 하지만 변하지 않은 것도 있는데, 여전히 양 팀으로 나누어 서로 경쟁하고 승자와 패자를 가르는 활동이 많다. 이긴 팀의 만세 삼창과 진 팀의 영혼 없는 박수 소리가 울려 퍼지는 모습이 일반적이다.

두 팀으로 나뉜 아이들이 재미있는 놀이를 하고 승자와 패자로 갈렸다. 선생님들은 어느 팀 응원 목소리가 더 큰지 잘 들어보자며 아이들을 부추겼고 질서를 잘 지킨 팀에게는 보너스 점수를 주겠다고 얼러댔다. 아이들은 더 큰 목소리로 자기 팀을 응원하고 줄을 맞춰 입장했다. 모두가 즐겁게 놀이에 참여했고 학부모들도 한 편이 되어 신나게 달렸다.

그런데 우승팀 발표에서 문제가 생겼다. 최종 점수를 발표하고 우승팀을 발표하는데, 진 팀의 몇몇 아이가 울음을 터뜨린 것이다. 마지막 계주 경기에서 넘어져 최종 우승을 빼앗긴 것이 못내 억울하고 분했던 모양이다. 운동회 상품은 우승팀과 진 팀 모두 공책 3권으로 동일했는데도 진 것이 무엇이 그리 서러운지 아이들의 울음은 멈출 줄 몰랐다. 평소 수업에서는 서로 협력하고 배려하는 활동을 강조했던 터라 더 당황했다.

전통적으로 운동회는 양 팀으로 나누어 승부를 겨룬다. 전래놀이나 협력놀이를 중심으로 놀이마당처럼 운동회를 새롭게 운영하는 것을 고민해 보기도 했지만, 결국 두 팀으로 나누어 승패를 나눈다는 전통적인 사고에서 한 걸음도 나아가지 못했던 것이다.

새로운 운동회를 상상하다

다음 해 운동회를 준비하던 한 선생님의 제안은 그래서 생소하고 불가능해 보였다.

"학교 활동 속에서 서로 협력하고 배려하라고 하면서 왜 운동회에서 우리는 같은 팀끼리는 협력하지만 상대 팀은 실수하고 실패하기를 바라야 하나요?"

협력에 관한 고민이 운동회에까지 이어지지 못했다. 아이들이 좀 더 즐겁고 재미있게 참여하는 활동에 관해 이야기 나누거나 좀 더 공정한 경기를 위한 규칙을 고민했지만, 정작 왜 운동회를 하려고 하는지 그 속에서 아이들이 무엇을 느끼고 공감하면 좋을지를 고민하지 못했던 것이다.

아이들이 서로 협력하고 배려하면서도 즐겁게 놀이를 할 수는 없을까? 기존의 협력놀이가 있지만, 분절되고 단절된 놀이가 연속되는 운동회가 아니라 아이들이 공동의 목표를 향해 나가는 방향을 고민해보면 어떨까? 승패가 없는 놀이는 목표가 없어지는 것 같아 재미없어지는 것은 아닐까? 이런 다양한 이야기를 함께 나누며 아이들이 주인공이 되어 협력하는 운동회를 만들어갔다.

이렇게 해요_ 운영 방법과 TIP

경쟁을 통해 승리하는 것이 아니라
서로 협력해야 성공할 수 있는 협력놀이를 적용하자

예전에는 운동회의 첫 시작은 항상 100m 달리기였다. 1등, 2등, 3등 한 학생들에게 점수 도장을 손등에 찍어주고 뒤늦게 결승선에 도착한 학생들은 아무런 격려도 받을 수 없었다. 하지만 요즘에는 달리기를 잘하는 학생들만 즐거운 달리기 경기보다는 재미있는 장애물 달리기를 많이 한다. 주사위를 던져서 나온 숫자만큼 제자리 돌기를 한 후 달리거나 다양한 미션이 적힌 종이를 뽑아 해당 미션을 해결하고 나서 다시 달리는 방식이다. 이런 재미있는 장애물 달리기는 선천적인 달리기 실력보다는 우연성의 요소를 통해 재미를 담고 있다. 그래서 달리기를 잘하지 못하는 학생들도 달리기에 대한 두려움 없이 모두 즐겁게 참여할 수 있다.

이런 생각에서 한 걸음 더 나아가서 협력을 해야 하는 규칙들을 운동회 경기에 넣어보면 좋겠다. 기억력 이어달리기, 8자 이어달리기 같은 놀이들은 단순히 개인의 운동 능력에 따라 승패가 결정되지 않는다. 기억력 게임처럼 뒤집어 놓은 숫자판을 기억했다가 순서대로 배치하는 것을 모두가 같은 팀이 되어 알려주면서 해결하거나(기억력 이어달리기) 우리 편 친구가 더 잘 달릴 수 있도록 원의 크기를 조절해가며 모든 학생이 달리기에 참여하는 방식(8자 이어달리기)을 담을 수 있다.

아이들끼리 경쟁하는 것이 아니라
교사가 악당 역할을 하고 악당을 물리치는 가상의 상황을 만들자

줄다리기처럼 승패가 결정되어야 놀이가 끝날 수 있거나 상대편과 경쟁하지 않으면 이어갈 수 없는 놀이도 있다. 이럴 때는 아이들끼리 편을 나눠 겨루는 방식이 아니라 교사나 학부모가 악당 역할을 해서 아이들이 서로 협력하여 승패를 결정 짓도록 하는 가상의 상황을 만들어볼 수 있다. 이렇게 가상의 상황을 통한 놀이 방식은 아이들이 협력에 더 의미를 두게 하며 놀이 장면 그 자체에 더 몰입하게 하는 효과가 있다.

놀이와 놀이가 서로 연결되어 다음의 놀이로 이어지게 하자

가상의 상황을 만들어 공동의 적(상대)과 경기를 하게 하면, 하나하나 분절된 놀이의 방식이 아니라 하나의 놀이가 다음 놀이를 위한 준비과정으로 배치할 수 있다. 미션을 해결하고 다음 미션에 도전하듯 운동회 경기하나하나가 서로 이어지고 연결되는 상황을 만들어볼 수 있다. 교사와 학부모들이 도우미 역할을 맡고 아이들이 힘을 합쳐 다양한 문제 상황과 어려움을 헤쳐나가며 최종 목표를 함께 달성해가는 과정으로 담아볼 수 있을 것이다.

스토리를 담아 아이들이 운동회에 몰입하도록 하자

운동회의 마지막을 장식하는 전교생 계주는 작은 학교에서는 매년 1학년부터 6학년까지 모든 학생이 함께하는 하이라이트다. 그런데 이어달리기는 경쟁이라는 구도를 바꿀 수 있는 방법이 떠오르지 않았다. 그래서 운동회 종목에서 빼자는 의견도 있었지만, 아이들이 제일 좋아하고 기대하는 종목이라 유지하기로 했다. 대신 스토리를 담아냈다. 서로 경쟁하기 위해 달리는 것이 아니라 서로의 마을에 승리를 전하기 위해 기쁜 소식을 마을과 마을로 이어주는 달리기로 말이다.

놀이와 놀이가 이어지며 미션을 하나씩 해결하고 다음 미션을 위해 달려가듯 연결되는 것에서 한 걸음 더 나가 아이들이 운동회 하루 동안 몰입할 수 있는 전체 이야기를 만들어볼 수 있다. 서원초에서는 협력하는 운동회에 스토리텔링을 통해 아이들이 이야기 속 주인공이 되어 하루를 보낼 수 있도록 했다.

처음에는 '반지의 제왕' 시리즈를 모티브로 영화 속 반지원정대처럼 학교의 교기(우승기)를 찾아 떠나는 판타지 속 주인공으로 운동회에 참여하게 했고, 다음 해에는 동양의 전설 속 용사가 된다는 가상의 상황 속에서 12띠 동물 이야기를 담았다. 그리고 그다음 해에는 지역에서 열리는 동계올림픽을 모티브로 동계올림픽의 다양한 경기 종목을 올림픽 마스코트인 반다비, 수호랑이와 함께 경험하는 스토리를 담았다.

협력하는 운동회는 어쩌면 작은 학교라서 가능한 것일 수도 있다. 수백 명의 아이가 함께하는 활동에서 스토리를 공유하고 협력놀이를 담아내는 것은 어려운 일일지도 모른다. 하지만 경쟁이라는 구도에서 바라본 운동회를 '협력'이라는 새로운 시선에서 바라본 서원초의 운동회 이야기는 아이들이 서로 관계를 맺도록 도와주는 학교의 역할을 새롭게 생각해볼 점이 많다. 관성적으로 진행하는 학교 행사를 좀 더 의미 있게 만들기 위해서는 관점의 변화가 필요하다. 따로 떨어진 놀이가 아니라 하나의 놀이가 다음의 놀이와 연결되고, 아이들이 이야기 속 주인공이 되어 놀이의 중심이 되는 운동회. 저마다 교실 장면 속에서 아이들의 관계를 잘 담아낸 것을 학교 전체가 함께 협력이라는 가치로 관계를 맺어가는 새로운 시도가될 수 있을 것이다.

스토리텔링 운동회 시나리오

아이들이 주인공이 되어 협력하는 운동회는 어떻게 하는지 보여주기 위해 서원초 김석범 선생님이 작성한 스토리텔링 운동회 시나리오를 소개한다. (서원초 운동회 모습은 '소금별쌤의 교실이야기' 블로그에서 이미지로 볼 수 있다. https//grium.blog.me/220831957821)

0. 배경 스토리

[안내방송] "너희들은 늘 청군과 백군으로 갈라져 싸움을 하는구나. 승리한 자의 함성과 함께 들리는 패배한 자들의 원망과 한숨 덕분에 나의 힘이 강해졌다. 그동안 너희 학교를 지켜주던 우승 깃발은 이제 내가 가져가겠다. 이 깃발이 없는 학교는 슬픔과 고통으로 가득하게 될 것이다. 음. 하하하하."

평화로운 학교에서 즐겁게 지내던 아이들에게 사우론의 일이 전해졌습니다. 사우론에게 빼앗긴 깃발을 되찾아 오기 위해 각자의 마을을 떠나 원정대가 모이는 곳으로 향합니다. 하지만 원정대를 만나러 가는 길도 쉬운 길이 아닙니다. 여러분 앞에 놓인 장애물을 헤치고 무사히 깃발 원정대와 만날 수 있기를 기원합니다.

1. 뜻밖의 여정

다양한 장애물을 지나 원정대를 만나러 가자. 운동장의 출발선에서 각자 장애물 달리기를 해서 모든 학생이 한곳에 모이도록 한다.

> **놀이 방법**: 100m 달리기 출발선에서 출발한다.
> 첫 번째 장애물: 주사위 굴려서 나온 숫자만큼 줄넘기하고 달리기
> 두 번째 장애물: 넘어져 있는 빈 캔을 발만으로 세워 놓고 달리기 등

이때 중요한 것은 달리기를 잘하는 아이가 우승하는 것이 아니라 복불복 미션을 통해 우연을 통한 우승의 기회를 제공하여 달리기를 못 하는 아이도 즐겁게 참여할 수 있도록 한다.

2. 마법사의 도움을 받아 위험에서 벗어나라

어둠의 괴물들이 원정대를 쫓고 있다. 마법사의 도움을 받아 이곳을 탈출해야 한다. 주변은 절벽과 용암뿐이다. 건널 수 있는 방법은 오직 마법의 양탄자를 밟고 지나가야 한다.

놀이 방법: 2장의 담요나 신문지 중 먼저 한 장을 운동장에 펼쳐 놓고 모든 학생이 그 위에 올라간다. 그런 다음 한 걸음 앞에 나머지 한 장의 담요나 신문지를 펼쳐 놓아 징검다리를 건너듯 이동한다. 일정 시간 안에 정해진 곳까지 모든 학생이 이동하면 성공이다.

3. 기억력을 시험당하다

마법사의 도움으로 겨우 위기를 벗어난 원정대. 그 앞에 마법의 문이 나타났다. 이 문을 통과하기 위해서는 숨겨진 숫자판을 찾아 번호를 순서대로 놓아야 한다. 첫 번째 사람이 실패하면 다음 사람이 다시 도전할 수 있다. 정해진 시간 안에 순서대로 모두 가져와야 마법의 문이 열린다.

놀이 방법: 1~9까지 숫자가 적인 숫자판을 운동장 가운데 숫자가 보이지 않도록 뒤집어 놓아둔다. 반대편에 대기하고 있던 학생들이 한 명씩 달려 나와 숫자판을 뒤집어서 숫자를 확인하고 1번부터 순서대로 숫자판을 가지고 돌아온다. 이때 뒤집힌 숫자판을 다른 친구들도 볼 수 있도록 한다. 첫 번째 학생이 실패하면 다음 학생이 순서대로 도전한다. 대기하고 있던 친구들이 숫자판을 대신 알려주는 것도 허용하여 서로 협력하며 문제를 해결할 수 있게 한다.

4. 마법에 당해 탑을 세우다

어둠의 절벽을 지나고 마법의 문도 통과해서 잠시 방심한 원정대가 사우론의 마법에 걸려 예전처럼 두 편으로 나누어 싸우게 되었다. 이제 원정대는 풍선 탑 2개를 서로 경쟁적으로 세우게 된다.

놀이 방법: 김장비닐과 미리 불어둔 풍선을 운동장 곳곳에 흩어둔다. 신호가 울리면 풍선을 비닐 봉투 안에 가득 넣어 풍선 탑을 높게 올린다.

5. 엘프족의 도움을 받다

지친 원정대를 도와주기 위해 엘프족이 나타났다. 주어진 시간 동안 굴렁쇠로 반환점을 돌아오면 원정대에게 걸린 저주를 풀 수 있다.

놀이 방법: 운동회에 참여한 어르신 중에서 엘프 역할을 맡을 분들의 지원을 받아 정해진 시간 동안 릴레이 방식으로 반환점을 돌아오도록 한다.

6. 마음을 모으다

두 편으로 갈라져 풍선 탑을 세웠던 원정대가 엘프의 도움으로 다시 마음을 모으기 시작했다. 하지만 서로의 마음이 통했는지 확인하는 시험이 아직 남아있다. 악당 오크의 방해를 물리치고 주어진 시간 안에 서로 다른 색상의 판을 뒤집어 오크보다 우리 팀의 색을 더 많이 확보해야 한다.

놀이 방법: 한쪽 면은 빨간색, 반대쪽 면은 파란색인 색깔판을 준비한다. 정해진 시간 동안 원정대는 파란색이 나오도록 오크들은 빨간색이 나오도록 판을 뒤집는다. 이때 원정대는 학생들이 맡고 오크는 교사들이 맡아 학생들이 협력할 수 있게 한다.

7. 풍선 탑을 무너뜨리다

풍선 탑 2개가 경쟁적으로 올라가고 난 순간 사우론의 마법에서 깨어난 원정대들은 정신을 차리고 풍선 탑을 무너뜨리고 다시 여정을 떠난다.

> **놀이 방법:** 풍선 탑 속 풍선을 정해진 시간에 모두 터뜨린다. 두 팀으로 나누어 풍선 탑을 쌓았던 것과 달리 이번에는 먼저 풍선 탑을 터뜨린 팀이 다른 팀의 풍선 탑을 터뜨리는 것을 도와주는 것을 허용하며 짧은 시간 안에 풍선을 모두 터뜨리게 한다.

8. 최후의 반격

[안내방송] "사우론의 명령을 받은 악당 오크들이 공격을 시작했다. 줄다리기에서 승리하면 더 많은 마법 아이템을 얻을 수 있지만, 실패하면 그동안 모은 아이템 일부를 빼앗길 것이다. 모두가 힘을 합쳐 악당 오크를 이겨내자."

> **놀이 방법:** 줄다리기. 교사들이 오크 역할을 맡아 아이들과 대결한다.

작은 학교인 횡성 서원초는 전통적으로 운동회에서 많이 하는 줄다리기를 협력하는 운동회에서 어떻게 담아낼까 고민했다. 승패가 명확하게 날 수밖에 없는 줄다리기를 운동회에서 함께 하기 위해 학생 대 교직원의 구도로 아이들끼리 경쟁하는 것이 아니라 교직원들이 악당 역할을 하고 아이들은 끝까지 힘을 모아 협력하는 구도를 유지했다.

10. 기쁜 소식을 전하다

축하합니다. 여러분은 드디어 악당 사우론과 오크를 물리치고 승리하였습니다. 이 기쁜 소식을 서로의 마을로 알려주세요. 먼 길이니 서로 도와가며 소식을 나누어 줍시다.

| **놀이 방법:** 이어 달리기

성공을 맛보게 하는 미로 탈출 1단계

길을 잘못 찾는 거듭되는 실패에도 좌절하지 않고 모두 힘을 모아 결국 길을 찾는 공동체 놀이이다.(박광철 선생님의 협력놀이와 QLN의 Supercamp에서 배운 것을 응용, 발전시킴)

놀이 준비

- 원 마커가 없으면 A4 종이, 머메이드지, 색판 등을 대용품으로 이용한다.
- 원 마커를 5×6 바둑판 모양으로 간격을 맞춰 놓는다.
- 첫 번째 줄 전에 대기석으로 가운데에 원 마커를 하나 놓는다.
- 대기석 옆으로 학급 전체가 원 마커 바깥쪽으로 둥그렇게 둘러싸고 앉는다.

- 교사는 A4 빈 종이에 5×6 원 마커 만큼 동그라미를 그리고 그 위에 길을 그려둔다. 1단계에서는 대각선 없는 길을 그려둔다.
- 동기유발로 미로에 갇힌 아이들이 탈출하는 영화 '메이지 러너' 예고편을 보여주고 우리 반 친구들 역시 미로에 갇혀 있다고 가정하고 힘을 합쳐 이 위기에서 벗어나 보자고 한다.

놀이하기

- 도전자는 첫 번째 줄 어느 원 마커든 발을 내디딘다.
- 맞으면 선생님은 "네"라고 말해주고 틀리면 "삐~" 소리를 내준다.
- 틀렸으면 도전자는 그 원 마크 위에 앉아 있는다. 대기석에 있는 다음 도전자가 첫 번째 줄부터 다시 도전한다.
- 맞으면 다음 원 마커로 이동하는 데 한 칸만 이동할 수 있다. 현재 있는 줄에서 왼쪽이나 오른쪽, 또는 앞으로 이동할 수 있다. 1단계에서는 대각선으로 이동할 수 없다.
- 같은 방식으로 맞으면 이동하고 틀리면 다음 도전자가 나오는데, 도전자가 성공하고 지나간 줄의 원 마크에 앉은 사람은 '부활'하여 도전을 기다리는 줄 끝에 가서 앉는다.
- 원 마커 밖에 있는 친구들은 도전자에게 손으로 ○, X 표시를 해서 알려줄 수 있지만, 말로 하거나 "음음~" 소리도 내서는 안 된다.
- 마지막 여섯 번째 줄까지 길을 찾으면 성공이다.

성공을 맛보게 하는 미로 탈출 2단계

2단계에서는 대각선 길이 생겨 경우의 수가 더 늘어나고 되돌아가기와 친구들을 데리고 탈출하기 과정까지 진행된다.

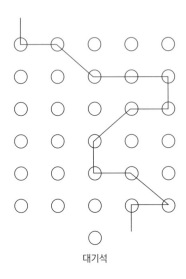

대기석

미로 탈출 2단계 정답지 예시

놀이하기_ 대각선 미로 탈출

• 1단계처럼 하되 대각선으로 이동할 수 있다.
• 맞으면 한 발 더 도전하고, 틀리면 1단계와 다르게 미로에서 빠져나와 기다리는 줄 맨 끝에 가서 앉는다.

- 도전자는 앞서 찾았던 길을 잘 모르겠으면 발로 공중에서 원 마커를 가리켜본다.
- 원 마커 밖에 있는 친구들은 틀린 곳을 잘 기억했다가 도전자에게 손으로 O, X 표시를 해서 알려준다.
- 도전자가 마지막 줄까지 통과하면, 다 같이 만세 세 번을 외치며 환호한다.

놀이하기_ 되돌아가기, 친구들 데리고 탈출하기

- 여섯 번째 줄까지 통과했으면 다시 거꾸로 첫 번째 줄을 향해 되돌아간다. 틀리면 다른 도전자가 여섯 번째 줄부터 다시 출발한다.
- 첫 번째 줄까지 통과하면 다시 만세 세 번을 외치며 환호한다.
- 이제 통과한 친구가 앞장서고 모든 친구가 뒤따라 통과한다. 이때는 서로 손으로 가리키고 말로도 가르쳐줄 수 있다. 모두 통과하면 만세 세 번을 외치며 환호한다.

놀이 TIP

- 되돌아가는 이유는 혼자만 탈출하지 않고 친구들을 구출하러 가는 것이다.
- 타이머로 모두가 통과할 때까지 시간을 재어 학급기네스북에 기록하고, 다시 할 때 경신해보자고 의욕을 북돋는 방법도 있다.
- 줄지어 통과할 때 발을 헛디딘 친구가 있으면, 그리버(영화 '메이지 러너'의 미로 속 괴물)에게 잡힌 것이니 교사 옆으로 오라고 한다. 이때 막 미로를 통과한 친구에게 다시 미로의 첫 번째 줄로 데려가 손을 잡고 인도하여 구출해주라고 한다. 두 번째도 발을 헛디디면 다시 교사에게 가고 미로를 탈출하지 못한 것으로 하고 끝맺는다.

성공을 맛보게 하는 미로 탈출 3단계

3단계는 마지막 단계로 부활 아이템이 생기고 실수를 하면 미로가 변한다. 영화가 현실이 된다.

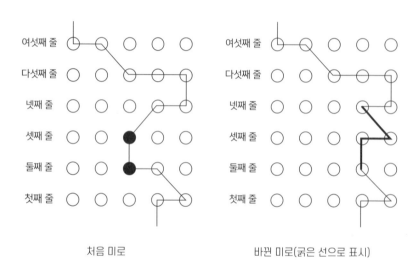

처음 미로   바뀐 미로(굵은 선으로 표시)

놀이하기

· 3단계에서는 누구도 가보지 않은 길을 두 번 연속으로 맞히면 부활 아이템을 얻는다.
· 위의 그림에 검은색 동그라미처럼 두 번 연속 맞으면 셋째 줄에 발을 디딜 때 한 번 틀려도 그 자리에서 부활하여 한 번 더 도전할 수 있다.

- 그러나 연속 두 번 틀리면 현재 발을 딛고 있는 셋째 줄과 위아래 둘째, 넷째 줄 미로가 그림과 같이 바뀔 수 있다. 다음 도전자는 길을 새로 찾아야 한다.
- 나머지는 2단계와 규칙이 같다.

놀이 TIP
- 이 활동들은 3단계로 구성되어 있으므로 몇 차시에 걸쳐서 해보기를 권장한다.
- 활동 전에 모두가 힘을 모아 해낼 것을 기대하며 『왜 나를 미워해』(요시모토 유키오 저, 보리)에 나와 있는 '모두가 모두를' 시를 읽어준다.

모두가 모두를

한 사람이 어려움을 겪으면
모두가 모두를 도와주고
한 사람의 문제를 모두가 생각하며
한 사람의 기쁨을 모두가 기뻐하며
서로가 서로의 등을 두드려주면서 나아가는 우리들입니다.

한 사람의 모자람을 모두가 채워주고
한 사람이 발전하면 모두가 발전하며
서로가 서로를 격려해가면서
어깨동무하고 나아가는 우리들입니다.

4장

소통과
문제 해결

1

놀이로 배우는 의사소통

의사소통 방법과 수업 태도를 재미있게 가르치기

한해살이를 함께할 아이들을 새 학기에 만나면 첫 만남을 주제로 수업을 시작한다. 그중에 한 꼭지가 의사소통 방법과 수업 태도이다. 의사소통은 아이들 간 다툼을 예방하고 다퉜을 때 화해를 하기 위한 생활 약속이다. 수업 태도는 이전 학년 선생님과 하던 방식이 있겠지만, 새로운 선생님과 수업 약속이 다시 필요하다. 처음에 잘 안내하고 대화를 해두어야 아이들이 3월 한 달 몸에 익혀 습관을 형성할 수 있다. 아직 아이들이 긴장하고 선생님의 한 마디 한 마디에 귀가 솔깃해하는 이 시기를 잘 보내면 평화로운 학급의 토대가 튼튼해진다.

요즈음에는 과거처럼 웃음기 쏙 뺀 얼굴로 엄하게 지도하면 교사의 이미지에만 타격을 받는다. 오히려 웃는 모습으로 대하면 아이들은 안정감과 소속감을 느끼고 친밀감이 형성되어 앞으로의 생활을 기대한다.

여기서는 상대방에게 관심 가져주기, 눈 마주치기, 잘 들어주기, 맞장구 치기를 놀이로 소개한다. 아이들은 선생님이 알려주는 놀이를 해보고 나서 선생님의 질문을 듣고 놀이 안에 숨겨져 있는 보물에 대해 생각해본다. 선생님은 아이들의 의견을 충분히 듣고 정리해서 우리 학급의 약속을 정한다.

놀이를 활용하여 가르칠 때 좋은 점은 즐겁게 배운다는 것이다. 수업시간에 다른 곳을 보는 아이가 있다면, 야단치기보다 앞으로 소개할 '퐁당퐁당' 놀이와 나누었던 이야기를 떠올려준다. 그러면서 어떻게 고치면 좋을지 좋은 예로 활용하면 꾸지람으로 듣지 않고 놀이를 했던 즐거운 기억에 열린 마음으로 듣는다.

놀이로 배우는 의사소통의 실제

'퐁당퐁당' 안마 놀이로 상대방에게 관심 가져주기

퐁당퐁당 안마 놀이는 허승환 선생님께 배워서 의사소통 방법을 적용해보았다. 처음에는 노래를 부르지 않고 안마하는 동작을 익히고 적응이 되면 노래와 같이 한다.

먼저 두 명씩 짝을 짓는데 옆 짝과 같이하면 된다. 짝과 옆으로 나란히 정면을 보고 앉아서 양팔은 앞으로 뻗고 주먹을 쥔다. 오른손으로 왼쪽 팔부터 8박자를 세며 어깨에서부터 손목까지 일정한 간격으로 여덟 번 안마를 한다. 자신이 시원하게 느끼는 세기로 하면 된다. 왼팔이 끝나면 오른팔도 똑같이 한다. 다음으로 왼팔 4박자, 오른팔 4박자 안마를 한다. 이렇게 팔을 바꿔가며 2박자, 1박자까지 한다. 그다음 "짝!" 한 번은 자신의 손뼉을 친다. 마지막 "짝!"은 정면을 바라보던 몸을 돌려 옆 짝과 양손을 마주친다. 이때 몸을 돌려 "짝!" 손바닥을 잘 마주치는 것을 목표로 하고 반복해서 연습해본다. '짝'을 세게 하는 게 아니라 잘 마주치는 데 중점을 둔다. 상대방을 아프게 하면 기분이 상하므로 조심한다.

지금까지 했던 '8-4-2-1-짝-짝'을 한 번 더하면 노래가 딱 맞게 끝난다. 이 놀이의 재미는 마지막 몸을 돌려 친구와 "짝!"을 하고 다시 8박자 안마로 돌아오는 순간과 익숙해질수록 노래 빠르기를 빨리해보는 것에

있다. 놀이를 마치면 이 놀이에 숨어 있는 보물을 찾기 위해서 선생님이 질문을 한다.

"선생님이 그냥 놀이를 한 게 아니에요. 이 놀이를 통해 여러분이 배웠으면 하는 점을 보물로 생각하고 숨겨두었어요. 어떤 보물이 숨겨져 있을까요? 선생님 이야기를 잘 들어보세요. 퐁당퐁당 안마할 때 마지막 친구와 짝! 소리를 잘 내려면 어떻게 해야 할까요?"

"몸을 돌려야 해요", "짝을 잘 봐야 해요", "손바닥을 잘 맞춰야 해요."

"그래요. 그럼 '짝' 소리가 잘 났을 때 친구의 표정을 기억하는 사람 있나요?"

"웃었어요."

"이제 조금 어려운 질문입니다. 짝! 소리가 잘나면 어떤 생각이나 느낌이 드나요?"

"잘했다", "신난다", "고마워요."

여기까지 이야기를 나눈다. 의사소통이 잘되려면 먼저 신경 써야 할 것이 상대방에게 관심을 가지는 것이다. 관심은 말로 하는 게 아니라 몸으로 보여주는 것이니 '비언어적 의사소통'이라고 한다. 즉, 내 몸을 상대방에게 돌리는 것, 그것이 '관심이 있다'는 표현이다. 좋은 표정을 지으며 몸을 상대방을 향해 돌리면 상대방은 좋은 느낌을 받고 마음의 문을 열고 말하게 된다. 그래서 첫 번째 보물은 '관심'이다.

'고개 돌려 샥!' & 팅!팅!팅!' 눈 맞추기

짝과 뒤돌아 앉아 한쪽으로 고개를 돌려 눈을 맞추는 놀이로 박광철 선생님께 배워서 의사소통 방법을 적용해보았다. 남녀 짝일 경우 눈 맞추기를 싫어할 수도 있는데, 불편하면 같은 방향을 보기만 해도 된다.

먼저 '고개 돌려 샥!'은 두 명이 등을 지고 의자에 앉아 서로 반대 방향을 보고 있으면서 마음속으로는 상대방이 왼쪽 또는 오른쪽으로 같은 방향을 볼 수 있게 텔레파시를 보낸다. 선생님의 "하나, 둘, 셋!" 신호에 맞춰서 고개를 왼쪽 또는 오른쪽으로 돌려서 눈을 맞춘다. 같은 방향이면 마음이 통한 것으로 세 번 해보고 몇 번 통했나 확인한다.

'팅!팅!팅!' 역시 둘이 반대 방향을 바라보도록 등을 지고 의자에 앉는

티리링팅!팅! 팅!팅!팅!

티리링팅!팅! 팅!팅!팅!

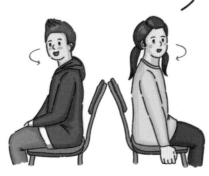

다. 선생님의 "티리링팅!팅! 팅!팅!팅" 소리부터 따라 해보게 한다. 다음으로는 소리에 맞추어 고개를 도리도리하듯 좌우로 돌려본다. "티리링팅! 팅! 팅!팅!팅" 한 글자마다 고개가 좌우로 왔다 갔다 하면 된다. 그러다가 마지막 '팅!' 소리에 고개를 한쪽으로 돌려서 멈추고 눈을 맞춘다. 세 번 해보고 몇 번 통했나 확인한다.

'마음이 통했다'는 말을 불편하게 받아들이는 학생이 있으면 '성공했다'라고 표현한다. 미리 눈빛을 교환하거나 한쪽으로만 계속 돌리자고 짜면 재미가 없고 우연히 맞아야 재미있다고 강조한다. 고개 방향이 맞으면 서로 환호해주고, 맞지 않으면 아쉬워하는 표현을 해보라고 한다. 승률을 비교하려고 하는 것이 아니므로 짝을 바꿔서 해보며 한 번의 성공이라도 의미를 부여한다. 놀이를 마치면 질문을 통해 보물을 찾아본다.

"지금 우리는 무슨 활동을 해보았나요?" 또는 "지금 우리는 무엇이 잘 되기를 바랐나요?"

"같은 방향을 보는 거요", "눈 마주치기요."

"약속하지 않았는데 친구와 눈이 잘 마주쳤을 때 어떤 느낌이었나요?"

"신났어요", "깜짝 놀랐어요."

여기까지 이야기를 나눈다. 의사소통이 잘 이루어지려면 잘 듣는 자세, 즉 경청이 중요하다. 이야기를 하는데 상대방이 다른 곳에 눈길을 주면 나를 무시하는 것 같아 서운한 마음이 든다. '눈을 맞추는 것'은 존중을 보여주는 또 하나의 비언어적 행동이자 경청의 첫 단계이다. 그리고 상대방을 소중히 생각한다는 의사 표현이므로 눈을 바라보자고 한다. 두 번째 보물은 '눈 마주치기'다.

'다운! 업!' 눈 안 마주치기

눈 안 마주치기 놀이지만 눈 마주치기를 연습하는 놀이이다. 기존의 방법은 두 사람이 눈이 맞으면 미션 성공으로 원에서 빠져나오는 거였지만, 여기서는 역발상으로 다른 사람의 눈을 피해 끝까지 눈을 마주치지 않고 원에 남는 것으로 변형해보았다. 이전 방법은 친하다고 생각하는 친구가 나를 쳐다보지 않으면 서운한 마음이 들 수도 있는데, 이 방법은 오히려 친한 친구의 눈빛을 피해서 다른 친구에게 다가가게 한다. 눈 안 마주치기 활동이지만 마주쳤을 때 친구에 대한 배려로 웃어주며 나오자고 시작하기 전에 이야기해둔다.

학급 인원 전체가 어깨가 닿을락 말락 한 간격으로 둥글게 서서 원 안을 바라본다. 고개를 숙이고 어떤 친구를 쳐다볼지 마음속으로 정한다. 단, 옆 사람은 볼 수 없다. 선생님이 "다운, 다운, 다운, …" 하다가 "업!"이라고 할

때 고개를 들고 한 친구를 쳐다본다. 서로 눈이 마주치면 웃어주며 ET 손(각자 검지를 맞댐)을 한 채로 원 밖으로 나가 둘씩 순서대로 줄을 선다. 남은 사람이 6명 정도가 되면 옆 사람도 보게 한다. 마지막에 나가거나 혼자 남으면 최후 생존자로 박수를 쳐준다. 이제 질문을 통해 보물찾기를 한다.

"상대방과 눈이 마주쳤을 때 어땠나요? 놀이에서는 아웃된 것이지만 긍정적으로 생각해보세요."

"조금 친해진 느낌이었어요", "친구와 이런 기회를 갖는 것도 괜찮았어요", "웃겼어요."

새로운 친구들 하고도 눈 마주치는 게 익숙해질 때까지 생활 속에서 연습해보자고 이야기한다. 눈 마주치며 웃어주는 건 인사이자 친밀감의 표현, 친구에 대한 배려가 된다.

'딩!동!댕!' 잘 듣기

귀 기울이기를 연습하는 놀이로 아이들이 침묵하는 분위기를 느껴보고 상대방 말을 집중해서 듣는 연습을 하는 데 좋다.

둘이서 두 손 다 주먹을 쥔다. 그다음 주먹을 번갈아 가며 아파트 층이 올라가듯이 탑을 쌓는다. 모두 4층이 된다. 선생님이 "딩!"이라고 말하면 제일 아래 있던 한 명의 주먹(1층에 있는 주먹)을 빼서 맨 위로 올린다. "동!"이라고 말하면 맨 위에 있던 주먹(4층에 있는 주먹)을 빼서 맨 아래로 내린다. "딩!", "동!"을 무작위로 말하며 몇 번 반복한다. 선생님이 "댕!"이라고 말하면 아래 있던 각자의 손, 즉 1층이나 2층에 있던 손을 빼서 펼친 다음 맨 위에 있는 주먹을 덮는다. 먼저 덮는 사람이 1점을 얻는다.

'댕'을 크게 말할 필요는 없다. 분위기가 조용해졌을 때 속삭이듯이

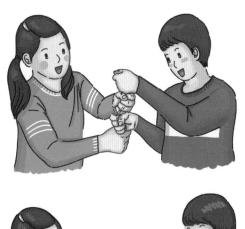

'댕'을 한다. 그러면 다음번에도 조용해졌을 때 '댕'이 나올지도 모른다고 예상하며 조용히 귀를 기울인다. 조용해졌을 때 '댕'이 아니라 다시 '딩'이나 '동'을 크게 외치면 깜짝 놀라며 먼저 주먹을 덮어서 재미가 있다. 이제 질문을 통해 보물찾기를 할 시간이다.

"이 놀이를 잘하려면 무엇을 잘해야 하나요?"

"선생님 딩동댕 소리를 잘 들어야 해요."

경청을 하려면 첫째는 바라보고 둘째는 듣기를 잘해야 한다. '딩'이나 '동' 하고 나서 잠시 아무런 말 없이 있어 본다. 조용히 침묵을 느낀다. 시선은 선생님의 입을 향하도록 한다. 잠깐 그 분위기를 느끼고 기억하는 시간을 가진다. 그러고 나서 공부시간에 선생님이나 친구가 이야기할 때 조용히 들어주면 좋겠다고 말한다. 이어서 두 번째 질문을 한다.

"이 놀이에 숨겨진 보물이 하나 더 있어요. 무엇일까요? 이 놀이를 실수 없이 잘하려면 잘 들어야 하고 또 어떻게 해야 할까요?"

"잘 참아야 해요. 이기기 위해서 호시탐탐 손을 먼저 빼려는 마음을 잘 참아야 해요."

의사소통할 때 먼저 말하고 싶은 마음을 자제할 수 있어야 한다. 다툰 친구들을 만나 보면 서로 먼저 나서서 상대방 잘못이라고 말한다. 자기가 잘못한 게 아니라 상대방이 먼저 원인을 제공해서 자신은 어쩔 수 없었다고 합리화한다. 다툼을 풀기 위해서는 상대방 탓부터 하려는 마음을 참고 이 문제에 대한 자신의 책임을 상대방 이야기를 들으며 생각해볼 줄 알아야 한다. 세 번째 보물은 '잘 참고 듣기'이다.

맞장구로 공감하기

상대방이 바라보고 들어주는 것만 해도 좋은데 맞장구까지 쳐준다면 더욱 신이 난다. 이야깃거리 하나를 생각한다. 여기서는 '내가 좋아하는 (예-물건)'으로 해본다. 30초쯤 이야기할 만한 것이면 무엇이든지 좋다. 말이 끊어지지 않게 하기 위해서 칠판에 말할 거리, 예를 들면, 좋아하는 이유나 언제부터 좋아했는지, 얼마만큼 좋아하는지, 그것과 관련해서 있었던 일 등을 아이들에게 물어보고 적는다.

그런 다음 두 사람씩 마주 보고 앉는다. 먼저 이야기할 사람을 정한다. 다른 한 사람은 맞장구쳐주는 사람이 된다. 선생님은 30초 시간을 재어주고 맞장구쳐주는 사람은 친구의 말을 들으면서 중간에 세 번의 맞장구를

쳐준다. "음~~", "아~~", "그랬구나"를 고개를 끄덕이면서 한다.

30초가 다 되지 않았는데 친구 말이 끝났다면, 궁금한 것을 질문해서 상대방이 말문을 열도록 돕는다. 시간이 끝나면 맞장구를 잘 쳐주었는지 확인한다. 이제 역할을 바꿔서 한다. 익숙해지면 맞장구를 마음 알아주기로 단계를 높인다. 상대방 말을 듣고 그 내용에 맞게 "좋았겠다. 재미있었겠다. 신났겠다"라고 말해준다. 질문으로 보물찾기를 한다.

"상대방이 맞장구쳐줄 때 어떤 생각이나 마음이 들었나요?"

"내 마음을 알아주네", "말하는 데 신이 났어요."

상대방의 생각과 마음을 알아주는 게 공감이다. 우리는 공감해주는 사람을 좋아한다. 상대방에게 받아들여지는 느낌을 받기 때문이다. 좋은 친구가 되고 싶다면 친구의 말에 공감할 줄 알아야 한다. 마지막 보물은 '공감'이다.

1. '퐁당퐁당' 안마 놀이

· 두 명씩 짝을 짓는다.

· 정면을 보고 앉아서 양팔은 앞으로 뻗고 주먹을 쥔다.

· 오른손으로 왼쪽 팔부터 8박자를 세며 어깨에서 손목까지 일정한 간격
으로 여덟 번 안마를 한다.

· 왼팔이 끝나면 오른팔도 똑같이 한다.

· 왼팔 4박자, 오른팔 4박자 안마를 한다. 이렇게 팔을 바꿔가며 2박자,
1박자까지 한다.

· 그다음 "짝!" 한 번은 자신의 손뼉을 치고 마지막 "짝!"은 정면을 바라
보던 몸을 돌려 옆 짝과 양손을 마주친다.

· 지금까지 했던 '8-4-2-1-짝-짝'을 한 번 더하면 노래가 딱 맞게 끝난다.

2. 고개 돌려 샥!

· 두 명이 등을 지고 의자에 앉아 서로 반대 방향을 보고 있다.

· 선생님의 "하나, 둘, 셋!" 신호에 맞춰서 고개를 왼쪽 또는 오른쪽으로
든 한쪽으로 돌려서 눈을 맞춘다.

· 같은 방향이면 마음이 통한 것으로 세 번 해보고 몇 번 통했나 확인한다.

3. 팅!팅!팅!

　・ 둘이 반대 방향을 바라보도록 등을 지고 의자에 앉는다.

　・ 교사의 "티리링팅!팅! 팅!팅!팅" 소리와 동작을 하면 따라 한다.

　・ 마지막 '팅!' 소리에 고개를 한쪽으로 돌려서 멈추고 눈을 맞춘다.

　・ 세 번 해보고 몇 번 통했나 확인한다.

4. '다운! 업!' 눈 안 마주치기

　・ 학급 인원 전체가 어깨가 닿을락 말락 한 간격으로 둥글게 서서 원 안
　　을 바라본다.

　・ 고개를 숙이고 어떤 친구를 쳐다볼지 마음속으로 정한다. 단, 옆 사람
　　은 볼 수 없다.

　・ 교사가 "다운, 다운, 다운,…" 하다가 "업!"이라고 할 때 고개를 들고 한
　　친구를 쳐다본다.

　・ 서로 눈이 마주치면 웃어주며 ET 손(각자 검지의 볼을 맞댐)을 한 채로
　　원 밖으로 나가 둘씩 순서대로 줄을 선다.

　・ 남은 사람이 6명 정도가 되면 옆 사람도 보게 한다.

　・ 마지막에 나가거나 혼자 남으면 최후 생존자로 박수를 쳐준다.

5. '딩!동!댕!'

　・ 둘이서 두 손 다 주먹을 쥔다.

　・ 주먹을 번갈아 가며 아파트 층이 올라가듯 탑을 쌓는다. 모두 4층이

된다.

- 교사가 "딩!"이라고 말하면 제일 아래 있는 주먹(1층에 있는 주먹)을 빼서 맨 위로 올린다.
- "동!"이라고 말하면 맨 위에 있는 주먹(4층에 있는 주먹)을 빼서 맨 아래로 내린다.
- "딩!", "동!"을 무작위로 말하며 몇 번 반복한다.
- "댕!"이라고 말하면 아래 있던 각자의 손, 즉 1층이나 2층에 있던 손을 빼서 펼친 다음 맨 위에 있는 주먹을 덮는다.

5. 맞장구로 공감하기

- 두 사람씩 마주 보고 앉는다.
- 먼저 이야기할 사람을 정한다. 다른 사람은 맞장구쳐주는 사람이 된다.
- 교사는 30초 시간을 재어주고 맞장구쳐주는 사람은 친구의 말을 들으면서 중간에 세 번의 맞장구를 쳐주도록 한다. "음~~", "아~~", "그랬구나"를 고개를 끄덕이면서 한다.
- 시간이 끝나면 맞장구를 잘 쳐주었는지 확인한다.
- 역할을 바꿔서 한다.

도란도란 명패 만들기
_일대일 대화

대화에도 형식과 훈련이 필요하다

처음 만난 사람들이 서로 대화한다는 것은 쉽지 않다. 물론 사람의 성향에 따라 다르겠지만, 아이들이 학기 초에 자신을 방어하며 자신을 드러내지 않는 상황에서 대화를 나누는 것은 피상적일 수밖에 없다. 그래서 많은 교사가 학기 초에 이런 아이들의 마음을 열기 위해 많은 활동을 한다.

여러 가지 활동과 많은 아이디어가 있지만, 우선 중요한 것은 사람과 사람 간의 대화가 아닐까 한다. 가장 기본적인 대화를 통해 아이들이 속마음을 꺼내서 자신을 조금씩 드러낸다면, 사실상 학급의 마음 열기는 이미 마무리 단계에 들어섰다고 할 수 있다. 문제는 그런 대화를 어떻게 이끌어낼 것인가이다.

막상 아이들이 대화하는 활동을 하더라도 학기 초에는 깊이가 있기보다는 정말 단답적인 질문이나 심지어 대화 자체가 잘 이루어지지 않는 경우가 흔하다. 일부 아이는 자기 짝꿍이 아무 말도 하지 않아 활동에 참여하지 못하게 되자 교사나 짝꿍에게 투덜거리며 짜증을 내기도 한다. 이 순간 대화에 참여하지 않은 아이 역시 마음이 편치는 않다. 아직 마음의 준비가 되지도 않았는데 대화를 하라고 하니 본인으로서는 너무나 어렵기 때문이다.

사실 이런 아이가 학급에 꼭 몇 명씩 있기 마련이다. 차례로 돌아가면서 이야기를 할 때도 이야기를 하지 않아서 모두가 기다리게 되고, 답답한 나머지 아이들은 재촉하고 교사 역시 기다리다 지쳐 그냥 넘어가는 경우가 종종 있다. 결국 말을 하지 않는 아이는 발표나 대화의 순간을 두려워하게 되고 주변 아이들은 그 아이는 원래 그런 아이라고 낙인을 찍으면서 의사소통이 단절된다.

실제 고학년을 담임하게 된 3월 첫날, 마음 열기 활동으로 돌아가면서 3글자나 4글자로 오늘 하루 느꼈던 것을 이야기하며 하루를 마무리 지으려고 아이들의 간단한 느낌을 듣고 있었다. 그런데 중간에 한 남자아이가 말을 하지 않은 채 가만히 있었다. 하지만 그 아이의 얼굴은 이미 당황하고 있었다. 이전 활동은 그냥 돌아다니면서 알고 있는 친구들을 중심으로 한 활동이었는데, 새롭게 맞이한 학년과 학급에서 전체를 상대로 이야기를 해야 하는 순간이 오자 겨우 서너 글자의 말인데도 아이는 당황했고 눈시울이 붉어지고 있었다. 여기에 학급 아이들은 "걔는 원래 그래요"라고 하며 그냥 넘어가자는 분위기를 만들기 시작했고 그 아이는 눈물을 뚝뚝 소리 없이 흘리기까지 했다.

이때 필요한 것이 바로 아이들에게 말할 수 있는 권리와 말하지 않을 권리를 알려주는 것이다. 또한 말해야 할 의무와 말하지 않아야 할 의무도 가르칠 필요가 있다. 이때 중요한 것은 함께 기다리기이다.

'18초의 법칙'이란 것이 있다. 질문을 하고 나서 아이들이 생각할 시간을 18초 이상 기다려야 한다는 것이다. 그렇지 않으면 오히려 폭력적인 질문이 될 수 있다고 한다. 하지만 이 시간은 정말 길다. 그리고 아이들에게도 길 수밖에 없다. 그렇지만 경청하기 위해서는 인내가 필요하기 때문에 오히려 이런 기회를 통해 아이들에게 알려줄 필요가 있다.

우선 전체 아이들에게 자신이 답을 하려고 할 때 잘 생각이 나지 않았거나 말하기 싫은데 자꾸 주변에서 말을 하라고 했을 때의 경험을 이야기해보게 한다. 구체적으로 내가 생각하면서 말을 하려고 했는데 주변에서 재촉하거나 자신이 말하는 것을 기다리지 못하고 대신 같아 채서 친구가 말했던 경험을 이야기해보게 한다. 이때 자신의 말을 재촉하거나 말을 채는 아이의 이름은 절대로 말하지 않는 것이 중요하다.

그러면서 아이들에게 '18초의 법칙'을 이야기해준다. 다만 아직은 18초를 기다리는 것이 힘드니 약 10초 정도 기다리기로 약속한다. 이때 중요한 것은 10초를 아이들이 절대 셀 수 없고 오직 선생님만 마음속으로 센다는 것을 말해야 한다. 그렇지 않으면 말을 하려는 아이가 생각할 때 다른 아이들이 소리를 내며 10을 세기도 하는데, 이것은 오히려 부정적인 영향을 줄 수 있다.

그리고 약 10초가 지나면 다시 그 아이에게 좀 더 시간이 필요한지 묻는다. 만약 생각이 나지 않거나 말하기 싫다면 '점프'를 외치고 다음 친구에게 기회를 주는 것으로 약속한다. 이때 '점프'가 무엇인지 알려주어야 한다. '나는 아직 생각할 시간이 필요하거나 지금은 말하기 어렵다는 자신의 의사를 표현하는 것'을 점프라고 한다고 학급 모두에게 알려야 한다. 즉,

최소한 말하기 싫다거나 말하기 어렵다는 의사를 표현하는 것이 대화에서 매우 중요하다는 것을 알려주고 듣는 사람도 이것을 받아들일 수 있어야 한다고 지도한다.

고학년이나 처음에 말하기를 낯설어하는 아이가 많은 경우 여기저기서 '점프'를 해서 오히려 전체 대화가 단절될 수 있기 때문에 다음과 같은 주의 사항을 함께 지도하는 것이 좋다. 먼저 앞 사람이 '점프'를 하면 다음 사람은 '점프'를 할 수 없다는 '이중 점프 금지'이다. 대신 다음 사람도 너무 말하기 어렵다면, 앞에서 나온 말을 따라 해도 좋다고 해서 심적 부담을 덜어주는 것이 필요하다. 또한 '점프'를 한 번 했으면 다음 차례에는 '점프'를 하지 못하고 반드시 이야기를 해야 한다는 규칙을 같이 말해주어야 한다. 그래야 '점프' 속에 숨는 아이들이 없다.

'점프'에 동작을 넣으면 더 좋다. 예를 들어, 두 주먹을 불끈 쥐고 벌떡 일어나면서 '점프'를 외치게 하는 것이다. 그러면 고학년의 경우는 그렇게 하는 것이 더 귀찮거나 회피하고 싶어서 '점프' 대신에 간단한 자신의 이야기를 하게 된다.

반면에 말하기를 너무 좋아해서 상대방의 말을 잘 듣지도 않고 자기 말만 하려 하거나, 상대방의 말을 끊고 자신의 주제로 대화를 바꾸는 아이도 있다. 나아가 상대방의 말을 무시하거나 부정하고 조롱하는 경우도 있다. 이 때문에 말싸움으로 이어지고 대화가 멈추는 일도 생기면서 그 아이와는 대화하기를 꺼리고 심지어 같은 모둠이 되기를 꺼리는 경우도 생긴다.

그래서 학기 초에 아이들에게 대화를 하는 방법과 그 이유를 분명하게 알려주고 지도할 필요가 있다. 아이들은 대화를 어떻게 해야 하는지 제대로 배운 경험도 적을 뿐 아니라 그나마 형식적으로 알거나 경험한 경우가 대부분이다.

이때 필요한 것이 '도란도란 명패 만들기'이다. 이 활동을 통해서 일대일 대화의 자세와 방법을 자연스럽게 알게 해주고 서로 간의 친밀감을 형성하도록 해줄 수 있다. 일대일 대화에서 가장 중요한 것은 눈을 마주 보고 이야기하는 것이다. 그러나 단순히 아이들에게 눈을 마주 보고 이야기를 하라고 해서 아이들이 곧이곧대로 따라 하는 경우는 흔하지 않다. 왜 대화할 때 눈을 바라보아야 하는지 그리고 그것이 어떤 영향을 미치는지를 '도란도란 명패 만들기' 활동을 통해 자연스럽게 이야기해주고 익힐 수 있도록 하는 것이 좋다.

도란도란 명패 만들기_ 일대일 대화의 실제

둘씩 짝짓기

먼저 둘씩 짝을 짓는다. 이때 짝이 없는 상황이 생길 수 있다. 어른들도 3명이 있는 상황에서 2명이 짝이 되고 혼자만 남았다면 겉으로는 웃고 넘어갈 수 있지만, 속으로는 마음이 편치 않다. 하물며 아이들의 마음은 더욱 상할 수 있다.

그래서 3명이 짝이 되는 상황이 예상되면, 미리 아이들에게 2명씩 짝을 짓되 짝이 부족하면 3명이 짝이 되어서 막강한 짝꿍으로 만들어도 된다고 이야기해야 한다. 그래야 마음속에 서운함이 사라지고 오히려 3명이라서 뭔가 더 좋을 것 같은 분위기가 연출된다.

역할 정하기

짝을 짓고 나면 간단하게 여러 가지 악수 활동을 하면서 서로 마음을 연 다음 역할을 정해야 한다. 짝이 된 2명 중에서 신발 크기가 가장 작은 친구를 '바늘'로 정하고, 신발 크기가 가장 큰 친구를 '실'로 정한다. 이것은 임의로 빠르게 역할을 지정하기 위한 한 예시로, 처음에는 누가 역할을 정할지 논의하는 것도 어려울 수 있기 때문에 일부러 교사가 임의로 역할을 정하는 것이다.

3명일 경우에 바늘도 실도 아닌 친구가 생기는데, 마음이 속상하거나 소외감을 느끼기 때문에 재빨리 특별한 존재로 부각해줄 필요가 있다. 그래서 그 아이를 학급 전체에 소개하고 오늘 활동에서 가장 중요한 '시간을 결정하는 사람'으로 지정한다. 그러면서 '시간을 지배하는 능력자 쿠폰'을 주면 다른 아이들이 서로 자기가 하겠다고 나서기도 하면서 당사자는 소외감 대신 뿌듯함을 느끼게 된다.

이것은 매우 중요하다. 학기 초에 실제 이런 상황을 미리 예측하여 일반적이지 않은 짝이나 모둠의 구성이 될 경우에 오히려 특별한 존재로 부각시켜 주면, 아이들은 '짝이 없어도 괜찮아. 짝이 많아도 괜찮아. 모둠이 적어도 괜찮아. 모둠이 많아도 괜찮아'라고 느끼면서 인원에 따른 민감한 관계를 극복하게 된다.

그리고 도란도란 명패 만들기를 할 때는 꼭 말하지 않아도 되는 것이 있지만, 꼭 말해야 하는 의무적인 것도 있다는 것도 사전에 안내해서 아이들이 마음의 준비를 할 수 있는 시간을 줄 필요가 있다.

명패 만들기

- 그림처럼 두꺼운 종이(양면 머메이드지)로 삼각 명패를 만든다.

➡ 3등분 한 뒤 제일 위를 1.5~2cm 접는다.

- 명패 앞에 자신의 이름을 크레파스로 크게 쓴다.
- 명패의 양쪽 모서리에 중 한 곳에 자신이 좋아하는 계절(봄, 여름, 가을, 겨울) 중 하나를 크레파스로 쓰거나 간단한 그림으로 나타낸다.
- 명패의 남은 3개의 모서리 중 한 곳에 자신이 좋아하는 음식을 쓰거나

그림으로 나타낸다.
- 명패의 남은 2개의 모서리 중 한 곳에 작년 담임선생님의 자랑을 간단하게 쓴다.
- 명패의 남은 한 곳에 올해 우리 반에서 꼭 했으면 하는 활동을 쓴다.(또는 현재 담임선생님의 첫인상을 쓴다)

명패 바꾸고 대화 방법 설명하기

바늘과 실이 서로 명패를 바꾼다.(3명이 짝인 경우에도 서로 바꾼다) 그리고 눈을 마주 보고 이야기한다. 그런데 동양 사람이나 우리나라 사람들은 눈을 마주 보고 이야기하는 것을 조금 어려워한다. 그래서 아이들에게 그런 이야기도 해주면서 눈을 보기 힘들면 일단 얼굴 전체를 보고 조금 익숙해지면 두 눈을 보고, 마지막으로 친구가 오른손잡이면 오른쪽 눈만 보고 왼손잡이면 왼쪽 눈만 바라보고 이야기하도록 한다. 기업에서는 직원들에게 '고객만족' 교육을 할 때 앞에서 말한 순서로 고객에게 시선을 두게 하고, 그렇게 해서 고객이 마음을 놓을 때 물건을 홍보하고 팔라고 교육한다. 이런 이야기도 해주면 아이들이 눈을 마주 보는 것을 받아들이는 데 도움이 된다.

그렇다면 왜 눈을 마주 보아야 할까? 관계를 맺을 때 가장 중요한 것이 바로 눈을 마주 보는 것이기 때문이다. 눈을 마주 보면 상대방의 감정을 공유할 수 있을 뿐 아니라 존중과 배려의 느낌을 주고받을 수 있다. 실제로 1989년 캘러먼과 루이스가 서로 모르는 남녀가 눈을 마주 보는 집단과 그렇지 않은 집단을 비교실험 했는데, 눈을 마주 보는 남녀 집단이 서로 호감도가 상승했다. 아이들에게도 이런 이야기를 해주고 "너희는 상대방이 나를 싫어하는 감정을 가지고 대화하면 좋겠니?"라고 질문하면서 "최소한 상대방이 나를 좋아하지는 않아도 '이 친구 괜찮은 친구네'라는 마음을 갖도록 하는 것이 더 좋은 방법이 아닐까?" 하며 눈을 바라보면 좋은 점을 이야기한다. 여기에 더해서 최근에는 아기와 눈을 바라보면 뇌파까지 같아지는 현상을 통해 상대방을 동조하게 되는, 즉 공감하게 되고 아기가 말을 더 많이 한다는 실험 결과까지 나왔다는 것도 알려주면 좋다.

나아가 일대일 대화를 할 때 눈을 마주 보는 것 이외에도 서로 바라보는 자세를 알려주는 것이 필요하다. MBC 다큐멘터리 '첫인상'이라는 프로그램에서 연인들이 마주보는 눈과 눈 사이의 거리가 약 30cm라고 한다. 하지만 일반인이 서로 친밀감을 느끼는 거리는 약 70cm로, 서로 마주 보고 앉았을 때 무릎과 무릎 사이에 주먹 하나 정도 들어가는 거리다. 이 상태에서 앞으로 약간 몸을 숙이면, 상대방은 대화의 상대가 나를 존중해주고 내가 하는 말을 공감해준다고 생각하게 된다. 그래서 우리 학급은 항상 대화를 할 때 기본적으로 서로 눈을 마주 보고 가까이 앉아서 상대방을 향해 몸을 숙이는 자세를 가져야 한다고 지도한다.

하지만 이렇게 말로만 끝나면 아이들은 그 순간이 지나면 기억하지 못하거나 제대로 행동하지 못하게 된다. 그래서 '도란도란 명패 만들기' 활동을 통해서 이런 것을 이야기하며 몸에 익숙해지도록 하는 것이다.

이때 대화의 주제가 중요하다. 첫 번째 대화 활동을 할 때 아이들이 너무 어려워하거나 말하기 곤란한 주제는 절대로 삼아서는 안 된다. 그래서 아이들이 쉽게 이야기할 수 있는 주제로 시작하고 긍정적인 또래문화와 학급문화가 될 수 있도록 대화의 방향을 미리 정해놓는 것이 좋다.

• 도란도란 명패 만들기_ 일대일 대화 •

▶ 서로 눈을 마주 보고 '바늘'이 먼저 교환한 명패의 주인공을 바라보면서 질문한다(약 2분). 이때 명패 주인의 말을 명패 뒤에 자세히 적는다.(나중에 모둠에게 발표할 것이라고 미리 안내해야 열심히 적는다)

· 먼저 명패에 적은 계절이 왜 좋은지? 음식은 왜 좋은지? 묻는다.

· 작년 담임선생님 자랑을 자세하게 묻는다.

· 올해 우리 반에서 꼭 했으면 하는 활동이 왜 그것인지 묻는다.

➡ 여기까지는 꼭 말하지 않아도 되는 질문이다. 단 '이중 점프'는 없다.
  따라서 매 질문을 모두 거부할 수는 없다

· 가족 자랑 2가지를 묻는다.

· 본인의 자랑 2가지를 묻는다.

➡ 위 두 가지 질문은 반드시 이야기해야 하는 질문으로 '점프'할 수 없다.

▶ 2분이 지나면(실제로는 충분한 시간을 줌) 선생님의 'Change' 소리와 함께 역할을 바꾸어서 실이 바늘에게 질문한다.(3명 짝은 선생님의 말을 따르지 않고 특별한 존재인 '골무'가 시간을 조절한다. 대신 다른 곳은 2명이 끝내야 할 시간에 3명이 모두 끝낼 수 있도록 한다)

· 질문의 내용과 순서는 이전과 같다.

3

도란도란 명패 만들기
_ 모둠 활동

모둠 활동은 긍정적 소통이 먼저다

모둠 활동을 할 때는 많은 사전 준비와 함께 아이들의 관계와 분위기도 생각해야 한다. 초임 때는 단지 '강의식 수업보다 더 좋다'는 막연한 생각으로 모둠 활동 수업을 했다. 수업도 활발해지고 모두가 참여하는 것처럼 보이고 결과물도 만족스러웠다. 하지만 조금씩 시간이 지나면서 소수의 몇 명이 주도적으로 활동을 이끌고 그 아이들의 생각대로만 모둠이 활동한다는 것을 알았다. 그 과정에서 활동을 이끄는 아이들이 다른 아이들을 무시하거나 아예 없는 것처럼 행동했고, 심지어 모둠원이 의견을 내더라도 자신의 의견만 고집했다. 그러다 이견이 좁혀지지 않으면 화를 내거나 울며 모둠 활동에 참여하지 않기도 했다.

반대로 조용히 있거나 장난을 치면서 '무임승차'를 하는 아이들도 보이기 시작했다. 그리고 자기 생각이나 의견을 적극적으로 제시하거나 활동에 참여하는 것을 어려워하는 아이들도 있었다. 모둠 활동은 항상 열심히 하는 친구들이 다 하는 것이고 자신은 그 시간을 이용해서 장난을 치거나 아무것도 하지 않고 있다가 재미있는 활동을 할 때만 자신이 하겠다고 우기기도 했다. 그러다가 의견이 충돌하면 다시 화를 내고 모둠 활동에서 벗어나거나 모둠 활동을 방해하는 경우도 있었다.

이를 해결해보고자 다양한 보상이나 상벌제(스티커 등)를 활용해보기도 했지만, 자칫 잘못 적용했을 때는 '모둠 활동을 하지 않거나 방해하는 아이'라고 낙인을 찍는 역효과가 생기기도 했다. 게다가 이 아이와 같이 모둠이 되는 것을 꺼리기도 했다. 보상제도가 모두 문제가 있다는 것은 아니지만, 모둠원 사이에 얼마나 긍정적으로 의사소통이 이루어지고 있는가를 먼저 생각해보아야 한다. 즉 모둠 활동이 잘 이루어지기 위해서는 모둠원 사이에 긍정적인 의사소통이 선행되어야 한다.

실제로 모둠 활동에서의 갈등은 아이들의 대화에서 시작이 된다. 마음에 드는 친구들과 모둠이 되면 괜찮지만, 그렇지 않은 경우 모둠이 되자마자 한숨을 쉬거나 짜증 내는 표정을 짓거나, 심지어 싫다는 표현의 소리를 크게 내는 아이들도 있다. 재미있는 것은 서로 하려고 나서지만, 어렵거나 재미가 없는 것은 다른 친구에게 미루거나 강요하기도 한다. 또한 자기 의견을 들어주지 않으면 거칠게 말하거나 아예 활동에서 빠지기도 한다.

그래서 모둠 활동을 시작하기 전에 모둠원이 서로 긍정적인 의사소통을 할 수 있도록 배우고 연습하는 것이 필요하다. 이것은 모둠원 사이에 긍정적인 또래 관계를 형성시키기 위함이다. 긍정적 의사소통 과정을 통해 아이들은 긍정적 또래 관계를 형성하고 이것이 긍정적 학급 문화로 확대되면, 모둠 활동에서도 서로 불편한 관계를 떨쳐버릴 수 있게 된다.

긍정적 또래 관계를 형성하기 위해서는 먼저 짝꿍이나 모둠이 되었을 때의 상황을 시뮬레이션해보면서 아이들과 이야기를 해보는 것이 좋다. 같은 모둠이 되었는데, 한 친구가 '아~' 하고 탄식한다면 어떤 느낌일지 이야기를 나누거나 과거에 경험한 것을 이야기 나누면 좋다. 이때 절대로 특정 사람을 지칭하거나 알 수 있도록 이야기하지 않아야 한다. 그렇지 않으면 오히려 더 좋지 않은 결과를 낳을 수 있다.

아이들과 충분히 이야기를 나눈 후에 짝꿍이나 모둠이 새로 연결되면 항상 밝은 미소로 맞이하거나 인사하기로 약속하는 것이 좋다. 고학년의 경우 그 자체를 어색해할 수도 있는데, 최소한 부정적인 표현을 하지 않도록 약속한다.

그러나 더 중요한 것은 모둠 활동 중에 아이들이 사용하는 언어(비지시적 언어 포함)이다. 그래서 언어의 중요성을 이야기해주고 함께 연습해보는 것이 필요하다. 예를 들면 '도레미파솔'을 함께 해보면서 '솔' 음을 유지한 채 말하도록 연습을 시킨다. '솔'의 높이로 이야기를 하면 상대방이 매우 듣기 좋은 소리로 받아들인다. 그래서 함께 '솔'의 높이로 이야기하도록 하고, 모둠 활동을 할 때도 항상 '솔'을 강조한다.

또한 공격적인 말투보다는 배려의 말투로 이야기한다. 같은 말이라도 '너 이거 중에 뭐 할래?'에서 '래'를 거칠고 세게 끌어 올리며 말할 때와 내려 말할 때가 다르다. 아이들과 같이 연습을 해보고 느낀 점을 이야기해도 좋다. 그리고 활동 중에 아이들의 목소리를 잘 들으면서 끝이 올라가는 친구가 있으면 "미안하지만 말할 때 끝을 내려주면 좋겠구나"라고 교사 역시 끝을 내리면서 지도를 반복해서 아이들이 입에 익히도록 하는 것이 필요하다.

공격적인 말이 사라지기 시작하면, 아이들은 마음을 열기 시작하고 긍정적인 관계를 형성하기 시작한다. 그 연습 활동으로 '도란도란 명패 만들기' 모둠 활동을 소개한다.

도란도란 명패 만들기_ 모둠 활동의 실제

모둠 만들기

도란도란 명패 만들기 첫 활동인 일대일 대화가 끝나면 4명씩 모둠을 만든다. 이때 3명이 짝인 곳을 생각해서 4~5명이 모둠을 이루라고 이야기하는 것이 좋다.

"서로 만나면, 어색하게 '안녕하세요?' 하고 인사합니다"라고 위트 있게 시작한다. 그러고 나서 서로 번갈아 가며 검지로 악수를 하고, 나중에는 하이파이브를 하게 함으로써 단계적으로 스킨십을 하며 마음을 열게 한다. 모둠 활동을 시작하기 전에 다 함께 "친구야, 너와 함께 해서 행복해! 고맙다, 친구야!"라고 외치면서 긍정적인 분위기를 형성하는 것도 좋다. 다만 고학년의 경우 과하면 역효과가 있을 수 있으므로 처음에는 부담스럽지 않은 선에서 지도하고, 추후 긍정적인 관계가 형성되었을 때 위와 같이 적극적인 말도 함께 하면 아이들도 웃으며 활동에 참여한다.

모둠 도우미(대표) 정하기

모둠의 대표를 정하지 않고 활동을 하는 것이 더 좋다. 모둠 대표를 정하지 않고도 모둠 활동이 잘 이루어진다면, 이미 그 모둠은 긍정적인 관계가 잘 형성되어 교사의 도움 없이도 스스로 활동을 잘 해결해나갈 수 있다.

하지만 학기 초에는 모둠 대표를 교사가 임의로 정해줌으로써 아이들은 서로 하고 싶거나 서로 하기 싫은 상황을 피하게 되고, 모둠 대표를 부담스러워 하는 아이들도 막상 대표로서 책임이 크지 않고 부담스럽지 않다는 것을 느끼게 되면 자연스럽게 모둠 도우미의 역할을 잘 수행하게 된다. 임의로 모둠 대표를 뽑는 방법은 앞에서 짝을 지을 때처럼 신발 크기나 머리카락 길이, 가장 짧은 연필이 있는 친구 등 다양한 방법이 있다.

친구 명패 소개할 때의 기본 규칙

짝꿍의 명패 내용을 생각하면서 모둠원에게 짝꿍을 소개한다. 말하는 사람의 규칙과 듣는 사람의 규칙이 있다. 먼저, 말하는 사람은 절대로 친구 명패 뒤에 적은 것을 읽으면 안 된다. 이렇게 말하면 아이들이 당황하는데, 다음과 같이 그 이유를 말해준다.

"짝꿍이 나를 소개해주는데, 명패 뒤쪽을 보느라 고개를 숙이고 중얼중얼해서 나를 소개하는 내용이 잘 들리지 않는다면 마음이 어떨까? 뒤에 있는 것을 보고 그대로 읽으면 고개를 숙이는 자세가 되고, 그렇게 되면 소리가 다른 친구들에게 잘 전달되지 않게 돼. 미리 명패 뒤에 있는 것을 빨리 읽고 말할 때는 고개를 들고 친구들을 보며 말하는 것이 듣는 친구를 존중하고 배려하는 것이야."

그러다가 잘 생각이 나지 않으면, 다시 명패를 본 다음 고개를 들고 다시 말하되 여러 번 봐도 상관없다고 이야기해서 보는 것에 대한 미안함을 없애준다. 이렇게 하면 소리도 잘 들리고 소개받는 당사자도 자신을 소개할 때 친구가 대충 소개하거나 엉터리로 소개한다고 마음 속상할 일이 없다.

더 중요한 것은 듣는 사람의 규칙이다. 부정적인 말은 하지 말고 긍정적인 맞장구를 하도록 지도한다. 여기서 긍정적인 맞장구란 '우와', '좋겠다', '부럽다', '나도 그런데' 등이다. 아이들에게는 소위 방청객 모드로 변신하라고 알려주면 쉽고 즐겁게 참여한다. 특히 한 사람이 말하는 동안 반드시 3번 이상 긍정적인 맞장구를 하도록 지도한다. 발표자를 제외한 모둠원 3명이 3번씩 긍정적인 반응을 하면 총 9번의 긍정적 의사소통을 주고받게 되어 이야기하는 동안 모둠의 분위기가 좋아질 수밖에 없고 아이들의 관계도 돈독해진다.

주의점

'도란도란 명패 만들기_ 모둠 활동'의 방법을 주의점과 함께 자세하게 소개하면 다음과 같다.

- 교사가 임의로 모둠 도우미(대표)를 정한다.
- 친구를 소개할 때 자신이 마치 그 친구인 것처럼 발표한다. 단순히 옆 친구를 발표하면 뻔한 소개가 될 수 있기 때문에 옆 친구가 자기 자신인 것처럼 "안녕하세요? 저는 홍길동입니다. 저는 봄을 좋아합니다. 새싹이 파릇파릇 돋아나는 봄이 되면 밖으로 나가서 마음껏 놀 수 있는 날씨가 되기 때문에 봄이 좋습니다"라고 이야기하도록 안내한다.
- 발표 순서를 정한다. 모둠 도우미의 오른손을 들게 한 다음 오른쪽 사람에게 먼저 발표해달라고 한다.

➡ 모둠 도우미가 먼저 발표할 것이라는 예상과 달리 이렇게 엉뚱하게 순서를 정함으로써 모둠 도우미도 마음이 편안해지고 동시에 재미가 더해져 다른 친구들도 마음이 열린 상태에서 활동을 시작하게 된다. 또한 아이들은 다른 활동에서 모둠 도우미를 하는 것에 대한 부담이 적어진다.

• 말하는 사람과 듣는 사람의 규칙을 생각하면서 1분씩 발표한다. 특히 '긍정의 맞장구 3번'을 기억하도록 한다. 이때 가족 자랑과 자기 자랑은 최대한 길고 아름답게 포장하여 발표한다.

➡ '저는 축구를 잘합니다'라고 발표했을 때, '네가 축구를 잘해? 나보다 못하면서' 등 부정적인 말을 절대 하지 않도록 구체적인 예를 들어주는 것이 좋다.

• 한 사람씩 발표를 마칠 때마다 긍정의 칭찬과 박수를 친다.

• 마지막으로 모둠 도우미가 발표를 마치면 모둠 구호를 외친다. 모둠

구호가 없으면 교사가 미리 간단한 구호를 알려준다. 예를 들어 '하나 둘셋'을 모둠 도우미가 외치면 다른 모둠원들이 책상을 3번 양손으로 치고 모둠 도우미를 향해 손가락 하트를 발사한다.

- 다른 모둠이 다 마칠 때까지 마무리한 모둠은 자연스럽게 대화를 하도록 허용한다.

이 활동을 아이들은 매우 즐거워한다. 자신은 가만히 있는데 짝꿍이 내 가족과 나를 대신해서 자랑해주고 그때마다 모둠 친구들이 긍정적인 맞장구를 3번씩 해주니 기쁠 수밖에 없다. 아이들은 친구들의 칭찬(긍정의 맞장구)으로 인해 학기 초 교실 속에서의 긴장감과 두려움을 벗어나 마음을 열며 긍정적인 또래 관계를 맺을 수 있는 힘이 생기게 된다.

· 도란도란 명패 만들기_ 모둠 활동 ·

▶ 모둠 도우미(대표)를 정한다.

▶ 발표 방법을 안내한다.

　· 친구를 소개할 때 자신이 마치 그 친구인 것처럼 발표한다.

▶ 발표 순서를 정한다.

▶ 말하는 사람과 듣는 사람의 규칙을 생각하면서 1분씩 발표한다. 특히 '긍정의 맞장구 3번'을 기억하도록 한다.

▶ 한 사람씩 발표를 마칠 때마다 긍정의 칭찬과 박수를 친다.

▶ 마지막으로 모둠 도우미가 발표를 마치면 모둠 구호를 외친다.

▶ 다른 모둠이 다 마칠 때까지 마무리한 모둠은 서로 자연스럽게 대화하는 것을 허용한다.

4

다툼 해결 의사소통
'톡톡톡'

평화로운 학급 만들기

아이들과 첫 만남으로 인사를 나눈 뒤 평화로운 학급 만들기 첫걸음으로 우리 반이 어떤 반이면 좋을지 물어본다. 순수함이 충만한 아이들인지라 예쁜 말들이 나온다. 제각각 이야기한 것을 칠판에 적어본다. '행복한 반', '즐거운 반', '배려하는 반', '사랑하는 반', '인사하는 반', '나누는 반.' … 큰 전지에 적고 교실 앞에 게시하여 두고두고 본다.

"여러분의 이야기를 들으니 벌써 행복해지네요. 정말 우리 반이 이런 반이 되면 좋겠어요. 그런데 이런 반은 말만 한다고 저절로 만들어지지 않아요. 우리가 함께 노력해야 해요. 친구를 행복하고 즐겁게 해주고, 배려하고 사랑하고 먼저 인사하고 내 것을 나누어주어야 해요. 우리 친구들, 그렇게 할 수 있을까요?" 물어보며 다짐을 한다.

다음으로 우리가 만들고 싶은 반을 방해하는 것은 무엇이 있을지 질문한다. 대답으로는 대체로 친구를 존중하거나 배려하지 못하고 기분 나쁘게 하는 말과 행동이 많다. 그 문제를 같이 해결해보자고 하며 최대한 다툼을 미리 막을 수 있는 방법에 관한 이야기를 시작한다.

친구끼리 다투게 되는 이유로 첫 번째로 생각해볼 것은 명령하는 말이다. "비켜! 내놔!"와 같이 "~해! ~하지 마!"로 끝나는 말들이다. 이런 말이 짜증 나는 목소리와 같이 나왔을 때 듣는 사람의 기분을 상하게 한다. 그랬던 경험에 대해 이야기를 나누고 나서 정리할 때는 "이제부터 명령하는 말을 쓰면 '미안해~' 사과하고 존중하는 말로 고쳐서 다시 말해줍니다"라고 한다.

그런 다음 존중하는 말을 가르쳐준다. "~해"로 끝나지 않고 한두 글자를 말끝에 더 붙이는 것이다. "~해줘, ~해줄래? ~해주겠니? ~해줄 수 있겠니?"이다. "~하지 마"의 경우 "~하지 말아줘, ~하지 말아줄래? ~하지 말아줄 수 있겠니?"로 고쳐 쓸 수 있다.

예외도 있다. 친구의 행동으로 마음이 괴로운데 하지 말라고 하는데도 말을 듣지 않을 경우 강력한 목소리로 "하지 마!"라고 말할 수 있다고 한다. 이때의 '하지 마'는 자기를 지키기 위한 것이다. 이후 선생님께 와서 도움을 요청한다.

존중하는 말만 썼다고 존중이 잘 표현되는 것은 아니다. 목소리가 부드러워야 진정한 존중임을 목소리 차이를 예를 들어 보여주면서 느끼게 한다. 똑같은 "비켜줄래"도 목소리에 따라 느낌이 얼마나 다른지 알려준다.

두 번째로 "~하라고", "~하지 말라고"처럼 '~고'로 끝나는 말을 생각해볼 수 있다. '~고' 말투는 이제 어른들도 쓸 정도로 일상화되었지만, 학교에서만큼은 하지 않는 게 어떨까 권유하고 싶다. 선생님이 짜증이 잔뜩

밴 목소리로 "이것 쫌 하지 말라고~~" 말해본다. 듣는 사람도 짜증이 날 것이다. 짜증은 짜증을 불러온다. 가는 말이 고와야 오는 말이 곱다. 그래서 '~고'로 끝나는 말은 쓰지 않기로 하고, 말했다면 바로 사과하고 고쳐 말하기로 약속을 정한다. 이렇게 다툼 미리 막기 약속을 정하고 다툼이 생겼을 때 해결하는 방법으로 넘어간다.

'톡톡톡', 다툼을 해결해요

한 사람만 불편함을 느끼고 마음이 상한 경우

다툼은 상대방 때문에 불편해지고 마음이 상하게 되는 경우에 일어난다. 여기서는 다툼의 경우를 세 가지로 나누었다. 먼저 상대방에게 불편함을 느끼고 마음이 상한 경우이다. 지나가려는 데 친구가 앞을 막고 있거나, 줄을 서는데 끼워 들거나, 내 물건을 가져가 버리는 등의 일은 학급 생활에서 빈번히 일어난다. 이럴 경우 대처할 수 있는 방법을 안내한다.

쿨 하게 봐주기

'친구가 나쁜 뜻으로 그런 게 아닐 거야'라고 생각하고 시원(cool)하게 봐주는 것이다. 이 선택지가 필요한 이유는 불편함을 느낄 때마다 사과를 요청하는 분위기가 되면 모든 일이 문젯거리가 되고 매사 예민하게 반응하게 되기 때문이다. 친구가 일부러 그런 것 같지 않은 일이거나 작은 실수를 봐주는 것은 이해심이 넓은 것임을 알려준다.

그렇다고 덮어두자는 것은 아니다. 저학년 아이들은 선생님이 자기 마음을 알아주길 바란다. 그래서 그런 일이 있었다면 선생님께 와서 이야기 해주면 좋겠다고 말한다. 예를 들어 "선생님, ○○가 화장실에서 손 씻는 다고 제 앞에 끼어들어 왔는데 그냥 봐주었어요"라고 하면 "○○가 갑자 기 끼어들어서 손 씻는 게 늦어졌을 텐데 짜증 내지 않고 잘 넘어가 주었 구나" 하며 마음을 알아준다.

존중하는 말로 바람 말하기

상대방에게 불편함을 느낄 때 "비켜 줄 수 있니?", "뒤로 가 주겠니?"와 같이 존중하는 말로 바람을 말한다. 이때 화내지 않도록 한다. 자신이 피 해를 본 상황이라 짜증이 날 테지만, 평화로운 의사소통을 위해 차분한 목 소리로 말한다. 그러면 상대방은 바로 인정("알았어")하거나 사과("미안해") 하면 좋다. 빠른 사과가 효과가 좋다.

'톡톡톡' 신청하기

바람을 말했는데도 대충 사과하거나 모른 척 무시하는 경우가 있다. 그 럴 때는 친구에게 가서 어깨를 살짝 세 번 터치하며 "톡톡톡"이라고 말하 고 눈 마주치기를 시도한다. 고학년의 경우 어깨치기가 어색하면 말로만 해도 괜찮다. 상대방은 하던 일을 멈추고 친구와 눈을 맞춘다. 그리고 '잘 지내요'로 표현한다. '잘'과 '지'는 상대방이 나에게 잘못했다고 생각하 는 일이 무엇인지 알려주는 것이다. '내'는 그것 때문에 내 상태가 어떻게 바뀌었는지 알려주고, '요'는 요청하기로 나에게 지금 필요한 것을 말한 다. '내 상태'를 좀 더 설명하자면, 상대방의 말이나 행동 때문에 달라진 몸, 마음, 물건, 상황의 상태를 설명하는 것이다. 맞으면 몸이 아프고, 기분 나쁜 말을 들으면 속상하고, 물건을 건드리면 망가지고, 지나가는 데 막고 있으면 못 가는 상황에 처하게 된다.

"○○아, 네가 툭 치고 가서 아팠어. 사과해주겠니?"라고 하거나 "○○ 아, 네가 길을 막고 있어서 못 지나가. 비켜주겠니?"라고 '잘지내요' 순서로 말한다. 요청하기에서는 바람을 좀 더 많이 사용하기를 권장한다. 어떤 것을 요청할지는 본인의 몫이지만 사과는 기분이 많이 나빴을 경우, 가벼운 일들은 바람으로 표현하고 넘어가서 원만한 관계를 형성하도록 유도한다.

요청을 받은 상대방은 "난 안 했어"라며 잡아떼거나 "뭐~" 하며 무시하

'톡톡톡'을 내가 할 때

상대방이

잘	✓ 잘못한 일이
지	✓ 무엇인지 말해주고 네가 "넌 빠져"라고 해서 네가 앞을 막고 있어서
내	✓ 내 상태 말하기 그리고 속상해.(마음) 갈 수가 없어.(상황)
요	✓ 요청하기 사과해줄래? (사과) 비켜줄래? (바람)

거나 "아까 미안하다고 했잖아"와 같이 변명하며 거부하지 않아야 한다. 진심으로 사과했는지 판단하는 기준은 상대방에게 있다. 또한 지금은 화해하기 위한 자리로 '했니? 안 했니?'를 따지지 않으므로 친구의 톡톡톡 신청과 내용을 무조건으로 수용하라고 한다. 그러나 톡톡톡 신청에도 응하지 않거나 대충 사과하는 경우는 선생님께 말씀드리도록 한다.

톡톡톡 신청에 대한 응답으로 '바람'에 대해서는 "응", "그럴게"라고 할 수 있고, 사과는 "미안해"라고 할 수 있다. 그런데 주의할 점이 있다. 사과는 진심으로 마음을 담아서 하는 것이 중요하다. 의사소통에서는 말이 7%, 말투가 38%, 몸짓이 55%의 전달력을 가진다고 한다. "미안해"라고

'톡톡톡'을 받았을 때

말은 했지만, 말투와 몸짓이 미안하지 않는 것 같으면 93%는 '난 미안하지 않아'라고 말하는 것이다. 그러므로 미안한 마음이 100% 전달이 될 수 있게 정성껏 사과한다.

'미안해'만 말하는 것을 빠른 사과라고 이름을 붙였다. 빠른 사과는 효과가 좋으므로 상황이 벌어졌을 때, 친구가 요청할 때 그 즉시 사용하여 상대방 마음을 풀어준다.

"미안해"보다 정성스러운 표현이 있다. "미안해" 하기 전에 상대방 상태를 살펴주는 것이다. 상대방이 나 때문에 어떤 상태인지 살펴주는 공감에 해당된다. "아팠지? 미안해", "기분 나빴겠다. 미안해"라고 하면 더 마음에 와닿는다. 사과를 한 친구는 사과를 하고 휙 가버리면 안 되고 반드시 상대방의 대답을 듣고 나서야 그 자리를 뜰 수 있다. 진심으로 사과하기 위한 조치이다. 최고로 정성스런 사과 방법은 뒤에서 소개한다.

둘 다 불편함을 느끼고 마음이 상한 경우

모둠 활동을 하는 상황으로 예를 들어보면, 모둠원들 간 의견을 내는 과정에서 속상해진 사람이 상대방에게 '톡톡톡'을 한다. "○○아, 내 의견을 무시해서 기분이 나빠"와 같이 자기표현을 한다. 이 경우 사과나 바람을 '요청하는 말'을 하는 것은 선택 사항이다. 상대방이 '톡톡톡'을 했으므로 반박하지 않고 그대로 '수용'해준다. 친구가 무슨 말을 하는지 알고 있으면, 바로 "미안해"라고 한다. 그런데 친구가 무슨 말을 하는지 모르겠다면, "어떤 건지 알려줄래?"라고 물어본다. 들어보고 변명하지 않고 먼저 사과를 해준다.

그리고 왜 그렇게 했는지 설명을 해주고 싶다면 이유를 밝혀준다. 이 과정을 '평화 만들기'라고 한다. "다른 친구들 의견을 듣다가 못 들었나 봐"와 같이 자신의 사정을 이야기하며 이해를 구할 수 있고 "내 생각에는 너의 의견이 잘 맞지 않는 거 같았어"와 같이 자기 생각을 밝힐 수도 있다.

상대방도 자신의 이유를 설명할 수 있다. "나는 네 마음대로 (결정을) 하고 나를 못 하게 하는 거 같았어." 이렇게 이유를 설명할 때는 상대방을 비난하지 않는 게 중요하다. "그런데 너는 딴짓 했잖아"와 같이 상대방이 잘못한 일로 입막음하려 하거나 "너는 사실 제대로 (참여)하지도 않았잖아", "왜 너 하고 싶은 대로만 하고 나는 못 하게 해?"와 같이 센 말로 공격하면 다시 감정이 상한다. 비난하지 않는 말로 이유를 밝히면서 상대방의 말을 듣고 나서는 "응, 그랬구나"로 받아주며 평화 만들기를 한다.

한 사람의 톡톡톡이 끝났다면, 그대로 마음이 풀려 끝날 수도 있지만, 반대편에서 톡톡톡을 하면 받아주어야 한다. "△△야, 나는 네가 장난치고 잘 (참여)하지 않아서 같이 하기가 힘들어. 이제부터라도 잘 (참여)해 주겠니?" 또는 "사과를 해주겠니?"라고 하면 "응" 하거나 사과를 요청했다면 "미안해. 나도 잘할게"라며 사과에 이어 다짐을 밝힐 수도 있다.

둘이 하고 싶은 게 충돌하는 경우

학급생활에서 존중하는 말을 내 요구를 관철하기 위한 도구로 쓰는 경우가 있다. 한 친구가 "가져간 (내가 놀고 있었던) 블록 돌려줘" 하는데, 상대방도 지지 않고 "나도 (블록을) 할래"하며 말다툼을 한다. 또는 교실 바닥에 앉아서 노는데 자리가 좁아서 자신과 부딪치는 친구에게 "좀 (옆으로) 비켜봐" 하는데 본인도 놀 자리가 없어 "네가 비켜봐" 하며 시비가 붙는다. 누가 잘못했다기보다 제한된 상황상 둘이 충돌되는 경우이다.

이 경우 둘이서 위의 '톡톡톡'과 '평화 만들기'를 한다. 그리고 해결 방법이 필요하니 '너나 좋고'를 실시한다. '너나 좋고'는 '톡톡톡'으로 자기표현과 사과를 하고, '평화 만들기'를 통해 이유를 듣고, 마음이 풀린 상태에서 제안된 상황에 놓인 둘이 너도 좋고 나도 좋은 방법이 무엇인지 찾아보는 것이다. 여기서 중요한 건 좋은 마음가짐을 갖춰야 한다는 것이다. 둘 다 하고 싶은 대로 할 수 없는 상황이라 조금씩 양보하면서 서로 할 수 있는 방법을 찾아본다. "그냥 네가 먼저 해", "같이 하자", "나눠서 하자"와 같은 방법을 찾을 수 있다. 아이들끼리 말다툼을 계속한다면 선생님 곁으로 불러서 위의 방법을 안내하면서 도와준다. 특히 '너나 좋고'를 할 때 어떤 방법을 찾았는지에 중점을 두기보다 둘 사이 분위기가 좋아졌는지, 누가 분위기가 좋아지는 말을 했는지 확인하여 칭찬해준다.

선생님 앞에서 화해할 때

아이들끼리 배운 대로 의사소통을 잘하면 좋겠지만, 그리 쉬운 일이 아니다. 습관이 형성되는 시간도 필요하고 선생님의 소망과 다르게 아이들에게 다툼은 늘 상 있는 일이다. 친구에게 '톡톡톡'을 시도했는데 잘 안 될 경우 또는 짜증이 나서 차분한 목소리로 말하지 못할 것 같을 때도 다툼을 피하기 위해서 선생님께 와서 말하라고 한다.

그러면 선생님은 상대방과 같이 오라고 한다. 그런데 둘 다 또는 한 사람이 감정이 많이 상해서 화내고 소리 지르고 울고 거기에 때리기까지 한 상태인 경우가 있다. 대화가 불가능한 상태라고 판단이 되면, 먼저 진정할 시간을 준다. 진정이 되면 다시 만난다.

먼저 한 사람씩 무슨 일이 있었는지 이야기해보라고 한다. 상대방이 말할 때는 말을 끊으면 안 되고 끝까지 듣는다. 그리고 선생님은 이해가 안 가거나 서로 말이 다른 부분이 있으면 질문을 해서 확인을 한다. "누가 나영이 뒤에 먼저 줄을 섰다는 거니?", "제가요", "아니요. 제가요." 누군가 잘못 기억하고 있거나 끝까지 거짓말로 인정하지 않는 경우가 있다. 밝혀낼 수도 있겠지만, 그 정도의 사안이 아니라면 "이 부분은 기억이 다르구나"라고만 구분 지어 놓고 따지지는 말자고 한다. 그러나 거짓말을 자주 하는 친구라면 분명히 밝혀봐야 할 것이다.

기본적으로 '톡톡톡'과 '평화 만들기'를 선생님 안내에 따라 할 수 있는데 조금 빠른 방법이 있다. 미안한 것을 자발적으로 먼저 이야기하는 것이다. 먼저 사과하는 분위기가 되면 분위기가 빨리 부드러워진다. 선생님은 "미안한 거 먼저 이야기해볼 사람?"이라고 묻는다. 누군가 먼저 하겠다고 하면 "선생님 앞에서 사과할 때는 최고로 정성껏 하는 거 알지?"라고 한다. 앞에 그림으로 제시한 것처럼 미안한 일을 말하고 내 잘못으로 인해 어떻게 상대방의 상태가 바뀌었는지 살펴주고 사과를 하는 것이다. 줄여서 '미상표'라고 한다. 잘 외워지게 미안한 상대에게 표현하기란 뜻이다. "내가 짜증나는 목소리로 (비켜!) 말을 해서 속상했겠다. 미안해", "내가 갑자기 (줄에) 끼어들어서 화가 났겠다. 미안해"와 같이 말할 수 있다.

사과를 먼저 했는데 나도 받고 싶은 사과가 있다면 '톡톡톡'으로 사과를 신청하고 받으면 된다.

"○○아, 네가 비키라고 하면서 (몸을) 쳤는데 아팠어. 사과해줄래?"와 같이 하면 남아 있는 속상함까지 푼다.

철저한 다툼 해결

마지막으로 다툼 상황에서 친구를 세게 때리거나 상처를 입혔다면, 심각한 상황으로 보고 '톡톡톡' 과는 다르게 해결한다. 해마다 '평화노트' 라고 이름 지은 공책 2권을 준비하고 있다. 다툰 두 아이에게 공책에 오늘 날짜와 이름을 써서 주며 있었던 일을 자세하게 쓰라고 한다. 자신이 했던 말과 행동, 상대방이 했던 말과 행동, 특히 때린 곳(또는 맞은 곳)은 어디고 무엇으로 몇 대를 어느 정도 세게 때렸는지(또는 맞았는지) 최대한 정확하게 쓰라고 한다. 자기 잘못은 숨기고 상대방 잘못만 쓰면 안 되고 솔직하게 쓰라고 강조한다. 일단, 글을 쓰는 동안 차분해진다.

글을 써오면 면담을 한다. 선생님은 글을 읽으며 이해가 가지 않는 것은 물어보고 대답한 것은 직접 고쳐 쓰게 한다. 이때 되도록 잔소리하지 않는다. 선생님은 객관적으로 평정심을 유지한다. 중요한 것은 아이들 글에서 사실과 생각을 구분해주는 것이다. 똑같이 겪은 상황이지만 아이들은 자신이 어디에 초점을 맞췄는지에 따라 기억이 다르다. "○○이가 지나가다가 저에게 욕을 했어요", "뭐라고 욕을 했지?", "잘 들리지 않게 중얼거려서 모르겠어요"라고 대답하면 '친구가 중얼거리는 걸 보고 욕을 했다고 생각했는데 무슨 말인지는 잘 듣지 못했다' 라고 고쳐 쓰게 한다.

그 부분에 대해 상대 친구에게 물어보았더니 "저는 욕을 하지 않았어요. 지나가다가 옆에 있던 친구에게 '쟤 왜 화났어?' 라고 물어본 거예요. 그런데 ○○이가 갑자기 때렸어요"라고 한다. 서로 기억과 말이 다르다는 점을 짚어주기 위해 선생님이 정리해준다. "○○이는 △△이가 중얼거리는 걸 보고 욕한다고 생각했고 △△이는 친구에게 물어본 거라고 말하는구나.

여기는 이렇게 차이가 있네. 서로의 말 그대로 받아줘 보자"라고 말하며 각자 공책에 그 부분에 밑줄을 긋는다. 서로 차이가 있는 부분이라는 표시이다.

때린 부분은 최대한 정확하게 파악해서 적는다. "어디를 무엇으로 어느 정도 세기로 몇 대 때렸니?"라고 묻는다. "제 어깨를 주먹으로 한 대 세게 때렸어요"라고 하면 그대로 공책에 고쳐 쓰게 한다. 여기서 선생님의 역할은 재판관이 아니다. 아이들의 이야기를 말하는 대로 들어주고 화해를 마칠 때까지 도와주면 된다.

무슨 일인지 최대한 정확하게 기록을 마쳤다면, '톡톡톡'과 '평화 만들기'에 이어 '너나 좋고'까지 한다. 심한 다툼이므로 '어떻게 했다면, 안 싸울 수 있었을까?'를 생각해보고 "앞으로는 (잘못된 행동) 하지 않고 (바른 행동) 할게"와 같이 좋은 방법을 찾아서 약속을 한다.

특히 '때린 것'과 '상처 나게 한 것'은 말다툼과 별도로 앞으로 절대 되풀이해서는 안 될 일이라고 단호하게 일러둔다. 그리고 상처 난 것은 사진으로도 남겨두곤 한다. 이 상황을 부모님께 알려드려야겠다고 판단되는 경우 평화노트를 활용한다. 이를 위해 학부모님께는 학기 초에 심한 다툼의 경우는 이와 같이 해결하겠다고 미리 이야기를 해둔다. 그리고 상황이 발생하면 "○○와 △△이가 다퉜는데 일단 학교에서 두 친구의 이야기를 들어보고 각자 사과해야 할 부분은 사과를 하고 화해를 했습니다"라고 하며 자초지종을 말씀드린다. 집에서 아이 이야기만 듣고 생기는 오해를 미연에 방지할 수 있다.

• 다툼 해결 의사소통 '톡톡톡' •

1. '톡톡톡'을 내가 할 때

- 친구의 어깨를 3번 터치하며 "톡톡톡"이라고 말한다.
- '친구가 잘못한 일 + 내 상태 + 사과 나 바람 요청' 순서로 말한다. 줄여서 '잘지내요'라고 한다.

2. '톡톡톡'을 받았을 때

- 미안해. 또는 상대방의 상태 + 미안해

3. '평화 만들기'

- 이유를 설명하면 "응. 그렇구나"라고 대답한다.

4. '너나 좋고'

- 먼저 '톡톡톡'과 '평화 만들기'를 한다.
- 둘 다 하고 싶은 대로 할 수 없는 상황이라 서로 조금씩 양보하면서 할 수 있는 방법을 찾아본다.

5. 최고로 정성스럽게 사과하기

- '미안한 일 + 상대방의 상태 + 표현하기' 순서로 말을 한다. 미안한 상대에게 표현하기로 '미상표'라고 한다.

5

나와 너의 고민타파!
친구와 함께 고민 해결하기

고민은 소통의 좋은 도구이다

세상에 고민이 없는 사람은 없다. 고민이 많아지고 지속된다면 스트레스
도 이어지게 되고, 계속 해결되지 않으면 새로운 고민이 생겨나기도 한다.
이런 다양한 고민을 해결하지 못한 상태가 오래 지속되면 학생들은 모든
것을 포기해 버리는 무기력한 상황에 빠지게 된다. 이런 상황에서도 내 고
민에 귀 기울여주는 이가 없기에 나만 이런 고민에 빠져 있다는 외로움의
늪에서 헤어 나오기가 더 어렵다. 그러니 나 이외 다른 사람들을 돌아볼 여
력도 없이 외로움 속에서 힘들게 살아간다.

아이들도 다르지 않다는 느낌을 받는다. 그래서 우리 학급에서만이라도
'관심과 이해'라는 따뜻함으로 공감과 공감의 나눔을 통해 그 외로움의
늪을 헤쳐나가도록 도와 보자고 생각했다. 처음에는 '우리가, 우리의 고민
을 시원하게 터놓기라도 하자!' 라는 취지로 시작한 고민 해결 프로그램은

점차 '해결 방안 모색', '선생님! 도와주세요~', '친구야 응원해~'라는 다양한 방법으로 진화하고 아이들의 스트레스 해소 역할도 하며 이젠 수업과 연관된 내용의 꽤 체계적이고 논리적인 해결 방법으로 접근이 가능해졌다. 고민의 제시와 공유를 통해 아이들은 공감대와 동질감을 느끼고, 해결해나가는 과정에서 관심과 이해, 협력을 경험하게 되었고 그 일련의 과정이 진행되면서 관계 개선이 선물처럼 따라오게 되었다.

학교에서 배운 걸 세상에선 써먹을 게 없다는 말을 많은 사람이 하고 있다. 그런데 이것을 쉽게 반박하지 못하고 수긍해 버린다는 것은 교사 입장에서는 무척 자존심이 상하는 일이다. 그러나 이 문구는 역으로 수업을 고민하면서 나에겐 큰 힌트가 되었다. 꼭 시험이 아니라 아이들이 수업시간에 배운 것을 일상에서 사용할 수 있다는 걸 깨닫는다면, 수업 속으로 아이들을 끌어들일 수 있다는 꽤 매력적인 명제가 되기 때문이다. '학교 수업에서 배운 걸 어떻게 사용하는지를 보여주자!'라고 마음먹고 직접 아이들의 내용 속에 참여해서 도왔다.

5학년 국어 시간에 주장과 설득을 가르칠 때였다. 주장과 설득을 할 때는 합리적이고 타당한 근거를 들어 상대방을 설득하는 목적으로 쓴다는 것을 설명하며 교과서 제시된 글을 읽고 문제 해결수업을 간략히 끝냈다. 아이들에게도 어떤 상황에서 지속적으로 억울한 부분이나 고민이 있었는지 브레인스토밍 기법을 통해 나열하여 가장 해결이 시급한 문제를 하나 선정하여 모두가 머리를 맞대 해결하는 수업으로 연결했다. 그렇게 수업을 진행하며 상황을 나열하고 발표하던 중, 뜻하지 않게 한 남학생이 눈시울을 붉히며 발표를 했다.

'엄마! 제발 한자 학원 좀 쉬고 싶어요'라는 주제였다. 아이들은 그 남학생의 눈물에 모두 당황했고, 나도 마찬가지였다. 그 학생은 6살 때부터 쉬지 않고 한자 학원에 다니며 5학년에 1급을 땄는데, 처음에는 칭찬도 받고 하면서 재미있었는데 점점 어려워지고 학년이 올라가면서 다녀야 하는 학원도 많아져 학원 다니는 게 싫어졌다고 했다. 그런데 엄마가 너무 막무가내로 "지금은 힘들지만, 나중에는 고마워할 거야"라고 하며 무조건 다니게 한다는 거였다.

이 친구를 도와주자고 하는 아이들에게 해결책을 물어보니 "잘 말해봐라", "가출해라", "밥 먹지 마라" 등 정말 아이들다운 말들을 쏟아 냈다. 그래서 선생님이 도와 보겠다고 하며 교과서에 없는 내용도 필요하다고 했다. "설득을 위해선 타당한 근거가 중요하다. 그러나 더 중요한 건 설득을 해야 하는 대상 입장에서 손해를 보는 느낌이 들지 않게 하는 것이 가장 효과적이다"라고 하니 "어떻게요?"라고 묻는다.

그래서 말로 하면 잘 안 먹힐 테니 편지를 써보라 하고 편지 내용을 불러줄 테니 적어보라 했다. 편지의 내용은 대략 이랬다. 그동안 엄마의 지원에 대한 감사와 엄마가 학원을 계속 열심히 다니라는 이유를 잘 이해하고 있으며, 학생 자신의 성실함, 엄마에게 순종했던 사실을 확인하는 내용을 쓰고, 그럼에도 지금 너무 하기 싫어지고 힘들어서 더는 또는 다시는 하고 싶지 않은 마음이 들 것 같다는, 현재 학생 자신의 마음을 간단명료하게 피력하도록 했다. 일단은 쉬고 싶은데, 그동안 한 것이 아까워 엄마가 학원을 그만두지 못하게 하시니 한 달이라는 시간을 주시면 쉬는 동안 한자 학원보다 더 값지다고 생각하는 일을 찾아 해보이겠다는 제안도 담았다.

그 후 학생은 어머니의 허락을 받았고 그렇게 시간이 지나 한 달 후, 과

연 어떻게 되었을까? 아이는 더 가치 있는 일을 보여 드리지 못했다. 그러나 성과는 있었다. 첫째, 아이는 그토록 원했던 쉬는 시간을 한 달 동안 갖게 되었다. 둘째, 아이는 다시 한 달 후에 별 불만 없이 아주 가볍고, 홀가분한 마음으로 다시 한자 학원에 다니게 되었다. 셋째, 엄마는 자식이 아깝게 공부한 것이 무용지물이 될지도 모른다는 걱정에서 벗어나게 되었다. 거기에 무엇보다 자식을 믿어준 신뢰 받는 어머니의 상을 남기게 되었다.

이 일이 결론지어지고 그 학생 어머니께서 상담을 오셨다. 사실 처음에 편지를 보고 아이의 문체가 아니라는 것을 금방 알았고 선생님이 도와주셨다는 얘기를 듣고는 처음에는 솔직히 화가 났다고 하셨다. 그리고는 "무슨 의도로 아이를 도와주셨나?" 물으셨다. 나는 "행복한 아이의 교육"이라고 대답했다. 아이 편에 서고 싶었고, 부모님 설득하는 것을 도와주어 학교에서 배운 학습 내용을 활용하는 방법을 알려주고 싶었고, 부모님과 소통하는 방법이 여러 창구가 있음을 알려주고 싶었다고 했다. "어머니와 저는 아이를 교육하는 입장에서, 당면한 갈등 상황을 그 누구도 손해 보지 않고 해결한 것"이라고 말씀드렸다.

이처럼 고민은 안고 품는 것이 아니라 소통을 통해 함께 고민하고 나누어야 해결된다.

신호등 고민 나누고 해결하기

붉은 계열의 포스트잇과 노란 계열의 포스트잇, 아니면 교사가 칠판에 적색이나 노란색 종이를 붙이고 구역을 구분한다. 학생들은 눈을 감고 잔잔한 음악 속에서 1분간 호흡을 가다듬고 지금 또는 최근에 가장 자신에게 일어난 큰일이나 고민을 떠올린다. 그 고민이 심리적으로 아주 큰 압박이면 적색에, 크진 않지만 계속 방치하면 큰 문제로 전환될 것 같다면 노란색에 내용을 적게 하여 해당하는 적, 황색 구역에 붙이도록 한다. 학생들이 모두 붙이면 교사는 읽어가며 학생들과 함께 같은 구역 내에서 큰 주제별로 분류를 해본다. 분류가 다 끝나면 학생들이 나와서 고민들을 다시 읽어가며 나만의 해결책이 떠오르면 초록색 포스트잇에 내용을 써서 붙여놓는다. 다 끝나면 구역별 1가지 고민을 모둠별로 선택해서 고민 해결을 위한 토의나 토론을 진행하여 우리 모둠 최고의 해결책을 작성하여 붙여놓는다. 고민 당사자들은 자기 고민 밑에 붙은 해결책들을 읽어 보고 최고의 해결 방법이라 생각하는 것을 선택해본다. 다른 학생들 또한 내 상황에서는 이 내용이 더 최고의 해결 방법이 될 것 같은 모둠 내용을 뽑고 이유를 말하고 들어본다. 그럼 여러 내용이 나올 것이고 이 중에 2가지 정도를 추려서 토론을 진행한다.

배심원들은 적색 영역의 고민을 가진 학생들로 한다. 적색 고민의 친구들은 자신만이 세상의 고민을 가지고 있거나 더 이상 해결책이 없다고 생각할 가능성이 커서 토론 상황에서 다양한 아이들의 생각을 들으며 자신의 생각을 정리하거나 자신의 고민을 해결하는 데 도움이 되기 때문에 배심원 활동을 하는 것이 효과적이다.

이 활동을 학생들이 아닌 어른들의 수준으로 본다면 정말 고민이 해결될지 안 될지는 미지수일 수 있다. 하지만 시행해본 결과, 학생들이 저마다의 고민을 혼자서만 끙끙 앓지 않고, 함께 나누며 해결책을 찾아갔다. 그 과정의 경험만으로도 이미 관심과 공감대를 바탕으로 진행되기에 아이들의 관계가 개선될 요소들을 충분히 갖춘 유의미한 활동이 된다.

너를 응원해!

앞의 활동이 진행되는 과정에서 고민을 공론화하면 꽤 좋은 학급 분위기를 자아내지만, 많은 학생의 고민 해결에 접근하지 못하는 아쉬움이 있다. 그래서 학급 전체 활동으로 전환했던 방법을 제시해본다.

마니또나 미션 형태든 어떤 식으로 제시하든 상관없으나 중요한 건 모든 학생이 수혜를 입어야 한다. 그래서 우리 학급에서는 한 사람이 약 일주일간 3명의 학생에게 초록색 포스트잇으로 나만의 해결 방법이나 딱히 해결 방법이 떠오르지 않으면 응원 메시지라도 작성해서 친구의 사물함 문 안쪽에 붙이기를 한다. 나의 고민을 넘어 친구의 고민을 나에게 이입시켜 지속적으로 친구의 고민에 관심과 격려를 표현해 응원을 해주자는 취지이다. 나를 놀라게 한 건 고민이 해결될 때도 그렇지만, 고민이 해결되지 않더라도 아이들이 매일 등교하며 기대감으로 자신의 사물함 안쪽을 열어보는 표정이었다. 학생들의 그 표정은 그 자체로 위안과 격려가 된다는 표정이며 자신 또한 잊지 않고 오늘 누군가에게 그런 표정을 줄 수 있고, 주겠다는 다짐의 표정이기도 했다.

이런 활동이 잘 되면 교사는 학생들의 활동 결과를 극대화시키는 고민을 할 필요가 있다. 예를 들면, 학급 전체 미션으로 학생들 저마다의 친밀감을 넘어서 한 사람당 일주일에 10장 이상의 초록색 포스트잇을 받을 수 있도록 하기를 했다. 미션 클리어를 하는 데 상응하는 포상 역시 학생들에

게 제시해보게 하고 들어줄 수 있는 것으로 결정한 후 진행했다. 이 당시
에는 포인트를 모으면 아이들 예닐곱 명을 데리고 펜션이나 리조트로 여
름, 겨울 방학에 여행을 데리고 가서 무척 성공적인 활동이 되었다.

나중에 "이 활동을 통해 혼자가 아닌 느낌을 받았다"는 소감을 듣고 여
행이라는 보상은 촉진제가 되었을 뿐 아이들은 제대로, 활동을 진심을 다
해 참여했다는 것을 알았다.

교사의 입장에서는 매일 등교한 학생들이 기대에 찬 얼굴로 자기 사물
함을 열어, 생기 있고 햇살 같은 밝은 미소를 머금은 채 메시지를 읽으며
하루를 시작하는 모습을 바라보는 것만으로 충분히 행복한 일이었다.

TIP

이 활동은 고민을 나누고 함께하며 점점 그 무게를 줄이자는 것에 취지
를 두고 있다. 따라서 그 고마운 일을 함께해준 친구의 이미지를 마음에
새기며 관계가 개선되는 효과를 볼 수 있다. 그러므로 친구의 고민을 장난
스럽게 대하지 않도록 주의사항을 안내하는 것이 필요하다. '무심코 던진
돌팔매에 개구리는 맞아 죽을 수도 있다'는 말이 있다. 이런 일로 상처받
는 사람이 생기면, 한 사람의 작은 마음의 균열을 통해 이 활동 전체가 제
대로 이루어지지 않을 수도 있기에 진지한 마음으로 임해 달라고 요구할
필요가 있다.

활동을 진행하다 보면 열심히 참여하는 학생도 있지만, 소홀히 하는 학
생도 볼 수 있다. 그런 친구들은 억지로 강요하면 앞서 말한 상처의 균열

을 만들 수도 있다. 활동을 하지 못하는 친구 대부분은 어떤 이유인지 정확히 진단하기는 어렵지만, 나름의 이유로 준비가 안 되었을 가능성이 크다. 따라서 중간중간 아이들의 활동 진척을 확인하면서 어떻게 하는 건지 알 수 있도록 간접적 경험을 제공해할 필요가 있다. 또 다른 방법으론 그런 학생들의 고민을 관심의 중심에 두고 다른 친구들이 자신의 고민에 해결책으로 제시한 것을 가지고 이야기를 나누는 것을 보면서 활동에 관심을 갖고 참여하게 만들 수 있다.

학급 미션으로 전환할 때는 개인당 10장이라는 양으로 인해 해결의 질이 저해될 수도 있으니 해결책의 질에 따라서 2장으로 인정해준다는 원칙들을 제시하여 양으로 인해 해결책의 질을 경시하지 않도록 안내해주어야 한다.

중요한 건, 처음에만 양을 늘리며 참여율 확대로 시작할 뿐이지 궁극적인 목적은 학생들 저마다의 고민에 대한 해결책 제시와 그 해결책의 질이다. 따라서 친구의 고민에 대한 해결로의 더 깊은 사색을 유도하는 것이 바람직하다. 그래서 우리 학급에선 1~3점까지의 가치별 해결 포스트잇의 수준을 두어 진행했다. 붙이는 것, 고민 당사자 인정, 교사 점수로 1~3점까지 줄 수 있고 또는 고민 당사자가 선정한 최고의 해결책 발표 후 유사 고민자 5명 정도가 도움을 받았다고 인정을 하면 바로 3점을 주는 식으로 운영했다.

· 친구와 함께 고민 해결하기 ·

1. 신호등 고민 나누고 해결하기

- 붉은 계열의 포스트잇과 노란 계열의 포스트잇, 아니면 교사가 칠판에 적색이나 노란색 종이를 붙이고 구역을 구분한다.
- 학생들은 눈을 감고 최근에 가장 자신에게 큰일이나 고민을 떠올려 그 고민이 심리적으로 아주 큰 압박이면 적색에, 크진 않지만 그대로 계속 방치하면 큰 문제로 전환될 거 같다면 노란색에 내용을 적게 한다.
- 다 적었으면 해당하는 적, 황색 구역에 붙이도록 한다.
- 학생들이 붙이면 교사는 읽어가며 학생들과 함께 같은 구역 내에서 큰 주제별로 분류한다.
- 학생들은 나와서 고민을 모두 읽으며 나만의 해결책이 떠오르면 작성 해서 초록색 포스트잇에 써서 붙여놓는다.
- 끝나면 구역별 1가지 고민들을 모둠별로 선택해서 고민 해결을 위한 토의나 토론을 진행하여 우리 모둠 최고의 해결책을 작성하여 붙인다.
- 고민 당사자들은 자신들 고민 밑에 붙은 해결책들을 읽어 보고 최고의 해결 방법이라 생각하는 것을 선택한다.(다른 학생들 또한 내 상황에서 는 이 내용이 더 최고의 해결 방법이 될 것 같은 모둠 내용을 뽑고 이유 를 말하고 들어보는 활동을 한다)
- 그중 2가지 정도를 추려서 토론을 진행한다.(이때 배심원들은 적색 영 역 고민자들로 한다)

2. 너를 응원해!

- 앞의 '신호등 고민 나누고 해결하기' 활동 후에 한 사람이 약 일주일간 3명의 학생에게 초록색 포스트잇으로 나만의 해결방법이나 딱히 해결 방법이 떠오르지 않으면 응원 메시지라도 작성해서 친구 사물함 문 안 쪽에 붙이기를 한다.

- 학급 전체 미션으로, 학생들 저마다의 친밀감을 넘어서 학급 학생 한 사람당 일주일 안에 10장 이상의 초록색 포스트잇을 받을 수 있도록 하기를 제시하여 진행한다.(물론 미션 클리어를 하는 데 상응하는 포상 역시 학생들에게 제시해보도록 하고 들어줄 수 있는 것으로 결정한 후 진행한다)

날마다 하는 10분 학급회의

더 돈독한 관계와 성장은 잘 해결하는 과정에서 온다

우리는 사회 안에서 다른 사람들과 더불어 살아간다. 아이들도 학교라는 작은 사회 안에서 상호 작용하며 지낸다. 아이들과 함께 학교에서 생활하다 보면 날마다 크고 작은 문제와 갈등이 생긴다. 학급 친구들과도 다른 성격, 다른 가치 기준, 다른 욕구들로 인해 서로 부딪치고 갈등을 겪기 마련이다. 미리 학급의 가이드라인과 약속을 정해 지키기로 하고, 서로 존중하고 배려하는 좋은 관계를 바탕으로 많은 문제를 예방하긴 하지만 그래도 갈등과 문제는 생긴다.

교사에게 와서 이르는 아이도 있고, 누구를 혼내달라거나 도움을 요청하거나 해결해달라고 하는 아이도 있다. 그때마다 교사가 아이들 문제를 모두 해결해주다가는 시간과 에너지를 다 써버릴 지경이고, 아이들 스스로 문제를 해결하는 힘이 생기지 않으면 일 년 내내 쫓아다니며 문제를 해결하느라 지쳐버릴지도 모른다.

교사로서 지금 내가 만나고 있는 아이들이 미래에 어떤 성품과 삶의 기술을 가진 사람으로 성장하길 바랄까?

'자존감이 높으며 자기를 잘 돌보는 사람, 긍정적으로 생각하는 사람, 자신과 타인을 존중하는 사람, 감정조절을 잘하고 자기감정을 잘 표현하는 사람, 잘 소통하는 사람, 문제 해결력이 있는 사람, 용기 있는 사람, 책임감 있는 사람, 유연한 사람, 행복한 사람…'

우리가 선생으로 아이들 곁에서 아이들과 더불어 살아가는 까닭은 아이들이 좋은 성품과 인생기술 그리고 문제 해결력을 가진 사람으로 성장할 수 있도록 돕고 잘 이끌어주기 위해서다.

날마다 긴 시간은 아니더라도, 아이들이 하루를 보내며 스스로를 격려하고 서로에게 고마움을 표현하고, 속상한 점이 있다면 서로 이야기하고 해결하는 시간을 꾸준히 갖는다면, 그 시간을 통해 여러 가지 삶의 기술을 연습하고 배울 수 있다. 날마다 서로 이야기하며 마무리하다 보니 오해가 쌓이거나 나쁜 감정이 커지지 않고, 그때그때 해결하니 문제가 커지는 경우가 많지 않았다.

때로는 갈등이 생겼을 때 잘 해결하는 과정을 통해 더 돈독한 관계가 만들어지기도 한다. 갈등을 겪고 나서 이야기를 나누는 과정에서 서로의 입장과 감정, 바라는 점을 헤아리고 공감하며 서로 깊이 이해하게 된다. 서로가 무엇을 힘들어하고 도와주고 지켜주길 바라는지 알아가고 그렇게 하려고 노력한다. 또 잘못을 했을 때 인정하고 사과할 줄 알게 되며, 실수한 것을 알아차리고 성장의 기회로 삼을 수 있다.

날마다 하는 10분 학급회의 하는 흐름

하루를 돌아보며 눈 감고 천천히 깊은 숨쉬기, 즐거운 일 고마운 일 떠올리기

하루를 즐겁게 시작하는 것만큼이나 즐겁게 마무리하는 것도 중요하다. 이렇게 잘 마무리하는 데 날마다 하는 10분 학급회의가 큰 도움이 된다.

날마다 그날 수업이 끝나면 10분 정도 학급회의를 한다. 회의를 시작할 때 오늘은 언제까지 하고 마치겠다고 미리 이야기를 한다. 아이들이 자리에 앉아 눈을 감으면 잔잔한 음악을 한 곡 튼다. 그리고 천천히 20~30초 정도 숨을 쉰다. 하루를 돌아보며 가장 즐거웠던 일이나 고마운 일을 떠올리고 떠올린 친구는 눈을 뜬다.

그러고 나면 5분 동안 즐거운 일, 고마운 일을 말하는 시간을 갖는다. 먼저 말해줄 친구가 손을 들면 그 친구가 앉은 자리부터 차례대로 한 사람씩 한두 문장으로 짧게 돌아가며 말한다. 이야기할 때는 돌아가는 차례를 정해주고 작은 인형을 하나 준다. 그러면 인형을 쥔 친구부터 이야기를 한다. 이야기를 하고 나서 다음 차례 친구에게 준다. 이야기할 것이 떠오르지 않은 친구는 옆으로 넘겼다가 마지막에 떠오르면 이야기를 해도 된다. 아이들은 친구들이 이야기할 때 몸을 틀어 잘 바라보며 듣고, 이야기를 듣고 나서는 작게 손뼉도 쳐준다.

아이들은 그날 즐거웠던 일을 말하거나, 자기에게 도움을 주었거나 기분을 좋게 해주었거나 고마운 친구를 말한다. 또 오늘 더 잘하려고 노력한 친구도 기억했다가 말해준다. 때로는 선생님에게 고마웠던 점도 말한다.

아이들은 다른 사람에게 고마움의 말, 격려의 말을 듣는 것을 좋아하고 이 시간을 통해 학급에 소속감과 자존감을 높여줄 수 있다. 그리고 이렇게 서로 고마워하고 격려하며 좋은 관계를 만들어간다. 그리고 이런 마음 바탕에서 서로 신뢰하며 갈등을 해결한다.

슬펐던 일, 속상한 말하기

5분이 지나면, 남은 5분 동안은 오늘 하루를 보내며 슬펐거나 속상했던 일을 말한다. 이때는 이야기할 것이 있는 친구들이 손을 들면 말할 차례를 정해주고, 정해진 시간만큼만 말한다.

이 시간의 목적은 누군가를 탓하거나 비난하는 데 있는 것이 아니라 서로가 힘들어하는 마음을 잘 이해하고, 문제가 있다면 잘 해결하는 데 있다. 그래서 이야기할 때 친구의 이름을 말하지 않고 "오늘 누군가가(또는 어떤 친구가) ~했을 때, ~한 기분이 들었어요"라고 말한다. 그러고 나면 "오늘 ~해서 ~한 기분이 들었겠다" 하고 공감의 표현을 해준다.

그리고 혹시 그 친구에게 바라는 점이 있는지 또는 이 일을 어떻게 해결하고 싶은지 물어본다. 그 친구는 바라는 점이나 어떻게 해결했으면 좋겠는지 자기가 생각한 것을 말한다. 자기가 한 일이 아니지만, 다른 친구들은 어떤 행동이나 말에 속상해하는지 듣고는 그렇게 안 하려고 한다.

이야기를 듣고 어떤 친구는 그 자리에서 손을 들고 사과하고 싶다고 하거나 앞으로는 어떻게 하겠다고 약속을 하기도 한다. 그렇게 용기 내어 이야기해준 친구에게 고마움을 표현해준다.

겉으로 보기에 서로 잘 지내는 것 같지만, 아이들은 친구들의 작은 말 한마디, 행동 하나에 상처받고 속상해한다. 이렇게 말할 기회를 주는 것은 아이들이 살아가면서 불편한 일이 있을 때 무조건 참고 넘기는 대신 내가 살아가고 있는 공동체에서 건강하게 말할 수 있는 힘을 만들어주기 위해

서다. 또한 더 나은 공동체를 만들어가는 경험을 해보는 것이다. 이 시간이 서로 비난하거나 혼내는 것이 아니라는 것을 알면 아이들은 변명하거나 회피하는 대신 용기 내어 인정하고 자기의 잘못이나 실수를 회복하려고 노력한다.

이렇게 속상한 일을 말하고 나면, 또 짧은 시간이지만 사과를 하고 앞으로는 잘하겠다고 약속을 하고 난 친구들은 표정이 한결 나아진다. 그리고 기분 좋게 집에 갈 때가 많다.

▶ 시간이 되어, 그날 속상하거나 슬펐던 일을 미처 이야기하지 못하고 끝났을 때는 다음 날 아침 시간에 잠깐 말할 시간을 주겠다고 한다.

▶ 이렇게 10분 회의를 마치고 나면, 오늘 하루를 잘 마친 것에 대해 자기 이름을 부르며 스스로 안아주면서(두 손을 가슴 앞에서 X자 모양으로) 어깨를 토닥토닥한다. "○○아, 오늘도 수고했어!" 그런 다음, 헤어지는 노래를 부르거나 친구들과 하이파이브를 하고 하루를 마무리한다.

▶ 이야기를 들으며 친구들과 긴 시간 의논해야 할 일은 일주일에 한 번 하는 학급 다모임의 안건으로 올려 의논한다. 때로는 좀 더 이야기해서 풀어야 할 것을 따로 시간을 내어 이야기하고 해결할 수 있도록 돕는다.

함께하는 맛을 느끼는 징검다리 1단계

　　교실 양 끝에 선을 표시해놓고 친구들과 같이 징검다리를 놓아서 건너편으로 넘어가는 놀이다.

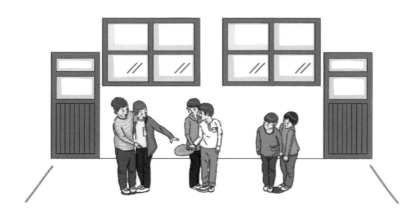

놀이 준비

- 컬러 종이테이프와 인원수만큼의 원 마커를 준비한다. 원 마커 대신 A4 종이를 쓸 수 있다.
- 컬러 종이테이프로 교실 양쪽 끝에 한 걸음 여유 공간을 남기고 선을 표시한다.
- 학생들을 6인 1모둠으로 나눈다.
- 교실이 좁으니 두 모둠씩 나눠서 한다. 한 모둠은 교실 앞쪽에서 다른 모둠은 뒤쪽에

서 반대 방향으로 출발할 준비를 한다.
- 연습 시간을 가지다가 실전 시간을 갖는다고 예고한다.

놀이하기

- 한 명씩 원 마커를 놓고 발을 디디며 건너간다.
- 원 마커 한 개에는 최대 4개의 발을 올릴 수 있다. 발을 걸치기만 해도 인정한다.
- 원 마커는 직접 손에서 손으로 전달한다.
- 마지막 사람은 바닥에 놓인 원 마커 모두를 걷어서 도착선으로 들어온다. 이때 손이 원 마커 바깥 바닥을 짚어도 괜찮다.
- 성공하면 원 마커 1장을 줄여서 실시한다. 4장 남았을 때는 더 이상 줄이지 않는다.

놀이 TIP

- 4~6학년 학생들의 경우 보폭이 커서 강당에서 좀 더 넓게 간격을 벌려서 한다.
- 6인 1모둠으로 구성이 안 될 경우, 7인 1모둠으로 구성하고 줄 끝에 선 친구는 감독 역할을 한다. 그래도 인원수가 맞지 않으면 5인 1모둠도 섞어서 만든다.
- 이야기를 들려준다. "우리 마을에 지진이 나서 건넛마을로 가야 해요. 마을 사이에는 강이 흐르는데 소리에 민감한 괴물이 살아서 소리를 내면 잡아먹여요. 다행히 마법의 징검다리가 있어 강 위에 놓고 조용히만 하면 건너갈 수 있습니다."
- 중간중간 활동을 멈추고 어떻게 하면 잘할 수 있을지 토의 시간을 갖는다.
- 실전에서는 조용히 속삭이는 것만 허용하고 소리가 높아지면 실수 횟수를 올린다.
- 원 마커 4장을 가지고 건널 때는 실수가 나오기 마련이다. 연습할 때는 한 번씩 실수할 때마다 횟수를 센다. 실전에서는 3번 이하로 실수했을 때 성공으로 인정해준다.
- 반대쪽으로 건너가면 맨 앞에 섰던 친구는 줄 끝으로 가고 돌아가면서 맨 앞을 한다.

함께하는 맛을 느끼는 징검다리 2단계

2단계에서는 강을 건널 때 손이나 발로 친구와 연결하여 협력하며 건넌다.

놀이 준비
· 몸 풀기로 징검다리 1단계를 해본다.

놀이하기
· 2단계에서는 출발선 밖으로 나갈 때 다음 출발할 친구와 손을 잡고 나간다. 손을 잡고 도착선까지 징검다리를 놓으며 건너가는데 필요한 경우 발을 닿게 하고 손을 놓아도 괜찮다.
· 다른 규칙은 같다.

놀이 TIP

- 다른 모둠보다 먼저 건너려는 경쟁이 되지 않게 한다. 모둠 간 시합이 아니라 시간을 재 모든 모둠의 기록을 더해서 우리 반 기록을 알아본 다음 그 기록을 힘을 모아 깨는 것을 목표로 하여 화합을 다진다.
- 한 시간 수업으로 끝내려고 서두르지 말고 주 1회씩 몇 주에 걸쳐 실시하여 원활하게 성공할 수 있는 시간을 계획한다. 쉽게 해결하는 미션이 아니라 실패를 경험 삼아 친구와 협력하며 새로운 도전을 꾸준히 해내는 의지를 높이는 데 목표를 둔다.
- 원 마커는 각자 한 장씩 가지고 있거나 한 사람이 여러 장 가지고 출발해도 된다.
- 원 마커를 자신만만하게 멀리 던져 놓으면 자신은 성공할지 몰라도 다른 친구들은 건너지 못할 수 있다. 모둠에서 보폭이 제일 좁은 친구도 건널 수 있게 배려하며 놓는다.
- 마지막 사람이 원 마커를 걷어 올 때 발로 끌고 오는 것은 안 된다.
- 강 건너기에 성공하면 모둠원들과 같이 "와아~~" 환호하며 기분을 만끽한다.
- 원 마커 위에 한 발을 딛고 다른 한 발은 공중에 들고 있다면 발 개수로 세지 않는다.

함께하는 맛을 느끼는 징검다리 3단계

3단계에서는 강을 건널 때 순서대로 나와 역순으로 서고 다시 순번대로 들어간다.

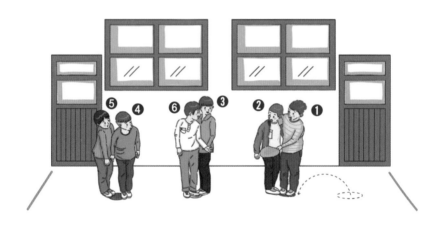

놀이 준비
- 출발하기 전에 줄을 서고 앞에서부터 1~6번 순서를 정한다.
- 항상 제일 끝에 있는 사람이 맨 앞으로 나오면서 나아가야 한다.

놀이하기
- 1인당 원 마커를 1장씩 준다.
- 순번대로 출발하여 뒷사람이 앞으로 가며 원 마커를 놓고 선다. 다 서면 6, 4, 3, 2, 1

번 역순으로 서게 된다.

- 다시 맨 뒤에 있는 1번부터 맨 앞으로 나오면서 이제는 순번대로 도착선을 넘으면 된다. 도착선을 넘을 때 자기의 번호를 외치고 줄을 선다.
- 성공하면 1장을 빼고 5장을 가지고 한다. 나와서 들어가는 방법은 위와 같다.
- 성공하면 4장만 가지고 하는 데 이때만 원 마커 위에 발이 네 개가 넘어도 되고 걸치기만 해도 된다고 한다. 나와서 들어가는 방법은 위와 같다.

놀이 TIP

- 한 장의 원마커 위에 두 명이 있을 때나 친구가 지나갈 때, 강물에 빠지지 않도록 잡아주면서 고마운 마음을 나누도록 한다.
- 친구들과 함께 문제를 해결했다는 만족감과 성취감을 느끼면서 우정을 키우도록 한다. 성공보다는 사이좋게 하는 데 더 중점을 두고 많이 웃는 분위기에서 진행한다.
- 실패는 당연히 있을 수 있는 일로 가볍게 받아들이도록 하고 자신의 의견을 말할 때는 팀 분위기가 좋아지는 말을 선택하여 좋은 마음으로 친구를 대하도록 한다.

5장

관계의
매듭짓기

1

방과 후에 함께하는
특별한 시간

하루 수업을 모두 마친 방과 후, 남은 시간 동안 그날 하루를 돌아보며 정리도 하고, 다음 날 수업도 계획하고, 회의에 참석하기도 하고, 학교 업무도 해야 해서 퇴근 시간까지도 분주하게 돌아갈 때가 많다. 그래서 방과 후 시간까지 아이들과 보내야 한다면 부담스럽고 힘들다고 느낄지도 모른다.

하지만 긴 시간이 아니어도 아이들은 친구들과 선생님과 특별한 시간을 보내는 것만으로도 스스로를 소중한 사람이라 여긴다. 소중하게 여기지 않는 사람과 시간을 함께 보내기는 쉽지 않기 때문이다.

수업시간에 학교 안에서 시간을 보내는 것보다 때로는 짧은 시간이지만 방과 후에 학교 밖에서 즐거운 경험을 했을 때 추억이라 여길 때가 많다. 좋아하는 사람과 좋아하는 것을 함께 할 때 아이들은 더욱 특별하게 기억한다. 아이들이 좋아하는 것 가운데 교사가 부담을 느끼지 않고 충분히 즐거운 마음으로 함께 해줄 수 있는 것들을 해보자.

번개 축구, 번개 야구, 번개 농구

　방과 후에도 학원이나 방과후수업을 가야 해서 많은 시간 놀 수 없는 아이들이 10분이나 20분 정도 짧게 시간을 정해 논다. 그날 시간이 조금 나는 친구들이 미리 "오늘은 ~~하고 놀자"고 이야기하면 놀고 싶은 친구들은 모여서 논다. 신나게 놀고 나서 시간이 되면 각자 자유롭게 가는데, 그날 함께 할 놀이 이름 앞에 '번개' 자만 붙여서 아이들이 이름을 붙였다.

　어떤 날은 번개 축구를 하고 어떤 날은 번개 야구, 번개 농구를 한다. 같이해 달라고 요청하는 경우가 있어 나도 종종 함께하는데, 주로 운동을 잘하지 못 하는 아이들과 같은 편을 하면서 패스도 해주고 잘한다고 격려도 많이 해준다. 짧은 시간이지만, 함께 즐겁게 운동하며 마음껏 응원하고 격려해줄 수 있어서 좋고, 아이들도 용기를 낸다. 날마다는 아니지만 틈나는 대로 아이들과 함께하는 이 시간이 참 즐겁고, 아이들과 친구들과 함께하는 이 시간을 참 좋아한다.

집에 바래다주기

　한 달에 마지막 한 주는 아이들이 집에 갈 때 바래다준다. 아이마다 일주일에 하루 교실 청소 하는 날을 정해 한다. 청소를 마치면, 아이들이 사는 곳 근처까지 친구들과 함께 바래다준다. 학원이나 다른 곳을 가야 하는 친구들은 빼고 시간이 허락되는 친구들과 함께 간다.

　아이마다 사는 곳이 조금 떨어져 있지만, 아이들과 오늘은 누구 먼저 바래다줄지 정해 코스를 정해놓고 간다. 바래다주는 데 10~15분도 채 걸리지 않지만, 아이들은 교실과 또 다르게 해맑고 밝은 모습으로 먼저 말을 건넨다. 묻지도 않았는데 담아 두었던 이야기도 편하게 하고 장난도 친다.

어떤 날은 집에 가는 길에 보이는 놀이터에 모여 함께 논다. 놀이터에 있는 여러 놀이기구를 타기도 하고 술래잡기도 한다. 이 놀이터는 어떤 게 좋고, 저 놀이터는 어떤 점이 좋고 이야기한다. 달마다 돌아가며 놀이터 투어를 할 때도 있다. 이렇게 놀이터에서 아이들이 자리 잡고 놀 때는 잠깐 어울려 놀다가 학교로 다시 돌아온다. 이렇게 집에 바래다주는 재미가 쏠쏠하고 아이들도 참 좋아한다.

간식 데이트

집에 바래다주는 길에 붕어빵을 팔면 사서 함께 먹으면서 가기도 하고, 날이 더울 때는 아이스크림을 먹기도 한다. 분식집에 들러 떡볶이나 어묵, 라면을 먹을 때도 있다. 아이들은 이 시간을 참 좋아한다.

어떤 날은 "선생님, 오늘 시간 있으세요? 시간 있으시면 저 바래다주실래요?" 하는 아이도 있다. 그러면 다른 일이 있더라도 잠시 제쳐 두고 잠깐 다녀온다. 같이 걸으면서 아이의 마음도 살피고 요사이 아이의 마음이 어떤지 솔직하게 이야기한다. 정말 바쁜 일이 있을 때는 못가지만, 그렇지 않으면 그냥 함께 간다. 짧지만 그 아이와 연결되는 데 참 중요한 시간이 된다. 이렇게 아이와 마음이 연결되면 신뢰가 쌓이고 아이도 더 잘하려고 애쓴다.

방과후수업 하는 곳 가보기

요사이는 학원 대신 학교에서 하는 방과후수업에 참여하는 아이가 적지 않다. 어떤 날 어떤 방과후수업에 참여하는지 미리 알아두고는 종종 돌아보고 온다.

배드민턴 수업을 하는 친구가 많을 날에는 라켓을 챙겨 체육관에 잠깐 올라간다. 코치 선생님이 다른 아이들 레슨을 하고 있을 때 아이 몇몇과 배드민턴을 잠깐 치고 오기도 하고, 수학복습 수업에 참여하는 아이에게는 살짝 들어가서 열심히 공부하라고 응원하면서 사탕을 하나 몰래 건네고 오기도 한다. 다른 교실에서 활동에 참여하는 아이를 살짝 보고 오기도 하고 눈이 마주치면 "화이팅!" 하며 응원의 몸짓을 보내고 오기도 한다.

이렇게 마음을 전하는 순간순간 쌓여 신뢰하는 관계가 만들어진다. 좋은 관계는 특별한 기술을 통해 만들어지는 것이 아니라 서로를 향한 진심어린 마음이 통했을 때 만들어진다. 그리고 아이들을 만나면서 어떻게 마음을 쓰고 싶은지 가슴에서 우러나면 행동으로 옮겨본다.

나와 너의 업업! 우리 모두 원원을 위한
성장 프로젝트

좌절감이 아닌 성취감을 위한 성장 프로젝트

학교폭력과 왕따가 핵심적인 문제로 대두되며 학교를 뒤흔들어 놓았다. 사회적 이슈가 되고 언론에도 노출되면서, 학폭위가 열리고 처리되고 하면서 조금은 줄어들고 있지만, 이제는 예전과 같은 극심한 상황보다는 학폭위 처리 등의 부작용에 따른 제반 문제에 오히려 현장이 더 몸살을 앓는 듯하다. 그러다 어느 순간부터 크게 티가 나지 않다가 서서히 수면 위로 오르는 것이 있다. 장기적으로 보면 어쩌면 폭력적 사건, 사고보다 더 크게 확장되는 문제를 가진 학생들 유형이 증가하고 있다. 바로 무기력한 학생들이다.

도대체 갑자기 어디서 이런 상황이, 이런 학생들이 눈에 띄게 문제의 수면 위로 올라오게 된 걸까? 너무도 궁금했다. 그래서 새로운 학급 학생들을 만날 때마다 판단하기에 앞서 한 달 가까이는 아이들의 언어와 행동을 유심히 관찰했다. 그러다가 예전에 관심 있게 살펴본 에릭슨의 심리 사회적 발달 단계가 문득 떠올랐고 다시 내용을 탐독하며 실마리를 어느 정도 찾았다.

에릭슨의 심리 사회적 발달 단계에서 무기력증 아이들에게 영향을 미친 것은 크게 세 가지로 보인다. 자율성, 주도성, 근면성이 그것이다. 에릭슨 이론의 흥미로운 점은 피아제의 단절적 발달 단계와 다르게 그가 제시한 발달 단계별 연관성을 바탕으로 아이의 성장 단계에서 유기적으로 영향을 미치며 나타내는 상태일지도 모른다는 것이었다.

자율성과 주도성을 얻지 못하고 수치심과 죄책감의 반복과 누적으로 학생들은 근면의 단계에서 역시 좌절을 맛보며 열등감과 혼란 속에서 결국 '될 대로 돼라'는 식의 상태로까지 진행된다는 생각이 들었다.

교사들이 "자, 이거 답해볼까요?"라고 질문하면 학생들은 말을 못 한다. 틀릴까 봐, 창피하니까, 그리고 그러면 안 되지만 이런 시간이 더 지속되면 죄책감까지 작용해서일 것이다.

"애들아!, 지금 몇 교시인데 우유를 안 먹었어? 우유 안 먹은 사람 손!" 아이들은 손을 들지 않는다. 아니 못 든다. 그 아이의 머릿속에는 뭐가 남아있을까? 바로 죄책감이다. 우유 같은 이런 사사로운 일까지 영향을 미치는 것이다. 물론 이런 사사로운 일에 끼치는 영향의 경험은 가정에서 이미 더 익숙해졌을 것이다.

이 학생들이 손을 들게 하는 방법은 없을까? 방법은 있다. 적어도 우리 학급에서는 누군가 한 명만 손을 들면 된다. 그러면 눈치를 보며 죄책감과 창피함에 사로잡힌 학생들이 '아, 나 말고 또 있으니까 들어도 되는구나' 하면서 스스로 작은 수치심과 죄책감을 극복하며 안심과 용기의 마음이 작용하여 손을 들게 된다.

이런 일들이 가능하려면 먼저 교사의 발문부터 바꾸어야 한다. "얘들아, 도대체 지금 몇 교시인데 우유를 안 먹었어?"와 같이 질타하는 듯한 발문에서 "자, 아직 우유 안 먹은 사람 다음 시간에 먹어요" 같은 허용적 발문으로 바꾸면 학생들은 죄책감과 수치심이 자극받지 않는다. 이해를 돕자면, 아이가 질문을 수용할 때 '어! 선생님이 나 혼내려고 그러시는 게 아니구나?' 하는 마음이 들도록 죄책감이 생기지 않게 하는 언어로 바꿔주면 된다. 나는 이 부분을 에릭슨의 이론과 연관 지어 가설을 세워 실생활에서 적용했고 저학년부터 고학년까지 두루 효과를 경험했다.

그러나 무기력한 아이들의 상황과 상태는 애석하게도 우유를 챙기지 않는 수준과는 차원이 다른 문제이다. 그래서 이전의 발달 단계에서 올바르게 경험하지 못해서 생긴 현 상황을 다시 제자리로 돌려놓을 수 없을까 고민했다. 고민 끝의 결론은 '내 힘으론 불가능하다!' 였다. 대신 스스로 회복하는 데 도움이 될 수 있도록 학생들에게 물어보고 이야기 나누며 원하는 것을 할 수 있는 장을 만들어주어 보기로 했다.

매일 다니는 학교, 그 안에서 '학생들은 정작 무엇을 배운다고 생각할까?' 라는 생각에서 학생들에게 질문했는데, 예상대로 교과 지식을 빼면 별다른 답이 없었다. 내 학창시절을 돌이켜 생각해보면 '학교에서 학생들에게 교과 지식이라도 온전히 도움 될 만큼 전달되고 있을까?' 하는 의구심 또한 지울 수가 없었다. 그래서 학생 저마다의 재능을 가지고 어떤 새로운 방법의 배움으로 안내할 수 있을까? 또 스스로 배우고 싶고, 하고 싶은 일들을 어떻게 할 수 있도록 해줄 수 있을까? 하는 질문에 나름 교육 현장에서의 학생들과 함께해온 경험을 바탕으로 지원해주고 싶었다.

그래서 학생들에게 학교라는 공간을 넘어 하고 싶은 것, 배우고 싶은 것 등을 포스트잇에 써서 붙여 보라고 했다. 아이들은 그동안의 공부에 대한 스트레스에 복수라도 하듯이 만화 그리기, 인기가요 배우기, 아이돌 그룹 안무 배우기, 팝송 배우기, 요리 만들기, 피아노곡 한 곡 연주하기, 소설 쓰기, 농구, 축구, 줄넘기 배우기 등 하고 싶은 것, 배우고 싶은 것을 마구 쏟아냈다.

"선생님! 진짜 이걸 다 배울 수 있어요?"

"물론"이라고 대답하며 다음 이야기를 했다. "학교는 수업시간에 교육과정에 맞는 공부를 할 수밖에 없는 제한이 있으니, 여러분이 한 달 넘는 시간 동안 쉬는 시간이나 점심시간, 또는 집에서도 휴식 시간을 활용해서 선택한 것을 열심히 배우고 연습하겠다는 것만 약속한다면 특별 선생님들을 모시겠습니다!"

학생들은 믿기 어렵다는 눈치였지만 믿고 싶었는지 그러겠다고, 자신 있다고 큰소리를 친다.

이렇게 시작한 '함께 성장하기 프로젝트'는 한 달 이상 진행되었고 마지막에 발표회까지 마쳤다. 누가 시킨 것이 아닌 스스로의 선택과 결정에 따른 배움과 책임에 대해 보람을 느꼈다.

이 활동은 '저는 원래 못해요!', '이러저러한 이유로 할 수가 없어요!' 라는 선입견과 편견을 깨주고, 그동안 무기력했던 학습에서의 편협한 상황과 경험에서 벗어나 자신의 가능성을 접해보며 수치심과 죄책감을 이겨내고 스스로의 선택에 대한 열등감이 아닌 근면성 회복을 위한 취지로 진행했다. 그러니 이 활동을 교사와 학생, 학생과 학생 간의 관계에 대한 기본적 노력이 이루어지지 않은 학기 초반엔 그리 추천하고 싶지는 않다. 제대로 된 좋은 경험을 하기 위해선 프로그램만큼 준비와 타이밍도 중요하기 때문이다.

함께 성장하기 '개인 성장 프로젝트'

학생들 개인별로 A4 종이를 가로로 3등분 한다. 첫 번째 칸은 '자신이 잘하는 것', 두 번째 칸은 경험은 있는데 만족스럽지 않은 '잘하고 싶은 것'을 쓴다.(포스트잇을 활용해도 무방하다) 이 활동은 무기력을 극복하며 관계를 개선하기 위한 활동이므로 학생들이 심사숙고해서 성공할 수 있는 것을 찾아서 쓸 수 있도록 학생들에게 차분한 음악과 함께 충분한 시간을 제공한다. 2칸을 다 채웠으면 모둠별로 모아 보며 공유를 한다. 이때 두 번째 칸을 바꾸고 싶은 사람이 있으면 수정할 수 있도록 한다. 모둠원 것을 다보았으면, 투명 테이프를 이용하여 교실 여기저기에 자신이 붙이고 싶은 곳에 자신의 프로젝트 희망지를 붙인다.

모든 학생이 자신이 쓴 종이를 붙이면 교사는 다시 잔잔한 음악과 함께 꼭 성공을 하겠다는 굳은 신념을 다지는 분위기를 유도하여 학생들이 학급 전체를 돌며 다른 친구들의 내용도 모두 확인할 수 있도록 한다. 학생들의 진척 상황을 보며 시간을 여유 있게 준다. 이 활동의 목적은 아이들이 성장 발달 단계에서 올바르지 못한 경험의 누적되어 무기력(또는 잠재적 무기력)한 학생들을 돕거나 미리 방지하자는 것이므로 조금 융통성 있고 여유 있는 분위기를 조성해 모두가 최선의 마음으로 참여하도록 격려하는 분위기를 유지한다.

학급 전체 활동까지 모두 마쳤으면, 자신의 자리로 돌아가 세 번째 칸을 작성한다. 학급 친구들 것을 둘러보고 '몰랐는데 읽고 나니 구미가 당겨 나도 한 번 배워보고 싶은 것'을 적는다. 이제 3개의 칸을 다 채웠으면 책걸상을 교실 사방 벽 쪽으로 밀고 새로운 마음으로 시작한다는 의미로 모든 학생이 쓸고, 줍고 버리고 오게 하는 식을 진행한다. 둥그렇게 원으로 모여 자신이 작성한 것을 들고 잘하는 것을 돌아가며 발표하는데, 막연하게 그냥 잘한다가 아닌 구체적으로 어느 정도 잘하는지도 발표한다. 한 친구의 발표가 끝나고 혹 발표 내용에 따른 관련 스토리가 있는 다른 친구는 발표한 친구의 능력을 증명할만한 성격의, 친구를 지원해주는 발표도 할 수 있도록 한다.(단, 지루하거나 주객이 전도될 수 있으니 개인당 1~2분으로 시간제한을 둔다)

모두 발표가 끝났으면, 자신이 잘하는 것을 과감히 접어서 안 보이게 한다. 이젠 '하고 싶은 것'과 '몰랐는데 배워보고 싶은 것'에서 자신이 성장하고 싶은 항목을 선택한다.

'삼인행이면 필유아사(三人行必有我師)'라는 말이 있다. '세 사람이 길을 같이 걸어가면 반드시 내 스승이 있다'는 말이다. 좋은 것은 말할 것도 없고 나쁜 것도 보고 고쳐 나의 스승이 될 수 있다는 말인데, 학생들 모두 잘하는 것을 알게 되었으니 모두가 서로의 스승이고 제자이고 또 다른 이의 스승이 될 수 있는 것이다.

교사는 학생들의 재능을 고려하며 학생들이 배우고 싶은 분야의 멘토와 멘티 활동을 그룹이건, 개인 간이건 서로 연결되도록 도움을 주고, 이끌어 주는 역할을 해야 하는데 이는 매우 핵심적이고 중요한 역할이다.(모든 교사가 학급에서 평소에 학생들을 그룹지어 줄 때 쓰는 방법을 활용하는 것이 보통 가장 효율

적이다)

  학급에서의 멘토-멘티가 다 정해졌으면 일정 기간을 주고 공식 멘토-멘티 학급모임 시간을 갖도록 하여 아침 시간, 점심시간, 또는 학급 활동 시간을 적극적으로 활용하여 실제로 프로젝트를 운영해나갈 계획을 세우도록 한다. 계획까지 세웠으면 다시 하루 이틀 정도 기간을 주어 스스로 자신의 계획을 세우기 위한 분석을 하고(본 학급은 SWOT 기법을 활용함) 주별, 일별 계획표를 작성해서 제출한다. 이때 계획으로 그치지 않도록 너무 높은 수준보다는 멘토와 충분히 상의하여 성취 가능 수준의 목표를 실천할 수 있는 구체적이고 상세한 계획을 설정할 수 있도록 하는 것을 권장한다. 또한 멘토와 멘티가 만나 도움을 주고받거나 중간중간 점검해주는 자체 점검 일정 계획도 함께 세우도록 한다. 학급 홈페이지 등에 매주 자신의 계획에 부합하는 활동 사진을 게시하도록 하고 스스로, 서로 긍정적 자극은 받되 비교하지 않고 동료, 동반자로서 응원의 댓글 달기(선플) 이벤트를 하는 방법도 있다. 이 모든 과정이 끝나면 프로젝트 완료일을 정하고 발표회 일정을 공표하고 프로젝트를 진행한다.

TIP

  오랜 시간의 프로젝트는 학생들이 익숙하지 않아 몰아서 하거나 포기하는 경우가 있을 수 있다. 따라서 중간 점검이든 진행 상황을 물어보며 확인을 하든 멘토-멘티 점검표 등을 성취 수준에 맞는 항목들로 만들어 점검해나가면 눈에 잘 띄기에 훨씬 더 효과적이다.

장기 프로젝트는 발표하기까지 꽤 시간이 있으므로 학생들의 진행 상황을 1, 2차 정도 자투리 시간을 활용해 티져 영상처럼 실제로 보여주며 맛보기로 친구들 앞에서 현재 자신의 상황을 선보이게 하며 점검하면 동기를 유발하는 데 좋다. 학생들이 프로젝트에 적극적이 게 하고 성취를 자극하는 데도 좋다.

서로 절대 남의 성취 수준을 평가하지 않도록 사전교육이 필요하다. 이 활동은 일정한 목표에 도달하는 것이 중요한 게 아니다. 오직 학생 저마다가 정한 목표를 도움 받고 실천하고 자신도 다른 친구에게 도움을 주는 활동이다. 따라서 수치심과 죄책감 없이 근면함을 잃지 않고 자신의 멘토와 협력적이고, 의존적 관계를 유지하며 스스로의 성취 목표에 도달하는 경험을 하는 데 궁극적 목적이 있다는, 중요한 점을 잊지 않도록 한다.

스스로 또는 멘토와 협의 하에 정한 목표이기에 반드시 성공할 수 있도록 최선을 다하고 교사는 독려, 격려, 지원 등 어떤 형태로든 조력자가 되어야 한다. 이 과정에서 학생들과 교사 간의 관계를 개선할 수 있다는 것을 잊지 말아야 한다.

중간발표가 있으므로 진행 상황상 목표 수준을 낮추거나 높일 필요성이 있으면 모든 학생의 협의 하에 특정한 날을 정해서 한번은 목표 수정이 가능하고 이를 학급 학생 모두에게 공표하여 모두가 같은 조건에서 최선을 다하는 공정성을 유지한다.

· 함께 성장하는 개인 성장 프로젝트 ·

▶ 개인별로 A4 종이를 가로로 3등분 한다.

▶ 첫 번째 칸은 '자신이 잘하는 것', 두 번째 칸은 경험은 있는데 만족스럽지 않은 '잘하고 싶은 것'을 쓴다.

▶ 2칸을 다 채웠으면 모둠별로 모아 보며 공유한다.(두 번째 칸을 바꾸고 싶다면 수정 가능)

▶ 다 보았으면 교실에서 자신이 붙이고 싶은 곳에 자신의 프로젝트 희망지를 붙인다.

▶ 다 붙이면 학급 전체를 돌며 다른 친구들의 내용을 모두 확인한다.(학생들의 진척 상황을 보며 시간을 여유 있게 준다)

▶ 모두 자기 자리로 돌아가 학급 친구들 것을 둘러보고 '몰랐는데 읽고 나니 구미가 당겨 나도 한 번 배워 보고 싶은 것'을 세 번째 칸에 적는다.

▶ 3개의 칸을 다 채우면 책걸상을 교실 사방 벽 쪽으로 밀고 새로운 마음으로 시작한다는 의미로 각자 아주 작은 공간이라도 쓰레기를 쓸고, 줍고, 버리고 오도록 간단한 식을 진행한다.

▶ 학급 전체 학생들은 원 대형을 만들어 자신이 작성한 것을 들고 자신이 잘하는 것을 돌아가며 발표한다.(그냥 잘한다가 아닌 구체적으로 어느 정도 잘하는지도 발표한다)

▶ '하고 싶은 것'과 '몰랐는데 배워보고 싶은 것'에서 자신이 성장하고 싶은 항목을 선택한다.

▶ 학급에서의 멘토-멘티를 정한다.(교사는 한 분야의 멘토와 멘티 활동을 그룹이든 개인 간이든 연결하는 데 도움을 줄 수 있도록 이끌어주어야 한다)

▶ 일정 기간을 정하고 공식 멘토-멘티 학급모임 시간을 갖도록 하여 아침 시간, 점심시간, 또는 학급 활동 시간을 적극적으로 활용하여 실제로 프로젝트를 운영해나갈 계획을 세운다.

▶ 스스로 자신의 계획을 세우기 위한 분석을 하고 주별, 일별 계획표를 작성해서 제출한다.(성취 가능 수준의 목표를 조언받아 구체적이고 상세하게 실천 계획을 설정하도록 권장한다)

▶ 자체 중간 점검 일정 계획도 세운다.

▶ 학급 홈페이지나 SNS 등을 활용하여 주마다 자신의 계획에 부합하는 활동사진을 게시한다.(응원의 댓글 달기(선플) 이벤트를 하는 방법도 있다)

▶ 프로젝트 완료일을 정하고 발표회 일정을 공표하고 프로젝트를 진행한다.

3

우리라는 '관계'를 위한
크리에이터 되기

우리의 문제는 우리가 해결할 수 있다

2000년 '왕따' 라는 말이 많이 알려지기 전에 '왕따' 보다는 일본어인 '이지메'가 더 익숙하던 때가 있었다. 그때부터 나는 온라인 교사 커뮤니티에서 교단일기를 담당하며 훨씬 많은 왕따 사례를 접할 수 있었고 다른 많은 교사와 고민을 나눌 수 있었다. 그리고 해가 지나면서 먼저 접한 그 사례들이 내 주변의 일상으로 바뀌고 있다는 것을 체감할 수 있었다. 그리고 6학년을 연속으로 5년쯤 하면서 6학년의 문화와 분위기가 달라지고 있음을 학급 아이들로부터도 느꼈다.

그나마 다행이었던 건 그 당시 나는, 학생들에게 교사가 된 지 얼마 안된, 젊고 운동 잘하며, 말도 잘 통하는 남교사였다. 그래서 남학생들과는 운동을 매개로 소통을 했다. 여학생들과는 당시 운영하던 교사 커뮤니티에서 얻은 많은 사례와 경험을 바탕으로 한 대화를 통해 문제의 원인과 상황에 관해 이야기를 나누며 소통했다. 그런 일상의 대화가 학생들을 바라보는 마인드와 시선에 큰 영향을 미쳐왔고 조금 더 편하게 평화로운 학급을 꾸리는 밑거름이 되고 있다.

그 당시 학생들과 대화하며 친구를 따돌리는 일들이 발생하는 가장 근원적인 원인으로 판단한 것이 핵가족과 개인주의 형태의 사회 변화였다. 여기에 바람직하지 않은 방향의 경쟁과 결과만이 강조되며 사회적 성공이 부각되어 점점 친구, 이웃, 사람과의 '관계'라는 개념이 퇴색되어 가고 있음도 직감했다.

그 이후부터 어느 학년을 맡아도 학급을 운영하면서 일제식 형태의 자리 배치를 하지 않았고 모둠 형태의 자리를 고수하면서 학생들이 서로 눈을 맞추고 말하고, 듣고, 쓰고, 읽는 수업을 고민하기 시작했다. 즉, '함께'에 익숙하게 만드는 수업과 활동만이 이렇게 인간관계의 약화에서 생긴 문제들을 해결하고 친구의 존재와 관계의 가치를 잊지 않고, 잃지 않게 하는 실마리라 생각되었다.

그래서 그때부터 학급 재판 등의 수업 활동부터 시작하여 서로 함께하는 수업과 다양한 버전의 수호천사 활동 등 '관계'에 초점을 둔 교육 활동을 진행해왔다. 영상 세대인 요즘 학생들을 둘러싼 기술적, 사회적 환경들 속에서 학생들은 영상기기 자체와 제작, 출연, 공유 등을 통해 친밀감을 표현하고 유지하는 것이 가능하다.

사실 유아 시절까지는 부모의 보육의 한 방편으로 허용적인 분위기에서 기기와 영상을 접하다가 이른 학령기(유치원)가 되면 영상기기를, 또 이를 이용하는 학생들은 "너무 과하다", "중독이다" 등의 말을 듣고 더 나아가서는 나쁜 행위를 하는 것처럼 치부되는 억울한 상황에까지 직면하게 되는 경우가 많다.

이러면서 학생들은 영상기기, 그들이 이용하는 내용들을 숨기기 시작하게 되며 그들만의 공유, 공감의 세계로 도피하게 된다. 그와 더불어 어른들의 금지령, "~하지 마!"의 언어적 제지도 시작된다.

학생들이 성장하면서, 이유야 어찌 됐건 학교에 들어오기 이전부터 영상기기와 영상물에, 부모는 이미 자녀의 노출을 암묵적으로 허용했다. 학생들은 어른들이 제공한 이 환경 속에서 적응하고 성장한 것이다. 따라서 어른들이 일말의 책임을 지며 '제지'가 아닌 다른 좋은 경험으로의 방법적 안내가 학생들 눈에 비친 어른들의, 더 합리적이고 일관적인 모습이 아닐까 싶다.

학생들의 입장에서 본다면, 영유아 시절부터 주어진 환경에 적응하며 외로움과 지루함을 달래면서 또 다른 고립에 익숙하게 만드는 차가운 기계였을 것이다. 하지만 그 기계를 통해 학창 시절, 배움의 경험 속에서 오히려 사람을 담는, 친구를 담는, 교육을 담는 도구와 자료로, 관계 개선의 매개가 되는 따뜻한 기계가 되는 인식과 경험으로의 전환점을 마련해주고 싶었다. 그래서 교육영상 태스크는 학생들이 서로 협력하여 완성하고 유쾌하게 공유, 공감하는 일련의 과정에서 학생들이 보여준 모든 모습이 인상적이었던 활동이었다.

영상 활동은 요즘 대부분 아이의 친숙한 관심사인 만큼 일단 학생들의 참여율에서는 크게 이득을 볼 수 있다. 또 개인적으로는 태스크가 진행되는 과정에서 모둠별로 기획, 연기, 촬영, 편집 등의 단계에서 두각을 나타내는 학생들의 이면을 볼 수 있었고, 학생들은 자신이 할 수 있는 부분에 최선을 다해 협력적 관계를 유지하는 것을 알게 된 것도 큰 소득이었다.

모두가 하나 되어

모둠별로 학교 곳곳을 누비며 1인, 2인, 3인 등의 인원에 변화를 주고 역할들을 바꿔가며 사진을 찍어 본다. 이 단계에서는 학생들의 연기력과 아이디어가 발현되고 생성된다. 결과물은 가볍게 점심시간 등을 활용해 학급 친구들과 공유하면, 아이들은 자신들이 주체가 된 창작물에 대한 호기심과 자부심으로 다음 활동에 대한 아이디어와 열의를 보인다. 처음이라 조금 어설프겠지만, 잘 격려해주면 학생 주도적 계획이 제대로 시작된다. 학교 안의 촬영 장소에 대한 식견이 넓어지고 주도적 기획이 더해져 연기력과 포즈에 대한 욕심이 담긴 결과물들이 서서히 나오기 시작한다.

이를 극대화시키는 것이 편집 작업이다. 핸드폰으로 하는 무료 영상편집 프로그램을 안내해주고 시연해주며 호기심을 자극해준다. 이는 영상자극과 기기에 익숙한 학생들에게 큰 동기 유발이 된다. 이를 바탕으로 앞서 촬영한 사진들을 옮기고 이어 붙여가며 힘든 창작 과정도 쉽고 즐겁게 접근하여 '정지 사진 스토리텔링 영상 미션'을 완성하게 된다.

이 과정을 거치며 학생들이 작업 흐름을 이해했다면, 착시 등의 기법도 안내하여 좀 더 스토리를 풍성하게 표현해보도록 한다. 여러 작품이 나오면, 영화제처럼 '학급 창의 영상 대전'을 통해 학생들의 놀라운 능력을 볼 수 있게 되며, 학생들도 협력과 성취감, 유대감 등의 좋은 경험을 갖게 된다. 영상 대전에서 가장 호응이 좋은 모둠의 콘셉트로는 그 모둠이 총감독이 되어 학급을 위한 전체 영상도 연출, 제작해본다. 모두가 경험자라서 또 기상천외한 아이디어가 추가되며 시너지가 생기기도 한다.

때로는 의욕이 앞서 모둠 간 갈등이 생기기도 하지만, 새로 제시되는 아이디어도 총감독을 맡은 모둠의 아이디어가 가장 베이스가 되어야 한다는 사전 원칙을 공지하고, 교사의 중재 하에서 학생들의 새로운 아이디어를 총감독 모둠의 콘셉트에 추가할지를 결정해나가는 과정 또한 학생들에게 하고 싶은 일을 하며 생길 수 있는 갈등을 해결해보는 좋은 경험이 되었다.

우리에게 위로가 되는 '뮤직비디오 제작'

앞서 제시한 활동을 하면서 학생들은 기획, 연기, 촬영, 편집 등 일련의 과정을 통해 참여의 마인드도 함양하게 되어 다음 활동을 하는 데 훨씬 수월하면서도 원숙미를 나타낸다. 따라서 교사가 좋은 콘셉트를 제시만 해준다면, 학생들은 흥미와 집중을 잃지 않고 다음 작업도 즐겁게 수행하며 행복한 관계를 유지할 수 있다. 이런 경험이 많을수록 학생들에겐 좋은 관계에 대한 내면화 교육이, 특별히 어른이, 교사가 별도로 가르치지 않아도 진행되게 된다.

그래서 다음 활동으로는 아이들을 관찰해본 후 가장 좋아하고 많이 듣는 음악, 자신들이 좋아하는 그룹에 따라 팀을 결성하고 그들이 좋아하는 가수들의 노래 중 가사가 좋은 음악을 선정하여 학급 친구들에게 격려와 힘이 되는 메시지를 담은 뮤직비디오를 제작하여 공유하기로 했다.(고학년은 가사를 다 아는 노래가 많아서 생각보다 더 쉽게 또 알아서 잘한다)

팀원들은 심사숙고하여 노래를 선정하고 교사와 협의하여 가사를 심의하고 통과하면 팀별로 뮤직비디오 콘티를 짠다. 이번엔 정지 사진과 영상을 혼합하여 제작하도록 하여 학생들의 연출과 연기가 본격적으로 들어가도록 장치를 마련해준다. 이 또한 학생들이 좀 더 생소하고 색다른 경험을 통해 서로 의지하며 협력해가는 과정에서 좋은 관계를 형성하는 데 도움이 된다. 같은 것을 좋아하는 친구들과 팀을 이룬다는 것만으로 좀 더 쉽게 좋은 관계를 형성한다.

이런 활동을 하는 시간을 확보하기 위해 나는 주로 고학년의 미술표현 영역과 국어 연극 관련 단원을 활용하여 기획, 촬영을 했다. 영상편집은 기한만 제시하면 학생들이 자투리 시간이나 가정에서의 시간을 최대한 활용하여 제작하고 완성하는 대견한 모습을 보인다. 이것이 좋아하는 일을 하는 힘이다!

이렇게 좋아하는 그룹의 좋은 노래를 팀이 주체가 되어 정성껏 만든 뮤직비디오들을 서로 보고 즐기는 것만으로 행복함을 느낀다. 거기에 좋아하는 가수의 알려지지 않은 좋은 가사의 노래도 홍보하게 되니 영상을 제작하기 위해 가사를 되뇌며 아이디어를 떠올리는 것을 반복하게 된다. 그렇게 되면 완성된 뮤직비디오 속의 나, 너, 우리의 당시 모습과 상황 등을 상기하며 관계에 대한 내면화 교육이 되는 효과가 있다.

학급 공익 광고 대전

학급회의나 창체, 국어 시간을 활용하여 학생들과 학교생활, 학급 생활을 하며 수정이 시급한 문제를 칠판에 나열한다.(이때 교사는 모르는 좋은 정보도 얻을 수 있다) 보통은 표가 많이 나오는 한두 개를 선정하여 지키자고 결정을 하고 끝나지만, 잘 지킬지는 미지수다. 따라서 우리는 모둠별 협의를 통해 가장 시급한 문제를 선정하여 공익 광고의 주제로 삼는다.(정말 중요한 문제는 여러 모둠이 제작하여 선의의 경쟁을 하는 것도 괜찮다)

모둠별로 주제가 정해졌으면, 뮤직비디오처럼 8컷짜리 콘티를 작성하고 교사와 기획 의도를 협의한다. 협의를 거친 후 필요한 소품을 제작하고 콘티에 따라 촬영한다. 촬영 시간은 한정적으로 주되 완성하지 못했다면 자율적으로 촬영을 마칠 수 있도록 여유로운 제작완료 기한만 제시해 준다. 사전에 날짜를 꼭 공지하고 기한 내에 완성한 작품들은 영상 시연을 통해 학급 공익 광고대전을 개최한다. 영상 대전을 시작하며 투표용지를 모든 학생에게 나누어주고 자신의 모둠이 아닌 다른 모둠에게 1표씩 투표할 수 있도록 안내한다. 영상을 모두 시청하고 나서 개표하여 학급 최고의 공익 광고를 뽑는다.

이후에 비슷한 문제가 발생하면, 다시 관련 주제 영상을 보여주며 매우 유하게 좋은 분위기 속에서 교육이 가능했다.

• 우리라는 '관계'를 위한 크리에이터 되기 •

1. 아이디어형 정지 사진 스토리텔링 영상제작 활동
   • 모둠별로 학교 곳곳을 누비며 1인, 2인, 3인 등으로 인원에 변화를 주어가며 사진을 찍어본다.(단, 다른 장소, 이어지는 다음 포즈 형태로 사

진을 찍는다)

· 영상편집을 통해 사진을 붙여 연속 영상 미션을 완성한다.

· 착시 기법 등을 활용하여 인원을 늘려가며 제작을 해보고 익숙해지면 교사가 최종 인원을 제시하여 학급 창의 영상 대전을 열어본다.

· 영상 대전에서 가장 호응이 좋은 모둠의 콘셉트로 학급 전체 영상을 제 작해본다. 이때 의욕이 앞서 갈등이 생길 수 있으니 새로 제시되는 아 이디어를 교사의 중재 하에서 총감독 모둠의 콘셉트에 추가할지를 결 정하도록 한다.

2. 우리에게 위로가 되는 뮤직비디오

· 가사 위주의 음악을 선정한다.

· 교사에게 가사 심의가 통과되면 모둠별로 뮤직비디오 콘티를 짠다.

· 이번엔 정지 동작과 영상을 혼합하여 제작하도록 하여 학생들의 연기 가 담기도록 한다.

· 미술표현 영역과 국어 연극 관련 단원을 활용하며 촬영, 제작을 한다.

· 우리 반만의 뮤직비디오를 보며 좋아하는 노래도 부르고 건전한 내용 의 가사를 내면화할 수도 있다.

3. 학급 공익 광고 대전

· 수정이 시급한 문제를 칠판에 나열한다.

· 모둠별로 의논하여 주제를 정한다.(정말 중요한 문제는 여러 모둠이 제

작하여 선의의 경쟁을 하는 것도 괜찮다)

· 모둠별로 뮤직비디오처럼 8컷짜리 콘티를 작성한다.

· 필요한 소품을 제작한다.

· 콘티에 따라 촬영한다.

· 영상을 편집한다.

· 영상 시연! 학급 공익 광고 대전을 개최한다.(사전에 날짜를 공지한다)

· 자신의 모둠이 아닌 다른 모둠에게 1표씩 투표한다.

4

관계를 맺는 종합선물세트
쉽게 하는 학급 야영

학급 야영은 진정한 관계를 만들어가는 파티다

사람과 사람이 가장 쉽게 마음을 열고 친하게 지내는 방법은 함께 음식을 나누어 먹고 잠도 자며 여행을 하는 것이다. 아이들과 이 모든 것을 한 번에 할 수 있는 것이 바로 학급 야영이다. 학급 야영은 많은 교사와 관리자에게 부담이 되는 것은 분명하지만, 조금만 다르게 생각하면 아주 쉽게 할 수도 있다.

학급 야영은 관계 맺기 프로그램의 종합 선물세트라고 단호히 말하고 싶다. 학급 야영을 통해 서로 모르는 것을 알아가고 서로의 숨겨진 모습을 볼 수 있고 함께 이야기하며 서로 이해할 수 있기 때문이다. 무엇보다도 학교에서, 학급에서 같이 지내고 잠을 자며 추억을 만들고 공유하는 것만 으로도 일 년을 지내는 힘이 된다.

처음 발령받고 나서 청소년단체 부대장을 맡았다. 사실 대장을 맡고 싶었다. 이미 대학 때부터 동아리 활동으로 초등학교 청소년단체 아이들과 100여 번 이상 만나서 야영을 했었는데, 당시 대학생으로서 하지 못했던 것을 해보고 싶었다.

하지만 막상 청소년단체를 맡고 보니 나름의 재미도 있었지만, 우리 학급 아이들과 이런 활동을 정말 해보고 싶었다. 그래서 체험학습을 최대한 많이 밖으로 나가면서 활동 범위를 늘리기 시작했다. 하지만 이것도 10년 전에는 정말 어려웠다. 동학년 선생님 눈치도 보이고 관리자의 반대도 많았기 때문이다. 그런데 여기에 학급 야영을 한다고 하니 쉽게 허락하지 않는 것은 당연했다. 그러나 당연하다며 거기에 순응하면 절대 바뀌지 않는다는 것을 알기에 열심히 고민하고 설득하기 시작했다.

사실 안전사고와 학교폭력이라는 커다란 벽을 넘을 수 없을지도 모른다. 최근에는 수련회와 수학여행마저 사라지고 있는데, 갑자기 학급 야영을 이야기한다면 말도 안 된다고 생각할지도 모른다. 그렇지만 수련회나 수학여행과 학급 야영은 다르다. 학년 전체가 프로그램에 따라 움직이는 것과 우리 반만 학교에서 잠을 자거나 저녁에 활동하는 것은 많은 공문도 필요하지 않고 오히려 학교폭력을 예방하는 데 더 좋은 기회가 될 수 있기 때문이다. 물론 모든 교사에게 권하는 것은 아니다. 정말 아이들과 학급 야영을 하고 싶은 분들에게 작은 도움이 되길 바라는 마음에서 소개하는 것이다.

학급 야영을 하려면 관리자의 허락, 동학년 선생님의 동의, 안전의 확보 그리고 교사의 자신감이 준비되어야 한다. 여기서 중요한 것이 교사와 교사와의 관계이다. 동학년 선생님의 동의가 있어야 관리자의 허락도 쉽게 받을 수 있고, 동학년 선생님의 지원도 받을 수 있다.

그렇지만 정말 중요한 것은 바로 담임교사의 자신감이다. 근거 없는 자신감이 아니라 충분히 아이들과 학급 야영을 해낼 수 있는 믿음이 있어야 한다.

누구나 도전할 수 있는 학급 야영

교장 선생님 허락해주세요

학교의 최종 결재권자인 교장 선생님의 허락 없이는 야영은 꿈도 꿀 수 없다. 교장 선생님이 반대하는 이유는 여러 가지가 있지만 크게 두 가지다. 첫째는 바로 안전의 문제이고, 둘째는 동학년과의 형평성 문제다.

가장 크게 반대하는 이유가 되는 안전 문제는 바로 잠자리다. 담임 혼자서 남녀 학생들의 잠자리를 모두 돌보기 어렵고, 담임 혼자서 불침번을 서기 어렵다는 이유다. 그리고 취침 중 안전사고나 학교폭력이 발생할 수 있다고 생각하기 때문이다.

어떻게 해결하면 될까? 가장 쉬운 것은 문제 자체를 제거하는 것이다. 즉 잠을 안 자는 것이다. 야영이라고 해서 꼭 1박을 할 필요는 없다. 우선 잠을 자지 않는 야영을 시작해보는 것이다. 그리고 또 하나의 방법은 학교에서 가장 친하고 믿을 수 있는 이성의 교사에게 부탁하여 품앗이를 하거나 하루만 부탁하는 것이다. 불침번 문제는 아이들에게 충분히 시간을 주고 새벽 1~2시경에 각각 남교사는 남학생과 여교사는 여학생과 함께 자면 된다. 대체로 이성의 교사께 부탁을 드리면 두 개 반이 같이 야영을 하자는 경우가 대부분이어서 큰 프로그램은 두 개 학급이 같이하고 나머지는 각반 교실에서 진행을 한 후 잠자리에 들 때만 두 개 학급의 남자와 여자가 나누어 잠을 잤다. 이 부분은 오히려 동학년의 형평성 문제까지 해결할 수 있다.

교장 선생님께서 안전 때문에 반대하시는 이유 중 다른 하나는 불을 이용하여 요리하는 것이다. 학급 야영이다 보니 당연히 저녁은 모둠끼리 준비하게 되고 불을 사용하기도 한다. 그러나 위험하다면 불을 사용하지 않으면 된다. 방법은 2가지다. 첫 번째는 아예 저녁을 집에서 먹고 학교에 모이는 것이다. 두 번째는 불이 필요하지 않은 음식을 준비하는 것이다. 가장 좋은 음식이 김밥과 비빔밥이다. 모둠별로 밥을 준비하고 김밥 재료도 미리 잘라 와서 학교에서는 만들어 먹기만 하거나 비빔밥 재료를 가지고 와서 비벼 먹기만 하면 된다.

동학년 선생님도 함께해요

교장 선생님이 반대하시는 두 번째 이유가 동학년의 형평성이다. 따라서 먼저 동학년 선생님들에게 동의를 얻어야 교장 선생님께도 허락을 받을 수가 있다. 하지만 동학년을 설득하는 것도 쉬운 일은 아니다. 그래서 평소에 동학년 선생님과의 유대관계가 매우 중요하다. 먼저 수업 자료나 아이디어도 항상 공유하고 동학년 선생님께서 활용해주시면 감사한 일이지만, 활용하지 않으셔도 동학년 선생님께 최선을 다한 것이라 생각한다. 그리고 그런 과정에서 동학년 내에서 학급 야영을 같이할 수 있는 학급을 찾고 야영에 관한 이야기를 나누는 것이 매우 중요하다. 무엇보다 학년부장을 설득해서 최소한 내 학급만이라도 학급 야영을 할 수 있도록 공감을 얻어야 한다.

많은 동학년 선생님이 학급 야영을 매우 거창한 것으로 여기고, 취지는 좋으나 함께하는 것은 거절하거나 심지어 하지 않으면 좋겠다고 하는 경우도 있다. 그래서 정말 쉬운 학급 야영 방법을 설명해 드리는 것이 필요하다. 막상 이야기를 듣고 나면 동의하는 분이 생각보다 많다. 따라서 어떻게 하면 더 쉽게 야영을 할지에 대한 고민이 필요하다. 아래에 그런 고민을 해결하기 위한 '쉽게 하는 학급 야영'을 소개한다.

쉽게 하는 학급 야영의 실제

첫째, 숙박도 하지 않고 저녁을 짓기 위한 불도 사용하지 않고 교실에서 야영하는 것이다. 아이들은 일단 하교하고 나서 오후 5시나 6시에 모이게 한다. 이때 밥을 먹고 오게 할 수도 있고, 밥을 먹지 않고 오게 할 수도 있다. 밥을 먹고 온다면 특별히 준비하거나 문제 될 것이 없다. 밥을 먹지 않고 오는 경우라면, 집에서 각자 먹을 것을 싸 와서 친구와 나누어 먹는 '친구와 함께 먹는 도시락 밥상'을 계획하여 학교에서 밥을 나누어 먹는다. 앞에서 말했듯이 모둠이 함께 김밥이나 비빔밥을 만들어 먹어도 좋다. 만약 밥을 먹고 오더라도, 함께 만들어 먹는 재미를 위해 화채나 팥빙수 또는 카나페 등을 만들어 먹는 것도 좋은 방법이다. 아이들은 정규 학교 생활 속에서 함께 음식을 먹는 것보다 훨씬 더 좋은 자극을 받고 이것은 아이들의 관계를 정말 돈독하게 해준다.

식사 문제는 이렇게 해결한 다음, 1~2개의 프로그램을 진행하고 9시나 10시에 집으로 돌아가면 된다. 이때는 반드시 사전에 가정에 안내하여 부모님께서 아이들을 데리고 갈 수 있도록 해야 한다. 같은 동네 아이끼리 묶어서 아이들을 집으로 데려다줄 수 있는 부모님의 자원봉사를 이끌어내는 것이 좋다. 교사가 일일이 집으로 데려다주는 방법도 있지만 만만치는 않다. 하지만 아이들 수가 적거나 집이 서로 가깝다면 교사가 직접 데려다주는 것도 좋은 추억이 될 수 있다.

둘째, 숙박은 하되 불을 사용하지 않는 학급 야영이다. 모이는 시간과 밥을 먹는 방법은 첫 번째와 같다. 대신 아침에 일어나면 곧장 침구를 정리하고 간단하게 몸을 푼 뒤 곧장 오전 8시에 귀가한다. 이 경우에는 금요일에 학급 야영을 해야 한다. 아침을 거르고 집으로 보내는 것이 마음에 쓰인다면, 돌봄 교실 선생님께 말씀드려 간식을 구입할 수 있는 쉬운 방법을 찾아 학급운영비로 아침 식사를 마련하여 배달 온 아침을 함께 나누어 먹는 방법이 있다.

셋째, 진짜 1박 2일 야영을 하는 경우인데, 학급 야영을 처음 해보거나 많이 해보지 않은 교사에게는 불을 사용하여 요리를 해 먹는 것을 권장하지 않는다. 그래도 불을 이용하여 요리하고 싶다면, 밥은 도시락통에 가져오게 하거나 큰 전기밥솥 2개 정도에 밥을 공동으로 짓는다. 요리는 찌개나 국류만 하도록 해서 모둠당 1개의 불만 사용하게 해야 교사의 시야 내에서 안전하게 할 수 있다. 또한 저녁 한 끼만 요리하도록 한다. 저녁을 준비하면서 나오는 음식물 쓰레기를 학교 수돗가에 방치하면 하수구가 막히니 주의해야 한다. 그래서 반드시 구멍이 촘촘한 바구니를 준비해서 음식물을 걸러 버리게 하고, 각종 쓰레기는 재활용할 수 있도록 구분해서 버려야 한다. 급식 선생님께 부탁드리면 흔쾌히 거름 채를 주시는 경우가 많았다. 그리고 사전에 아이들의 역할을 모둠별로 스스로 정하게 하여 깨끗하게 정리할 수 있도록 지도하는 것이 좋다.

이제 남은 문제는 잠자리이다. 우선 두 개의 교실을 확보하는데, 바로 옆 교실이 아니라 한 칸을 띄워 확보한다. 그렇게 해서 남녀 학생을 구분하는 것이 좋다. 그리고 할 수만 있다면, 교실에 텐트를 2~3동 친다. 그러면 그 안에서 함께 자면서 더 많은 추억거리를 남길 뿐 아니라 추위도 대비할 수 있다. 잠자리는 남자와 여자를 구분하고, 교사가 복도에서 불침번을 서다가 12시나 1시 즈음에 아이들과 같이 자면 된다. 만약 이성 교사분의 도움을 받지 못한다면 정말 어렵지만, 복도에서 불침번을 서는 수밖에 없다. 하지만 아직 이런 경우는 없었다. 이미 동학년 선생님께서 동의하시는 순간 같이하고 싶은 선생님들이 계셨기 때문이다.

여학생과 남학생을 나누어서 학급 야영을 밤 10시까지만 한 적도 있었다. 두 번 해야 한다는 번거로움은 있지만, 고학년은 오히려 더 반응이 좋았고, 함께한 선생님들도 아이들과 깊은 대화를 나누면서 얽힌 관계를 풀고 긍정적인 관계를 엮을 수 있어서 좋았다고 하셨다.

학급 야영 때 알아두면 좋은 프로그램

야영에서 가장 중요한 의식주가 해결되면 남은 것은 바로 프로그램이다. 어떻게 아이들과 행복한 추억을 쌓을까 하고 고민하는데, 너무 어렵게 생각하거나 너무 잘하려는 생각을 버리면 좀 더 쉽게 해결된다. 그냥 프로그램 없이 하는 것도 방법이기 때문이다. 심지어 놀이가 없어도 된다. 아이들과 가장 행복한 저녁을 보내는 방법을 찾으면 된다. 즉 내가 할 수 있는 것으로 시간을 보내면 된다.

쉽고 편하게 학급 야영을 했던 여자 선생님의 사례가 있다. 약 4시간 동안 당일 학급 야영을 했는데, 2시간은 안전교육과 저녁을 먹고 정리하는 데 썼고, 남은 2시간은 사전에 준비한 낱말이나 문장을 뽑아서 함께 이야기를 나누었다. 낱말이나 문장도 '친구, 엄마, 아빠, 내가 가장 싫어하는 상황, 학교가 정말 싫어졌을 때, 학교가 정말 좋았을 때' 등 함께 나누고 이야기할 수 있는 것들이었다.

더 쉬운 방법은 아이들과 영화를 보며 이야기하는 것이다. 프로젝터로 영화를 보는 것이 좋겠지만, 교실 앞의 대형 TV도 괜찮다. 교실에서 앉거나 누워서 함께 영화를 보고 이야기를 나누면 된다.

만약 아이들이 그런 활동보다 놀기를 좋아한다면, 아이들 스스로 미리 계획하고 사전에 담임교사의 허락을 받도록 하면 좋다. 다만 이런 상황이 처음이라면 아이들이 잘 놀지 못할 수도 있는데, 이때는 보드게임이 좋다. 교실에 보드게임이 없으면 아이들이 집에서 보드게임을 가져와서 친구들과 함께하면 된다. 사전에 어떤 보드게임을 가지고 올 것이며, 누가 그 보드게임을 진행할지 정하고 순환 방식으로 아이들이 각종 보드게임을 돌아다니면서 함께 시간을 보내면 된다.

음악을 좋아하는 교사라면, 아이들이 각자 악기를 준비해서 독주 또는 합주를 하거나, 함께 리코더 합주회를 하는 것도 좋다. 아니면 좋은 뮤지컬이나 오페라를 감상하는 것도 좋다. 아이들이 합주를 동영으로 찍어 부모님께 보내드리면 많이 감동하신다.

나는 독서와 수학에 관심이 많아서 야영이 아니더라도 가끔 독서캠프나 수학캠프를 토요일이나 방학 중에 운영하는 것을 좋아한다. 이 캠프가 좋은 것은 교장 선생님의 허락을 받기 쉽다는 것이다. 즉 학교평가와 관련이 있는 지역이 많아서 비교적 쉽게 허락해주신다. 심지어 일부 지역에서는 독서하면서 날을 새는 캠프에 대한 매뉴얼까지 공문으로 시행되기도 했었고, 그것을 각 학교에 권장하기까지 했었다.

프로그램 전체는 아니더라도 잠자기 전에 아이들에게 꼭 읽어주고 싶은 그림책을 한 권 읽어주는 것도 참 좋지 않을까 싶다. 그리고 수학캠프도 수학 문제 풀기가 아니라 놀이 중심으로 운영하는 것이 중요하다.

결론적으로 말하자면, 어떤 프로그램이 좋다거나, 야영이니까 이런 프로그램이 꼭 있어야 한다가 아니라 교사 스스로 재미있게 할 수 있는 프로그램이 가장 좋다는 것이다. 가장 좋은 프로그램은 교사와 아이들 마음속에 추억으로 오래 남는 프로그램이다. 학급 야영을 너무 어렵게 생각하지 않았으면 한다. 일단 시작해보자. 시작하면 많은 고민이 따르지만, 정말 돈독한 관계를 형성할 수 있고 평생 가는 행복한 추억을 아이들과 담을 수 있을 것이다.

· 관계를 맺는 종합선물세트, 쉽게 하는 학급 야영 ·

▶ 교장 선생님께 허락받기

▶ 동학년 선생님께 동의 구하기

▶ 쉽게 하는 학급 야영

　· 숙박하지 않고 저녁만 함께 먹고 9시~10시에 집으로 가기

　· 숙박하고 불을 사용하지 않는 요리로 저녁을 만들어 먹기, 아침에 곧장 집으로 가기

　· 숙박하고 불은 하나만 사용하기(밥은 집에서 가져오거나 공동으로 밥

솥에 짓기)

▶ 간단하고 쉬운 야영 프로그램

　· 프로그램 없이 하기

　· 영화 함께 보기, 아이들이 놀이 계획 세우기, 보드게임 하기

　· 주제가 있는 야영하기(독서, 수학, 음악, 미술 캠프)

급식 없는 날 우리끼리 한솥밥 해 먹기

한솥밥 해 먹기

친해지는 데는 맛있는 음식을 나눠 먹는 일 만한 것이 없다. 무엇보다 음식을 함께 만들면서도 재미나고, 자기가 만든 음식은 자기 품이 들어갔으니 더 맛있게 느껴지고, 여럿이 함께 먹으니 더 맛있게 느껴진다. 개학을 앞두고 함께 밥 먹을 기회가 생겼다.

아이들에게 의견 물어보기

지난여름, 교실 야영을 하기 위해 아이들이 저녁밥을 지으려고 쌀을 가져왔는데, 그때 남은 쌀과 잡곡을 모아 교실 냉장고에 잘 넣어두었다. 이걸 어떻게 하면 좋을까 생각하다가 2학기 개학 날은 급식을 하지 않고, 4교시 수업을 마치면 곧장 집에 간다고 안내한 것이 떠올랐다. 개학을 일주일쯤 앞두고 우리 반 단체 대화방을 통해 아이들에게 물었다.

'개학 날 4교시 수업인데 이날은 학교에서 급식이 없습니다. 그냥 집에 가서 밥 먹을래요? 아니면 친구들과 함께 밥해 먹고 갈래요?'

'개학 날인데 친구들과 함께 밥 먹고 가고 싶어요' 하는 친구가 많아 비빔밥을 해 먹기로 하고 비빔밥에 넣을 재료 한 가지와 반찬 한 가지를 준비해오라 알렸다.

부모님께 도움 요청하기

우리 반 부모님 밴드에는 개학 5일 전에 이렇게 안내해 드렸다.

"개학 날에는 점심 급식을 하지 않습니다. 그래서 4교시에는 함께 비빔밥을 만들어 먹을까 합니다. 아이들에게 물어보니, 첫날이니 함께 밥해 먹고 가고 싶다 합니다. 밥은 학교에 있는 압력솥으로 짓겠습니다.

아이들이 준비해올 것을 안내합니다. 비빔밥에 넣을 재료 한 가지와 밑반찬(양은 모둠 친구들과 나눠 먹을 만큼 준비해오면 되어요. 생각하시는 것보다 조금만 보내주십시오), 자기 접시, 숟가락, 젓가락, 자기 그릇 넣어갈 큰 봉지 한 개입니다. 설거지는 집에 가져가서 합니다.

쌀, 고추장, 참기름은 제가 준비하겠습니다. 쌀은 야영 때 밥 짓고 남은

것이 있습니다. 맛있게 비벼 먹을 수 있는 양념을 조금 해서 보내주신다면 기쁜 마음으로 아이들과 비빔밥 만들어 먹겠습니다."

함께 비빔밥 만들어 맛있게 먹기

여름방학이 끝나고 개학 날, 2교시를 마치고 쉬는 시간에 두 친구가 쌀을 씻어 밥을 미리 안쳐두는 역할을 해주었다. 압력솥은 연구실에 있는 것을 썼고 학교 급식실에도 전기밥솥이 몇 대 있다. 그리고 3교시 수업 시작할 때 밥솥의 취사 버튼을 눌러둔다.

또 다른 친구들은 중간놀이 시간에 조리실습실에 들러 큰 양푼을 챙기고 혹시 그릇과 숟가락 가져오지 않은 친구들을 위해 식기를 몇 개 씻어 챙겨왔다. 시간이 지나니 밥이 되는 냄새가 솔솔 풍기고 배가 고파진다.

4교시가 끝나갈 즈음, 큰 양푼에 밥을 푸고 아이들이 가져온 재료를 밥 위에 모두 나눠 얹는다. 나물도 있고, 떡갈비도 있고, 무채김치도 있고, 정말 재료가 여럿이다. 누구 것은 넣고 누구 것은 안 넣을 수 없어서 재료가 생각보다 좀 많다 싶었지만, 그냥 모두 넣고 비빈다. 한쪽 양푼은 고추장을 넣고, 매운 것을 잘 못 먹는 아이들이 있어 한쪽 양푼에는 넣지 않았다. 그런 다음 참기름도 휘둘러 넣는다. "선생님, 참기름 듬뿍 넣어주세요!" 하는 아이들을 위해 참기름을 몇 번 더 휘둘러 넣는다. 그런 다음 커다란 주걱 두 개로 열심히 비빈다. 아이들은 밥 비비는 모습도 재밌어한다.

"선생님, 여기 20가지가 넘는 재료가 들어갔네요!"

"그러게, 너희 덕분에 맛있겠다."

오늘 전학 온 한 친구는 맛있다며 두 그릇을 먹고 간다. 그렇게 아이들과 맛있는 밥 한 끼 한다. 설거지는 가져온 봉투에 자기 식기를 넣어 집에 가

서 하기로 한다.

학교에서 급식하지 않는 날이 있다면, 함께 밥해 먹어 보아도 좋을 것 같다. 아이들은 친구들과 함께 한솥밥을 해 먹으며 다시 친해지고, 우리 반이 하나가 된 기분이 들었다 한다.

TIP

비빔밥은 두 종류로 만들면 좋다. 매운 음식도 잘 먹는 친구들을 위해 고추장을 많이 넣은 것과 매운 음식을 못 먹는 친구들을 위해 고추장을 넣지 않은 것, 이렇게 두 가지로 만들면 아이들이 기호에 맞게 골라 먹을 수 있다.

방학하는 날도 헤어지기 바쁘지만, 아이들과 교실에서 특별한 음식을 만들어 먹으며 마무리해도 좋다. 방과 후에도 아이들과 상담해야 할 때는 즉석에서 해 먹을 수 있는 떡볶이를 미리 사서 냉장고에 넣어두었다가 만들어 먹거나 라면을 함께 끓여 먹으며 이야기를 나누기도 한다. 맛있는 음식이 마음을 열어주어 이야기가 잘 될 때가 많다.

6

방학 번개 만남

특별한 곳에서 만나 특별한 경험을

방학이 시작되고 얼마간은 아이들 생각을 내려두고 내 시간을 갖는다. 아이들도 기다리고 기다리던 방학이 오면, 하고 싶은 것을 실컷 하며 푹 쉬는 아이들도 있지만, 방학 때도 학원이다 뭐다 여전히 바쁜 아이가 더 많다.

방학이 반쯤 지나면, 아이들 하나하나 방학은 어찌 지내는지 전화를 걸어 안부를 묻는다. 그냥 방학하고 나서 어찌 지냈는지 궁금하다며 시시콜콜한 이야기 나눈다. 방학 전에 세웠던 계획은 이뤄 가는지 묻기도 한다. 그리 길지 않은 통화지만, 오랜만의 통화에 놀라기도 하고 반가워하기도 한다. 반 친구들은 좀 만나는지 물어보면 같은 동네에 살면서도 의외로 반 친구들을 잘 못 만나고 지내는 아이가 많다.

방학하기 전에 아이들에게 번개 모임이 무엇인지 안내하고 개학을 앞두고 번개 모임을 할 수도 있다고 미리 이야기해둔다. 시간이 나는 날 하루를 정해 만나기 일주일 전쯤 반 밴드에 올려 모임을 안내하고 사정이 되는 친구들과 함께 만난다. 스케줄이 있어 못 나오는 아이도 있지만, 거의 반이 넘는 아이들이 항상 모임에 나오는 것 같다.

방학 때, 학교가 아닌 특별한 곳에서 만나 특별한 경험을 함께할 때 아이들도 참 좋아하고 서로 더 친밀해지는 느낌이 든다.

아래는 학부모님들께 알리기 위해 밴드에 올린 글이다.

여름방학 하루 만나는 날(번개 모임)을 안내합니다. 무더운 날씨에 아이들도, 부모님도 모두 건강하게 잘 지내고 계시는지요? 개학하기 전에 아이들과 하루 만나 스케이트 타러 가기로 했습니다. 아이들과 헤어져 있다 보니 아이들 생각이 많이 나고 그립기도 합니다.

아래 내용을 보시고, 시간이 나며, 아이가 참여하고 싶어 하고, 부모님이 동의해주시면 함께 다녀오겠습니다. 참여하는 친구들은 부모님께서 ○요일(○월 ○○일)까지 참여하는지를 투표로 알려주십시오.

　– 만나는 때와 만나는 곳 : ○월 ○○일 ○요일, 아침 9시에 ○
　　○초 운동장 옆 필로티
　– 가는 곳 : 어울림누리 –> 얼음마루 스케이트장

– 가는 방법 : 모두 모이면, 학교 앞 버스정류장에서 좌석버스를 타고 갑니다.

– 준비할 것 : 오고 가는 버스비, 스케이트장 입장료(3,000원), 헬멧과 스케이트 빌리는 비용(3,500원), 장갑(꼭!), 긴 바지와 긴 소매 옷(스케이트장 안은 몹시 춥습니다) 간식과 점심 도시락, 마실 물, 갈아 신을 양말(스케이트 타고 나서), 휴지, 손수건, 그 밖에 자기가 필요한 것 챙겨오면 됩니다.

스케이트 타고, 점심도 먹고 조금 더 타다가 밖에 나와 어울림 누리 바닥 분수에서 조금 더 놀다가 오겠습니다. 학교로 오면 3시 30분 안팎이 될 것 같습니다. 이 글에 댓글로 일정 알리겠습니다. 식구들과 행복한 주말 보내십시오.

그동안 아이들과 번개 모임으로 함께 가보았던 곳

북한산 계곡

여름 번개 모임 때 전철 타고 버스를 갈아타고 북한산 입구까지 가서 걸어 올라간다. 산을 오르다가 근처에 발 담그기 좋은 계곡에 자리를 잡고 도시락도 먹고, 물놀이도 실컷 하고 놀다 왔다. 댐도 쌓고 물을 뿌리며 놀다 보면 옷이 젖기도 하는데 놀며 돌아오는 길에 어느덧 옷이 다 마른다.

겨울에 함께 학교에서 차로 10분 거리에 있는 눈썰매장에 가서 실컷 눈썰매를 타다 왔다. 썰매 시합도 하고, 썰매를 여럿 이어 붙여 기차놀이도 하고 뜨거운 어묵이나 라면도 사 먹는다.

학교 근처에 있는 눈썰매장이라 내 차와 학부모님 몇 분의 차에 나눠 타고 간다. 시간이 끝날 즈음 연락드리면 다시 태우러 와주신다. 추운 날씨지만 아이들은 오랜만에 만난 친구들과 신나게 탄다. 단, 모임 마치는 시간을 미리 확실히 정해두고는 꼭 지킨다. 시간을 미리 정해두지 않으면 아이들은 아마도 밤까지 타고 가자 할 수 있다.

미술관과 서점

방학 때 멋진 전시가 있는지 살피고 미술관에도 가보았다. 학교 앞에서 좌석버스를 타고 서울로 간다. 서울시립미술관에도 가보고, 대림미술관 전시에도 함께 간다. 회식비를 챙겨 와서 근처 맛집에 들러 함께 점심도 먹는다.

전시를 보고 나서는 근처에 있는 큰 책방에 가서 구경도 하고 책도 산다. 그래서 올 때는 책 한 권 살 용돈도 챙겨오기로 한다. 아이들은 이런 이벤트도 좋아하지만, 무엇보다 친구들과 오가며 이야기 나누고 맛있는 것 사 먹고 하는 걸 더 좋아한다.

아이스링크

얼마 전부터 방학 때 주로 가는 곳은 스케이트장이다. 여름에는 시원해서 좋고 겨울에도 신나게 스케이트 탈 수 있어서 좋다. 스케이트장에 가면 안전교육을 먼저 하고 준비운동을 한다. 잘 타는 아이들은 잘 못 타는 친구들을 알려주기도 하면서, 자기 수준대로 모두 재미나게 타고 온다. 스케이트를 타고 나서는 여름에는 스케이트장 앞 분수광장에서 물놀이도 하고, 겨울에는 광장에서 여러 가지 술래잡기 놀이도 함께 하며 뛰어논다. 혼자 타는 것보다 여럿이 함께 가면 더 재미있다.

TIP

번개 모임으로 어디를 가고 무엇을 할지는 방학하기 전에 아이들과 학급회의를 통해 한두 군데 미리 정해두면 좋다. 보통 개학하기 일주일쯤 전에 번개 모임을 하면 오랫동안 못 만났던 친구들과 미리 한 번 만나고 개학 때 보면 서먹함이 줄어들게 되고, 또 방학 때 만나면 아이들이 더 반갑게 느껴진다. 이렇게 편안하고 좋은 기분으로 개학을 맞이할 수 있다.

학년을 마치고 나서 올 한 해 동안 가장 기억에 남는 일이 무엇이냐 물어보면 방학 때나 주말에 번개 모임으로 공연을 보러 가거나 함께 놀러 갔던 일을 이야기하는 아이가 참 많다.

영화관도 좋고, 공연장도 좋다. 쉽게 갈 수 있는 곳에서 함께 즐거운 시간을 보낼 수 있는 곳이면 좋다.

7

개학과 함께 다시 시작하는 관계 맺기

방학 동안 뜸했던 관계를 다시 끈끈하게

개학을 앞두면 많은 교사가 설렘과 더불어 두려움이 생기기 마련이다. 방학을 보내고 난 변화된 아이들의 모습이 궁금하기도 하지만, 그런 변화로 인해 새로운 학기나 남은 시간 동안 아이들의 관계가 흐트러지지 않을까 하는, 생활지도가 어렵지 않을까 하는 걱정이 든다.

그리고 개학하는 날 오전 수업 동안에 아이들과 어떤 이야기를 나눌 것인지, 어떤 활동을 할 것인지에 대한 고민도 따르기 마련이다. 중요한 것은 왜 이야기를 나누고 활동을 하는지를 먼저 정해야 한다. 내가 가장 중요하게 생각하는 것은 새롭게 시작하는 학기에 아이들의 서먹함을 없애고 예전에 좋았던 긍정적인 관계를 지속시켜주는 일이다.

개학하면 친구들과 다시 만나서 좋기도 하지만, 몇몇 친구는 몸과 마음이 급속히 성장하여 약간 낯설게 느껴지기도 한다. 친하게 지냈던 친구지만 방학 동안 잘 연락하지 않고 있다가 개학을 맞이하는 경우도 있다. 그래서 예전처럼 쉽게 다가가지 못하고 겉으로 과장하며 행동하고 이야기하거나 반대로 말을 줄이기도 한다.

그래서 개학 첫날은 너무 과한 활동은 자제하자는 생각으로 아이들과 만나길 바란다. 몸도 마음도 다시 처음부터 시작하기 때문에 이때는 아이들도 평소와 다르게 민감하게 반응하기도 하고 몸이 따르지 않아 다칠 수도 있기 때문이다.

그렇다면 어떻게 아이들끼리 다가가게 할 수 있을까? 많은 선생님은 방학 중 같은 경험을 이야기하거나 방학 중 있었던 일을 몇 가지 적고 그중 틀린 것을 찾는 활동을 많이 한다. 한동안 떨어져서 친구들이 어떻게 지냈는지 잘 몰라서 궁금한 것도 있지만, 자신의 생활 역시 친구들이 잘 모른다. 이때 필요한 것이 상대방에 관한 것을 주제로 하는 대화 활동이다. 방학 때 있었던 일에 관한 활동을 할 때는 자기 이야기를 하는 것보다 상대방의 것을 질문하면서 상대방의 이야기를 끌어내고 이것을 서로 나누는 것이 더 효과적이다. 즉 친구가 나에 관해서 궁금해하고 질문하는 것이 그 아이의 마음을 열 수 있을 뿐 아니라 친구에게 긍정적인 생각을 가지게 되는 계기가 된다.

먼저 교사의 방학 생활에 관해 아이들이 질문하여 퀴즈처럼 풀어가는 방법으로 교사와 아이들이 먼저 마음을 열고 활동한다. 이렇게 하면 아이들끼리 활동하기 전에 충분히 마음의 준비를 할 수 있는 시간과 과정을 줄 수 있다. 이렇게 한 차지 정도를 하고, 다음 한 차시는 아이들끼리 서로 질문하고 답하면서 이것을 모둠으로 확대해서 발표하도록 하면 짝꿍과의 관계를 넘어 모둠까지 확장되게 된다.

여기에 시간이 되면 다시 한 차시 동안 활동한 내용으로 간단하게 책으로 만들고, 이것을 전시하여 친구끼리 볼 수 있도록 함으로써 학급 전체의 관계로 확산시키며 마무리 짓는다. 고학년의 경우 학급 분위기에 따라 아이들끼리 질문하고 답하는 것을 어색해하면, 교사와 아이끼리 하고 중간 과정을 생략하고 책(휠 북)을 곧장 만들어서 돌려 읽기를 하고 전시하면 좋다. 특히 휠 북은 전체 내용보다 부분적인 내용이 보이기 때문에 가려진 내용을 알아맞히는 활동으로 바꿀 수 있고, 일부 아이의 경우 자신의 생활을 직접 보여주는 것을 부담스러워할 수 있기 때문에 휠 북이 가려주는 것을 좋아하기도 한다.

관계 형성은 절대로 급하게 다가가면 안 된다. 이미 잘 알고 있고 관계가 형성되었다고 생각을 했더라도 방학 동안 떨어졌다가 다시 만난 아이들은 첫날 또는 일주일 동안은 다시 조심스럽게 다가가고 만나서 예전의 관계를 회복하는 것이 중요하다.

다시 시작하는 관계 맺기 활동의 실제

우리는 선생님이 방학 때 한 일을 알고 있다

이 활동은 한 숙박 연수에서 같은 모둠으로 활동했던 '엄은남' 선생님께 들었던 아이디어를 응용해서 만들었다.

- 칠판에 교사가 방학 때 있던 일과 관련된 단어를 10개 정도 쓴다. 음식, 사람, 장소, 기억나는 활동이나 장면(추억), 영화나 드라마, 운동(스포츠)

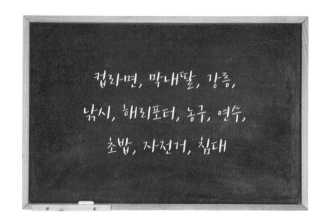

컵라면, 막내딸, 강릉,
낚시, 해리포터, 농구, 연수,
초밥, 자전거, 침대

등을 꼭 포함한다.

- 칠판에 쓴 낱말은 선생님의 방학 생활과 관련된 것이라고 이야기하고 이 중 2개(또는 3개)를 연결해서 이야기를 짓도록 생각할 시간을 준다.
- 학급 전체가 한 번씩 돌아가면서 칠판의 낱말 중 2개(또는 3개)를 선택하여 선생님의 방학 이야기를 발표한다.

예 1) 컵라면 + 낚시: 선생님께서는 낚시를 하러 갔는데 고기가 잘 잡히지 않아 가지고 간 컵라면만 먹고 빈손으로 돌아오셨습니다.

예 2) 강릉 + 자전거: 선생님께서는 자전거를 타고 강릉 일대를 여행하셨습니다.

- 학급 전체가 한 번씩 발표를 한 다음 추가로 발표할 사람이 있으면 기회를 준다.

예) 농구 + 침대: 선생님은 방학 때 하루 종일 침대에서 지내는 것이 소원이라서 이번 방학 때는 하루 날을 잡아 침대 위에서 주로 TV에 나오는 농구나 배구를 보면서 지냈습니다. 그런데 막상 5시간 정도 보니 허리도 아프고 지겹기도 해서 결국 밖으로 나가 동네 공원 농구장에서 땀 흘리며 농구를 했습니다.

너의 방학 이야기가 들려

이 활동의 제목은 당시 이 활동을 할 때 인기를 끌었던 한 드라마에서 가져온 것이다. 아이들과 지금 활동할 때는 '난 네가 방학 때 한 일을 알고 있다'라고 말하고 해도 좋다.

- 준비물: 개인당 포스트잇 10개, 매직 또는 굵은 필기도구
- 자신의 방학 생활을 생각할 시간을 준다. 이때 칠판에 '음식, 음식, 사람, 장소, 기억나는 활동이나 장면(추억), 영화나 드라마, 운동(스포츠)'을 적고 이것을 바탕으로 생각하도록 알려준다.
- 포스트잇에 생각한 낱말 10개를 적는다.
  - 포스트잇 한 장에 한 낱말만 적는다.
  - 포스트잇이 더 필요한 친구에게는 더 나누어준다.
  - 최소한 7개 이상은 쓰도록 격려한다.
- 다 쓴 포스트잇을 책상에 모든 낱말이 보이도록 흩뜨려 붙이게 한다.
- 상대방의 포스트잇 2~3개를 골라 친구의 방학 생활 이야기를 추측하여 말한다. 서로 한 번씩 번갈아 가며 한다.
- 충분한 시간이 지나면 활동을 마무리하고 번갈아 가면서 자신의 방학 이야기를 포스트잇 낱말을 활용하여 이야기한다.
- 짝꿍 활동이 끝나면, 모둠 대형으로 모여 같은 활동을 한다. 단, 이때는 짝꿍이 한 팀이 되어 상대 짝꿍 중 한 명의 포스트잇 10개 중에서 우리

팀 짝꿍이 각각 한 개의 포스트잇을 고르고 그것을 가지고 이야기를 만든다.

예: 상대 짝꿍 '길동'이의 포스트잇 10개 중 나는 '라면'을 고르고 내 짝꿍이 '혼자'를 골랐다면, 내 짝꿍이 먼저 '길동이는 부모님께서 외출하셔서 혼자서 신나게 게임을 하며 집에서 놀고 있었다'라고 말을 하며 내가 이를 이어받아 '그런데 저녁 시간이 되어도 부모님께서 돌아오시지를 않자 배가 고픈 길동이는 라면을 2개나 끓여 먹었다'라고 함께 이야기를 만든다.

• 같은 방식으로 상대방 팀의 방학 이야기를 유추한다.

방학 책(휠 북) 만들기

휠 북은 앞에서 말한 것처럼 전체가 보이지 않고 부분이 보이는 장점이 있다. 궁금증을 유발하기도 하고 숨기고 싶은 내용을 적을 수도 있다. 그래서 앞의 활동이 마무리되면 이를 학급 전체로 확산시키기 위해 휠 북을

만들고 전시한다. 휠 북은 4가지 주제를 중심으로 만든다. 그리고 주제에 대한 낱말과 내용을 숨긴다. 4가지 주제는 교사가 정해도 되고 아이들이 스스로 정해도 상관없다.

주의점

보통 개학식 활동을 할 때, 많은 아이가 특별한 경험을 이야기하려고 한다. 그러다 보니 방학 때 특별한 경험이 없거나 집에서만 지낸 아이에게는 자칫 부담이 될 수 있다.

그래서 처음에 교사의 방학 생활을 이야기할 때, 음식에 '라면'이나 '찬밥'을 적고 장소에는 '방구석', 기억나는 활동에는 '잠'을 적고 이야기를 나누는 것이 좋다. 찬밥을 정말 맛있게 먹을 수밖에 없는 상황으로 이야기를 만들거나 맛있는 라면 레시피를 신나게 이야기하고 재료가 없어서 그냥 라면을 먹었다고 이야기를 하는 것이다. 너무 덥거나 추워서 방구석에 혼자 앉자 키득거리며 웹툰을 보았다거나 뒹굴뒹굴 멍때리며 잠을 자는 것이 정말 편안하고 건강에 좋았고 이야기를 하면, 방학 중에 특별한 일이 없던 아이들도 조금 쉽게 활동에 참여할 수 있다.

다시 강조하지만, 개학한 날은 서로의 궁금함도 중요하지만 친구가 나에 관해서 물어보는 것을 통해 친구 사이에 긍정적인 관계를 형성하는 것이 우선 목표가 되었으면 한다. 그리고 조급함이나 너무 아이들을 만나서 기쁜 나머지 과한 활동을 하는 것은 오히려 역효과가 날 수 있음도 주의해야 한다.

그물 8자 놀이

8자 모양으로 길이 난 놀이판에서 술래를 피해 다니는 놀이인데, 그물 술래잡기 놀이 방법을 더해본 것이다.

놀이하기

• '술래'를 한 사람 정하고 '시작!' 신호에 맞춰 시작한다.
• 술래는 길을 따라서만 다닐 수 있고 길이 끊긴 곳에 있는 강을 점프해서 건너뛸 수는 없지만 다른 사람들은 점프할 수 있다.

- 다른 규칙은 8자 놀이와 똑같은데 술래에게 채인 사람은 술래의 손을 잡고 그물을 계속 만들어 가야 한다. 술래가 계속 늘어나는 방식이다.
- 술래들은 손을 잡고 여럿이 그물을 만들어 움직이다 보니 그물이 커질수록 다른 사람들이 더 잘 잡히기도 하지만, 어느 정도 수가 늘어나면 기동력이 떨어진다.
- 이런 식으로 마지막 사람까지 모두 채어야 한 판이 끝나고, 마지막에 잡힌 사람이 술래가 되어 새로운 판이 시작된다.

놀이 TIP

- 아이들과 새로운 규칙을 만들어 변형하며 논다. 때로는 술래도 강을 점프할 수 있다가 그물이 4명이 되었을 때는 술래는 강을 건널 수 없게 규칙을 만들어본다. 좁은 놀이판에서도 훨씬 긴장감 있고 재미있다.
- 8자 좀비 놀이: 원래 8자 놀이랑 똑같은데, 술래만 좀비처럼 다닌다. 표정이나 몸짓이 좀 무서운데 아이들은 재밌어한다.
- 8자 강시 놀이: 술래는 강시처럼 두 발을 모으고 통통 뛰어다니며 잡으러 다닌다.

깽깽이 달팽이 놀이

바닥에 그려진 달팽이 놀이판을 보면 아이들은 본능적으로 편을 나누고 뛰어가 만나면 가위바위보를 한다. 평소에 자주 하는 달팽이 놀이를 다양하게 바꿔 놀 수 있다.

놀이 준비

- 바닥에 달팽이 놀이판을 그리거나 학교 바닥 놀이판을 쓴다.
- 20m 정도 되는 긴 줄을 달팽이 판처럼 돌돌 말아서 만들어도 된다.
- 두 편으로 나눠, 자기네 집에 들어가 한 줄로 선다.

놀이하기

· '시작'이라고 하면 출발하는 사람은 그냥 걸어가지 않고 대신 한쪽 발을 들고 깽깽이로 간다.

· 가는 길에 균형을 잃거나 힘이 들어 양쪽 발이 다 땅에 닿게 되면 아웃이다.

· 아웃된 사람은 자기편 맨 뒤로 다시 가서 줄을 선다.

· 가위바위보 할 때도 계속 깽깽이로 간다.

· 상대편과 가위바위보 해서 마지막에 상대편 집에 도착하면, 진 편이 이긴 편을 업고 달팽이 길을 따라 갈 수 있는 만큼 가거나 그냥 제자리에서 업고 한 바퀴 도는 미션을 한다.

놀이 TIP

· 달팽이 길을 따라 상대편 집 가까이 갈 때가 되면 지치기도 하고, 그 바로 앞에서 가위바위보를 지면 아쉬워하기도 하지만 생각보다 재밌어한다. 균형 감각도 키우고, 다리 힘도 키우고 좋다.

· 아이들이 힘들어하면서도 끝까지 한쪽 발을 들고는 깽깽이 하는 모습을 지켜보며 반 친구들은 응원을 보내준다.

· 달팽이 모양으로 난 길을 가는 방법은 아주 다양하다. 옆으로 걸어가도 되고 오리걸음으로 가도 되고, 강시처럼 모둠발로 가도 되고, 새처럼 날갯짓하며 가도 된다.

· 뒤로 가는 달팽이 놀이 : 뒤로 걸어가야 해서 고개를 살짝 돌려 어깨너머로 길을 찾아가야 하고, 다가오는 상대편 친구와 부딪치지 않아야 해서 천천히 조심스레 걷는다. 가위바위보는 등을 대고 머리 위로 하고 친구들이 결과를 알려준다.

두근두근 동그랑땡

크기가 다른 두 개의 크기가 원을 겹쳐 그린 반지 모양의 놀이판에서 노는 아주 단순한
놀이인데, 아이들이 가장 재밌어하는 놀이 가운데 하나다.

놀이 준비
- 바닥에 동그랑땡 놀이판을 그린다.
- 아웃된 친구들이 쉴 수 있는 쉼터를 근처에 마련해둔다.
- 두 편으로 나눠 공격하는 편은 먼저 가운데 원 안에 모두 들어가고, 수비하는 편은 안
  쪽 원과 바깥쪽 원 사이에 만들어진 길에 모두 들어간다.

놀이하기
- 공격하는 편이 "동그랑!" 하면 수비하는 편이 "땡!" 하고 시작한다.

- 공격하는 아이들은 수비를 피해 원 밖으로 모두 나가야 한다. 나가다 수비에게 채이면 죽게 되는데, 죽은 사람들은 쉼터에 앉아 판이 끝날 때까지 기다린다.
- 살아나간 사람들 가운데 한 사람이라도 수비하는 편 공간에 발로 열 번을 찍으면 모두가 부활해서 다시 시작할 수 있다.
- 수비하는 편은 밖으로 나갈 때는 깽깽이로 다녀야 한다. 공격하는 편이 진에 와서 발을 찍으려 할 때 채거나 친구들과 밖으로 나가 몰아가며 공격하는 편을 채야 하고, 모두 채이면 공격과 수비가 바뀐다. 수비도 밖으로 깽깽이로 다니다 지쳐서 발이 땅에 닿으면 아웃이다.
- 공격하는 편은 수비하는 아이들에게 채이지 않고 원 밖으로 나가야 한다. 이때 밖으로 나가는 방법이 여럿이다. 원안에서 요리조리 다니다가 수비하는 아이들이 빈틈을 보이면 잽싸게 나간다.
- 공격 편 모두가 자기 진에서 밖으로 나와야 발로 상대편 진을 찍을 수 있다. 상대편 진에 발을 찍으려 다가가면 수비 편이 얼른 깽깽이로 나를 채러오기 때문에 잽싸게 도망가야 한다. 그래서 작전을 잘 짜서 사방에서 약을 올리며 수비 편의 빈틈을 찾는다.
- 자기 진을 지키지 않고 공격하는 편 아이들을 깽깽이로 멀리 잡으러 갔다가 지쳐서 죽기도 하고, 이때를 노려 다른 아이가 얼른 진에 발을 열 번 찍어 모두 다시 살게 되기도 한다.

놀이 TIP
- 이 놀이는 단순하지만 심리적으로 밀고 당기는 재미가 있다. 잘해보려다 얼른 죽게 돼도 우리 편이 잘하면 다시 공격할 기회를 얻을 수 있으니 다른 작전을 써보려 한다.
- 이 놀이에 흥미 있어 한다면 아주 여러 번 놀아보면 좋다. 한 가지 놀이를 여러 번 해보며 더 재미를 느낀다. 동그랑땡 놀이를 통해 상대편과 심리적인 밀고 당기기를 많이 하면, 실제 삶에서 친구들과 심리적으로 밀고 당기기를 덜 하게 되고, 훨씬 즐겁게 지낼 때가 많다.